思考し表現する学生を育てる
ライティング指導のヒント

関西地区FD連絡協議会
京都大学高等教育研究開発推進センター
［編］

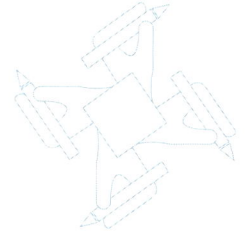

ミネルヴァ書房

目　次

イントロダクション――ライティングを指導するということ
　……………………………松下佳代・田川千尋・坂本尚志… 1
　1　はじめに…… 1
　2　本書の成り立ち…… 1
　3　本書の構成…… 4

Ⅰ　ライティング指導のフレームワーク

第1章　思考し表現する力を育む学士課程カリキュラムの構築
　―― Writing Across the Curriculum を目指して
　………………………………………………井下千以子… 10
　1　問題の背景――なぜ，思考し表現する力が必要なのか…… 10
　2　初年次教育の課題をライティング指導の類型化から考える…… 13
　3　学士課程カリキュラム・マップでライティング指導を考える…… 17
　4　大学での学びを支えるライティング指導…… 21
　5　多様なライティング指導をつなぐ Writing Across the Curriculum…… 25

Ⅱ　レポート・論文の作成指導

第2章　「十字モデル」で協同的に論文を組み立てる
　………………………………………………牧野由香里… 32
　1　はじめに…… 32
　2　理論としての十字モデル…… 32
　3　実践における十字モデル…… 37

i

4　十字モデルによる論文指導……40
　　5　おわりに……49

コラム1　「十字モデル」を使った試み――卒業研究の「プレゼミ」として
　　………………………………………………齊尾恭子・橋寺知子…54
　　1　アカデミック・ライティングの形式と作成プロセスを「可視化」する……54
　　2　「十字モデル」を使ったワークの実際……55
　　3　「十字モデル」を使う意義……57

第3章　モジュールに基づいた小論文作成技法
　　………………………………………………………小田中章浩…58
　　1　はじめに……58
　　2　小論文という文章の特性……60
　　3　文章をモジュール化することの利点……64
　　4　小論文指導に関するいくつかの実際的な方法……69
　　5　おわりに……74

Ⅲ　初年次教育

第4章　初年次アカデミック・リテラシー科目「日本語の技法」……………………………………………薄井道正…78
　　1　初年次生に求められる日本語力……78
　　2　課題レポートと添削指導……82
　　3　「論証」の技法と「パラグラフ・ライティング」の技法……85

第5章　自己省察としての文章表現
　　――「日本語リテラシー」の教育実践を事例として
　　………………………………………………………谷　美奈…95

1　はじめに……95
2　「日本語リテラシー」の授業……95
3　文章記述の生成プロセス……98
4　〈自己〉と〈世界〉の架橋……104

Ⅳ　学士課程を通じたライティング指導

第6章　専門教育・卒業論文につなげる初年次教育
　　　　――ピア・サポートの取り組み…土井健司・小田秀邦…126
1　初年次教育の課題……126
2　近年の主要なカリキュラム改正の軌跡……127
3　演習科目群の構成……129
4　「基礎演習」における試み――ラーニング・アシスタント制度の導入……132
5　今後の課題と展望……135

第7章　読書感想文から臨床実習報告書までのライティング指導……髙橋泰子…137
1　はじめに……137
2　入学前のライティング指導……137
3　初年次のライティング指導……139
4　3年次のライティング指導……142
5　4年次のライティング指導……143
6　おわりに……144

Ⅴ　卒論・ゼミ指導

第8章　自分のテーマを2年間かけて卒論に仕上げる
──学びのコミュニティづくりとグループ学習の技法
……………………………………………北野　収… 148

1　はじめに…… 148
2　学部生が卒論に取り組むことの意味…… 148
3　実際の学習プロセス…… 149
4　確認すべきいくつかのポイント…… 157
5　リサーチデザイン・論文作法のためのワークショップ技法…… 160
6　おわりに…… 166

Ⅵ　理系のライティング指導

第9章　論文作成のための科学的和文作文法指導…倉茂好匡… 172

1　はじめに…… 172
2　使用テキストの特徴…… 173
3　実際の授業展開…… 175
4　勉強会の効果…… 186

コラム2　大講義で書くことを通じて学ばせる………矢野浩二朗… 189

1　実践を行うにいたった経緯と背景…… 189
2　大講義におけるライティング指導の実際…… 190
3　書くことを通じて学生はどのように学んでいるか…… 193
4　残された課題…… 194

第10章　工学系のためのライティング指導
　　　　　——導入教育から実験レポートまで………池田勝彦… 195
1　はじめに…… 195
2　フレッシュマン・ゼミナール（1年次生対象）…… 196
3　「マテリアル科学実験Ⅰ・Ⅱ」のレポート指導（2年次生対象）
　　…… 199
4　おわりに…… 206

Ⅶ　コピペ問題とコピペ対策

第11章　コピペ問題の本質……………………………杉光一成… 210
1　はじめに…… 210
2　「コピペ検出ソフト」開発に至った経緯…… 212
3　「コピペ」に関する先行研究と大学等におけるコピペの現状…… 214
4　「コピペ検出ソフト」への主な反対意見とそれに対する反論…… 215
5　コピペの生み出す弊害…… 218
6　おわりに…… 219

第12章　コピペ対策の実践——コピペ検出システム
　………………………………………………………花川典子… 221
1　はじめに…… 221
2　システムの開発の経緯と目的…… 221
3　システムの概要…… 222
4　レポート試験での適用…… 223
5　考察1：教育効果…… 224
6　考察2：学生間でのレポートのコピペ…… 227
7　おわりに…… 229

おわりに ………………………………………………………… 安岡高志… 231

巻末資料1　「論文の書き方」本から見るライティング指導の位置
　　　　　………………………………………………………… 坂本尚志… 239
　　1　ライティング指導の文脈…… 239
　　2　「論文の書き方」本の諸類型…… 240
　　3　ライティング指導の課題…… 242
巻末資料2　関西地区 FD 連絡協議会・FD 連携企画 WG シンポジウ
　　　　　ム・ワークショップ（2008年度〜2011年度）の概要
　　　　　……………………………………………………… 田川千尋… 249

索　　引

ウェブ掲載図表リスト

　本書に掲載している図表のうち，ツール的に利用可能なものについては，著者の許可を得て，関西地区 FD 連絡協議会のウェブサイト（http://www.kansai-fd.org/）に掲載しています。非営利目的であれば，出典を表示した上で自由に使っていただいてかまいません。また，改変も認められます。（該当の図表には，アスタリスク（＊）をつけて区別しています。）

第2章
　表1　「議論の十字モデル」に基づく評価の観点

第4章
　表1　授業で配布したレジュメ
　表2　各回の授業のテーマと到達目標
　図1　「わかりやすく説明する」課題
　図2　課題2（図1）の評価のルーブリック
　表3　「論証」の技法を学ぶ演習問題
　表4　パラグラフの基本構造
　表5　パラグラフ・ライティングの例
　表6　「課題2」（図1）の答案例
　表7　「問題提起」を含む序論の例
　表8　論文のフォーマット
　図3　論証構造図

第5章
　図1　実習のためのコンセプトチャート
　図2　推敲の「往路」と「復路」

第10章

表1　科学実験報告書の書き方

表2　マテリアル科学実験の実験報告書作成におけるチェックリスト

巻末資料1

表1　「論文の書き方」本リスト

イントロダクション
——ライティングを指導するということ

京都大学
松下佳代・田川千尋・坂本尚志

1　はじめに

　本書の目的は，大学におけるライティング指導について，教える側が何らかのヒントを得られるよう，多様な切り口から，具体的な事例とそれを支える考え方を紹介することにある。書店や図書館に行けば，「論文の書き方」に関する本はあふれている（「論文の書き方」本の概観と分析については，巻末資料1参照）。そんな中で本書の最大の特徴は，ライティングを学ぶ学生のための本というよりも，ライティングを教える教員のための本であるということだ。

　本書の編者が関西地区FD連絡協議会・京都大学高等教育研究開発推進センターとなっていることにも示されているように，本書はさまざまな大学・学部に所属する多くの教員の協働の産物である。このイントロダクションを書いている3人は，京都大学高等教育研究開発推進センターの教員であるとともに，関西地区FD連絡協議会（FD連携企画ワーキング・グループ）の事務局メンバーであり，本書の取りまとめにあたった。以下では，本書の成り立ちと構成について述べることで本書へのイントロダクションとしよう。

2　本書の成り立ち

　関西地区FD連絡協議会（FD連携企画ワーキング・グループ）では，2008年

より4回にわたり，「思考し表現する学生を育てる」というタイトルでシンポジウムやワークショップを開催してきた。本書は，その中で紹介された実践例およびそこから得られた知見をまとめたものである。ここではまず，関西地区FD連絡協議会およびFD連携企画ワーキング・グループの活動と，本書の出版に至るまでの経緯を紹介したい。

（1）関西地区FD連絡協議会とは

　大学進学率が50％を超え，大学に入学する学生の質が多様化している今日，より一層の学生の学習支援が必要とされ，教員の授業内容・方法改善による大学教育の質の向上が求められている。このための組織的な取り組みがFD（ファカルティ・ディベロップメント）である。わが国においては，1999年の大学設置基準の改訂においてFDの努力義務が規定され，その後2007年の改訂において義務化された。

　このような状況を背景に，関西地区FD連絡協議会は，関西地区（大阪，兵庫，京都，滋賀，奈良，和歌山）にある大学・短期大学がFDに関する協力・情報交換といった地域連携を行うための互助組織として，2008年4月に発足した。2012年9月現在，143大学（120法人）が加盟しており，これは関西地区の大学の約半数にあたる。協議会の中には，4つのワーキング・グループ（FD共同実施・FD連携企画・広報・研究）が設置され，グループごとに活発な活動が行われている。また，年に一回開催される総会では，各大学におけるFDの取り組みをポスター発表という形で共有している。

（2）FD連携企画ワーキング・グループと「思考し表現する学生を育てる」ための取り組み

　協議会には多様な大学が参加しており，また，一つの大学にあっても多様な学部等が含まれている。したがって，FDの具体的な課題はそれぞれで異なってくることも少なくない。FD連携企画ワーキング・グループは，立命館大学，関西大学，神戸常盤大学，京都大学（事務局）を中心に編成されており，その

目的は，互いに共通のテーマを抱える会員校が集まり，シンポジウム等で議論しあうことを通して，協働で問題への対処に取り組んでいくことにある。その際に，一回限りのイベントではなく，継続的に情報交換をしながら，協働的に教育改善・FD を進めるための緩やかなコミュニティ形成を支援することを指針としている。ここで設立以来中心的に取り組んできたテーマが，大学生のアカデミック・ライティングの指導である。

「思考し表現する学生を育てる」ことは，一般教育でも専門教育でも掲げられる目的であり，今日いっそうの重要性をおびつつある。また，レポートを書かせたり発表させたりすることは，大学教育のもっとも一般的な教育方法・評価方法の一つでもある。ところが，学生は，大学入学以前に，アカデミック・ライティングの体系的な指導を受けた経験がほとんどなく，学生レポートにはコピー&ペーストが横行している。この教育課題は，一般教育・専門教育の別なく，大学の学問分野や種別をこえ，多くの教員や学部・大学が共有しうる課題である。そこで，FD 連携企画ワーキング・グループでは，このテーマについて先進的な取り組みを共有するとともに，個々の大学・教員の抱える問題を持ち寄って議論し，それを現場に持ち帰り，教育改善へのきっかけを作る場として，シンポジウムやワークショップを開催してきた。

（3） 4回のシンポジウム・ワークショップを通して見えてきた課題

以上のような問題意識から，FD 連携企画ワーキング・グループでは，2008 年より4回にわたりシンポジウム・ワークショップ形式でこのテーマに取り組んできた（プログラムと概要は，巻末資料2参照）。講演・事例紹介で紹介された取り組みは，教員個人の取り組みから学部や大学全体での組織的取り組みまで，また，初年次教育から卒論指導まで，文系・理系の枠をこえてさまざまな学問分野にわたっている。さらに，参加者がグループワークに持ち寄った実践例もきわめて多様である。こうした豊かな実践例とそれをもとに行われた豊かな議論がそのまま本書の出版へとつながった。

各回の討論において幾度となく話題となったのは，次の2点であった。

①何を（What）書くのか，どのように（How）書くのか
②それをどう指導するか（カリキュラム，指導技術，評価法，組織体制など）

　これらの論点は，個々の教員が日々のライティング指導の中で向かい合っている課題を反映している。たとえば，カリキュラムに関してはとりわけ，現在多くの大学がライティング指導を行っている初年次教育と専門教育とをどうつないでいくかという問題が繰り返し議論されてきた。これは，担当する教員間の連携不足という問題でもある。ライティング指導を専門にする教員が担当するにせよ，あるいは専門教育に携わる教員が担当するにせよ，大学内でFDを組織化していくことが必要であり，それを通じて，何を・どのように書くかをどう指導していくのか，思考し表現する学生をどう育てていくのかという指導の方向性を定めることが可能になる。このようにして，カリキュラム全体に組み込まれた意味のあるライティング指導が実現されていくのではないだろうか。

3　本書の構成

　本書では，これまでのシンポジウム・ワークショップで提案された事例の中から，とりわけ多くの大学・学部・教員にとって指導の参考になると思われるものを選び出し，いくつかのテーマごとにまとめて紹介している。
　本書は，全部で7つの部，12の章からなる。Ⅰ「ライティング指導のフレームワーク」では，井下千以子氏（桜美林大学）に第1章「思考し表現する力を育む学士課程カリキュラムの構築」を寄稿していただいた。ここでとくに注目していただきたいのは，学士課程カリキュラム全般にわたってライティング指導を支援する Writing Across the Curriculum という考え方である。初年次教育でのレポートの書き方から4年生の卒業論文までの多様なライティング指導が，知識変換型―知識叙述型，一般教育―専門教育という2軸からなる4つの象限で性格づけされ，どう発展させていけばよいかが示されている。
　Ⅱ「レポート・論文の作成指導」は，牧野由香里氏（関西大学）の第2章「『十字モデル』で協同的に論文を組み立てる」と小田中章浩氏（大阪市立大

学）の第3章「モジュールに基づいた小論文作成技法」という2つの章と，齊尾恭子氏・橋寺知子氏（関西大学）のコラム1「『十字モデル』を使った試み」からなる。牧野氏の十字モデルは，思考と表現に必要な7つの構成要素（背景・命題・提言，反論・論駁，抽象・具体）を十字の形に配したモデルで，レポート・論文だけでなく，スピーチ・プレゼンなどのオーラル・コミュニケーション，物語や創作などの創作活動にも使えるという幅広い応用可能性をもつ。まさに Writing Across the Curriculum に役立つモデルである。第2章では，牧野氏自身の卒論指導の実践が紹介されているが，コラム1では，さらに，同じ大学の他分野，他学年での十字モデルを使った実践例を紹介していただいた。アカデミック・ライティングに関する初年次導入科目から専門科目・卒論指導にいたるまで，汎用性のあるワークとなりうる可能性が示唆されている。

　小田中氏による「モジュール」もまた，理系でも文系でも，初年次教育でも卒論指導でも，また作成者自身だけでなく他の教員でも使える，応用可能性の高いアカデミック・ライティング技法である。モジュールとは，「全体の中である程度独立して修正したり，新しいものと入れ替えたりすることが可能な部分」のことである。アカデミック・ライティングではよく「パラグラフ・ライティング」の重要性がいわれるが，パラグラフよりモジュールを重要な単位として取り出した点が，この技法のポイントである。

　Ⅲ「初年次教育」では，現在，ライティング指導がもっとも熱心に行われている初年次教育での2つの組織的取り組みが紹介されている。薄井道正氏（立命館大学）による第4章は，立命館大学で2012年度から始まった「初年次アカデミック・リテラシー科目『日本語の技法』」について書かれたものである。ここでは全学の初年次生に対し6名の教員によって，共通のシラバス・教材・指導案・評価基準で半期の授業が行われている。「論証構造図」や「論文のフォーマット」は十字モデルやモジュールの考え方と類似している点も多い。すべての初年次生が「論文が書けること」を目標にして展開されている授業は，まさにライティング指導のヒントにあふれている。谷美奈氏（京都精華大学）の第5章「自己省察としての文章表現」は，京都精華大学「日本語リテラシ

ー」の教育実践にもとづいている。この章は，自己省察（内面の掘り下げ，捉え返し）をエッセーの形式で表現させるという実践の報告である点で，アカデミック・ライティング主体の本書の中で異彩を放っている。こちらも組織的取り組みであるが，課題テーマ設定は担当教員に委ねられており，個々の教員の裁量幅が大きい。書くことを通してのA君の成長は，彼の作品にはっきりと表れている。

Ⅳ「学士課程を通じたライティング指導」は，文字どおり Writing Across the Curriculum に関する2つの章からなる。土井健司氏・小田秀邦氏（関西学院大学）による第6章「専門教育・卒業論文につなげる初年次教育」では，第1・第2学年での「基礎演習」，第3学年の「分野別演習」，第4学年の「特殊研究演習」と卒業論文と，書くことを中心にすえながら指導の連続性を確保することをめざす神学部での取り組みが紹介されている。ラーニング・アシスタントの目に映った初年次生の問題点（「実例の参照」や「徹底的な模倣」の欠如，「やりたいテーマが見つからない」など）は，他大学の学生にも共通しているのではないだろうか。髙橋泰子氏（大阪河﨑リハビリテーション大学）の第7章「読書感想文から臨床実習報告書までのライティング指導」は，近年，急速に拡大し学生も多様化している医療系大学での，入学前教育から臨床実習までをカバーするきめ細やかなライティング指導の報告である。読者感想文から症例報告書までこれほど多様な種類のライティング指導が行われていること，医療専門職においてもライティング指導が指導の柱の一つをなしていることに驚きを覚える読者は少なくないだろう。

Ⅴ「卒論・ゼミ指導」に収められているのは，北野収氏（獨協大学）の第8章「自分のテーマを2年間かけて卒論に仕上げる」の一章のみだが，他の部に負けない重みがある。現在，学生の就職活動は長期化し，3年後期から4年前期にかけては，大学教育が正常に機能していない状況にある。そこで北野氏は，就活期間のブランクを組み込んだ上で，2年間かけた卒業論文の執筆に取り組ませている。ここでいう卒論執筆とは，「検証可能なオリジナルの『問い』を設定し，妥当な方法により必要な情報を収集し，分析・考察し，何らかの『発

見』を見出す一連の営み」のことであり，学生からすれば相当に高いレベルの学問的営為である（実際，学生たちはすぐれた卒論を書き上げ，数本は学会誌にも掲載されている）。2学年あわせて30人のゼミ生からなる学びのコミュニティづくりから，論文作法を学ぶためのさまざまなワークショップまで，その指導は多くの示唆に富んでいる。

　Ⅵ「理系のライティング指導」は，倉茂好匡氏（滋賀県立大学）の第9章「論文作成のための科学的和文作文法指導」と池田勝彦氏（関西大学）の第10章「工学系のためのライティング指導」，および，矢野浩二朗氏（大阪工業大学）のコラム2「大講義で書くことを通じて学ばせる」で構成されている。倉茂氏の指導は，論文執筆が目前に迫った環境生態学科の4年生・大学院生を対象に2日間の集中演習形式で行われるものである。倉茂氏はまず，科学的作文で学生が起こしがちなエラーを，章の内容構成におけるエラー，段落間の論理関係におけるエラー，段落内の論理関係におけるエラー，一文内の修飾関係などにおけるエラーの4タイプに分類する。そして，集中演習での指導の進め方を，学生との会話もまじえながら活写している。修正前と修正後の学生の文章の変化を見ると，この指導がどのくらい効果的であるかがうかがえる。矢野氏の実践は，前任校のケンブリッジ大学で成果を上げていた少人数対象のエッセイ・ライティングによる生物学教育を，現任校の大講義用にアレンジしたものである。他章のようなレポート・論文の作成のためのライティングではなく，書くことを通して内容の理解を深めるためのライティングである点がユニークである。第10章は関西大学化学生命工学部における組織的取り組みの報告である。1年生対象のフレッシュマン・ゼミナールでの「読むことと書くこと」，および，2年生対象の実験レポートでの指導のしかたが，具体的な教材（チェックリストなど）を例示しながら書かれている。工学部の教員団の協働によって，井下氏のいう「学習技術型」から「専門基礎型」へとライティング指導が展開している様子が読みとれよう。

　最後のⅦは，がらっと変わって，多くの大学教員が頭を悩ませている「コピペ問題とコピペ対策」に関する2つの章からなる。杉光一成氏（金沢工業大

学）による第11章「コピペ問題の本質」と花川典子氏（阪南大学）による第12章「コピペ対策の実践」である。杉光氏は，コピペ検出ソフト「コピペルナー」の開発者として知られる。アメリカでは，コンピュータのコピー＆ペースト機能を用いた剽窃行為は厳しい処罰の対象となるのに対し，日本の大学では甘く見過ごされていることが多い。しかし，杉光氏の意図は，処罰の対象を発見することよりもむしろ，抑止にあることに注意を向けていただきたい。第12章は，花川氏と院生たちが共同で開発し，阪南大学において全学的に導入されているコピペ検出システムについての報告である。技術的には，学内の既存施設を使って，一晩という短時間で，全レポートのコピペ検出ができる点が魅力なのだろう。しかし，このシステムの目的も，コピペ検出そのものではなく，教育の質の向上に置かれている。実際，このシステムの導入によってコピペが減少するとともに，学生をコピペに陥らせにくいレポート課題が明らかになるなどの効果が得られている。

＊

　いうまでもなく，ライティングは大学生が身につけるべきもっとも重要なスキルの一つである。本書で扱う実践例は教員個人の取り組みから大学レベルでの組織的取り組みまで多岐にわたり，また，大学の規模やタイプ，学問分野，対象学年もバラエティーに富んでいる。読者はきっと，本書のどこかから，自分（たち）のライティング指導のヒントを得られることだろう。それが，ライティング指導への新たなとびらを開くことを期待したい。

Ⅰ　ライティング指導のフレームワーク

第1章 思考し表現する力を育む学士課程カリキュラムの構築
—— Writing Across the Curriculum を目指して

桜美林大学

井下千以子

1 問題の背景——なぜ，思考し表現する力が必要なのか

　震災から1年半が過ぎた2012年夏。復興の停滞，原発による汚染とエネルギー問題，世界的不況，日本を取り巻く環境に明るい兆しは一向に見えてこない。こうした厳しい社会情勢を受け，若年者を取り巻く雇用状況は，高度な知的労働と熟練度の低い労働との二極分化，仕事と人のミスマッチ，早期離職者や非正規労働者の増加など，悪化の一途を辿っている。

　その理由の一つとして，石倉（2012）は企業が求める知識・スキルと大学教育が提供するものは大きく食い違っており，企業が求める知識・スキルが既存の教育機関では提供されていない，雇用と教育には断絶があると指摘している。

　はたして，そう言い切れるだろうか。

　たとえば，小池（1999）は，金型製作を例に挙げ，現場で求められるのは「匠の技」よりも「推理の技」であることを明らかにしている。製造工程が高度になるほど，製造現場のベテランが，問題点を把握し，加工の視点から，設計者に対して意見を述べるなど，知的熟練が求められるという。同様に，中馬（2002）も「問題解決型熟練」の重要性を指摘している。製品の不具合の原因を迅速かつ的確に探り当てて解決するには，論理的推理能力が必要だという。

　また，筒井（2005）は，作業の初期段階では「身体的スキル」が求められるが，

初期段階を過ぎると，図面を読みこなすなどの「認知的スキル」が作業効率に影響を及ぼすことを指摘している。

こうした現場で直に求められる能力について，太田（2010）は経済学の立場から，学校教育で涵養される「一般的スキル」と，企業内での訓練で身につける「企業特殊的スキル」には補完的な性質があり，一般的スキルが低下すれば，企業内での訓練即効性が低下するとし，学校教育における基礎学力の習得が土台となって，企業内訓練による能力向上が開花すると述べている。

すなわち，学校教育での基礎教育，とくに困難な問題を解決するための認知スキルや論理的推理能力が仕事をする上での重要な基盤となっていることがわかる。学校教育での基礎固めが，仕事の現場で，思考したことを的確に表現する力となって発揮されているといえるのではないか。

一方，OECD（経済協力開発機構）が，2009年に世界65か国，約47万人の15歳の学生を対象とし実施したPISA（国際学習到達度調査）によれば，日本の高校1年生の読解力は，前回の2006年調査の15位から，もっとも高かった2000年と同じ8位に回復した（国立教育政策研究所編，2010，p. 52）。しかし，記述式問題では答えがわからないと何も書かないケースも目立つことが明らかとなった（国立教育政策研究所編，2010，p. 76）。

PISAでは読解力を「自らの目標を達成し，自らの知識と可能性を発達させ，効果的に社会に参加するために，書かれたテキストを利用し，熟考し，これに取り組む能力（engaging with written texts）」と定義している（国立教育政策研究所編，2010，pp. 16-17）。読解力と言っても，たんにテキストの要約的な理解に留まらず，知識を関連づけ，自らで判断する力，伝える力が強調されている。

たとえば，在宅勤務に関して対立する二つの意見文を読ませた上で，在宅勤務が困難な仕事を例にあげて理由を書かせる問題では，異なる意見を批判的に検討し，日常での経験をもとに，根拠を見出し，自分の意見を論理的に組み立てて書く力が求められている。この問題で，日本は，何も答えを書かない無答率が23.6％と，平均の15％に比べて高く，知識や経験をもとに自分で考えて書

く力が弱いことが明らかになった（国立教育政策研究所編, 2010, p. 76）。

　自分で考えて書く力は，大学生になってもなかなか身につかない。レポートはコピペ（コピー＆ペースト）で体裁を繕い，考えなくてもそれなりに書けてしまうことも少なくない。それでは，企業が求める知識・スキルが既存の教育機関では提供されていないといわれても仕方がない。

　そうであるならば，大学に学ぶ学生たちは，どのような知識（What）を，いかに（How），身につけていけばよいのか。

　安西（1985）は『問題解決の心理学』において，問題解決者にとっては「客観的情報としての知識」よりも「主観的経験を通した知識」が重要だと述べている。「自分の経験を通して身についた知識でなければ，自分にとっての問題解決のためには役立たないし，そこから新しい知識は得られない」（p. 243）と述べている。

　たとえば，前者の「客観的情報としての知識」とは，大学での講義や書物などを通し，事実や情報として学習者にそのままインプットされた受け売りの知識を指す。学習者の判断が加わらない状態での知識でもある。「知っている」「覚えている」あるいは「コピペできる」という浅いレベルでの学習に留まる。

　一方，後者の「主観的経験を通した知識」は学習者が主体的に身につけた知識といえる。学習者自身が「なぜ」「どうして」という問いを発し，その問いを明らかにしようと，ある目標を持ったとき，また自分の関心や経験と照らし合わせようとしたとき，客観的情報としての知識は吟味され，その知識は学習者にとって意味のある知識，学習者が主体的経験を通して獲得した新たな知識となる。PISAの在宅勤務の問題は，この主体的経験を通した知識によってこそ解決できる。

　まさに「考えて書く」という行為は，学習者が獲得した知識を主体的経験を通して組み立て直す，知識を再構造化するプロセスそのものなのである（井下, 2008, p. 4, 6, 8）。ある目標やテーマに向かい，問いを立て，考えながら書くプロセスは，一種の問題解決のための行動であり，創造的で発見的なプロセスでもある。それは，学問の原型であり，深いレベルで考える力を鍛えることが

期待できる。

　大学では，そうした深いレベルで思考し，書くことの学習経験を保証する教育をこれまで十分に提供してきたといえるだろうか。

　関西地区 FD 連絡協議会，FD 連携企画ワーキング・グループでは，社会から求められている課題であり，大学教育の根幹とも言える「思考し表現する学生を育てる」という課題と向き合い，とくに「書くことをどう指導し，評価するか」といった観点から，大学生のためのライティング指導法に関する研修事業を展開することによって，多様で有益な指導例を提供している。

　本章では，大学のライティング指導において，いま，何が問題となり，どう解決していく必要があるのか，指導のための体系的な枠組みを提案することを目的とする。まず，大学でのライティング教育の歴史から，ライティング指導のための3要素を抽出し，類型化を行うことによって，問題点を析出する。

　次に，問題点を踏まえた上で「思考し表現する学生を育てる」ためには，初年次教育でのコースデザインに加え，学士課程教育でのカリキュラムデザインが必要とされていること，さらに，カリキュラムにおける授業の位置づけと意味づけが重要であることを，学士課程カリキュラム・マップを用いて指摘する。また，大学での学びを支えるライティング指導として大切なことを，「知識の再構造化」と「unlearn」の概念から考察する。

　最後に，学士課程カリキュラム全般にわたってライティング指導を支援する Writing Across the Curriculum の海外での先進的事例を紹介する。その上で，日本の大学におけるライティング教育の発展には，正課としての授業の充実，図書館やライティングセンターの機能開発が必須となることを述べる。さらに，関連部署と授業をつなぐ FD・SD 活動としての Writing Across the Curriculum の役割が重要であることを指摘する。

2　初年次教育の課題をライティング指導の類型化から考える

　ライティング教育の普及は，初年次教育の歩みと重なる。表1は，大学にお

I　ライティング指導のフレームワーク

表1　大学のライティング教育の歴史

年代	発達区分	発達の様相
1980	黎明期	読み書き教育への問題意識の芽生え
1990	草創期	日本語表現科目の創設
2000	普及期	初年次教育における位置の確立
2010	転換期	転換点に立ち, 模索する多様な取組
	発展期	ディシプリンと教養が発展の鍵

(出典)　井下 (2008)

けるライティング教育の歴史を5つの発達段階に区分して示したものである（井下, 2008, p. 112）。2000年代に入ると, 大学のユニバーサル化の進行に伴い, 初年次教育は急激に普及し, スタディ・スキルの一つとして文章表現科目やライティングの指導が導入されるようになった。

一方で, 教育内容や指導法に検討すべき問題点も次第に見えてきた（井下千以子, 2011）。そこで, 大学でのライティング教育の内容を分析すると, 学習技術, ディシプリン, 教養の3つの要素によって構成されていることがわかった（図1）。表2は3つの構成要素をもとに, 学士課程教育でおこなわれているライティング教育を5つの類型, 表現教養型, 学習技術型, 専門基礎型, 専門教養型, 研究論文型に分類したものである（井下, 2008）。

初年次教育で普及したのは学習技術型や表現教養型のライティング指導であるが, 初年次での指導は, 2年次以降の学習に必ずしもうまくつながっている

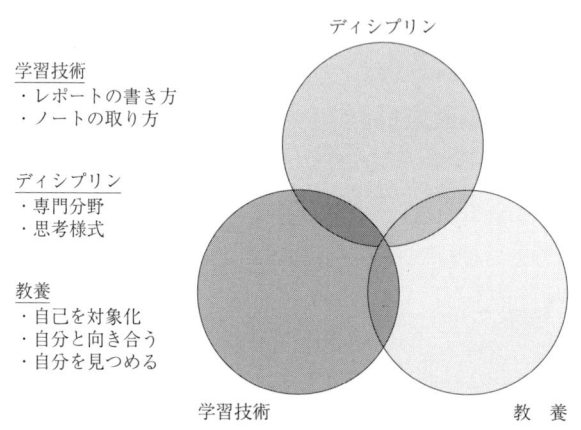

図1　大学でのライティング教育の3要素
(出典)　井下 (2008)

表2 大学のライティング教育の5類型

表現教養型	ディシプリンの要素を含まない文章表現指導 エントリーシートなど就活の文書指導も含む
学習技術型	初歩的なアカデミック・ライティング 汎用性の高いレポートの書き方，スキル学習
専門基礎型	専攻分野に特化したレポートの基本的書き方 臨床実習記録，実験演習レポート
専門教養型	専攻分野に限らず，多様なディシプリンでの 幅広い学びを重視したレポート
研究論文型	研究レポート，卒業論文

（出典）　井下（2008）に，研究論文型を加筆

とはいえない。課題は，2つあると考えられる。一つは，初年次教育でのライティングのコースデザインの問題であり，もう一つは，初年次教育を2年次以降の学習に橋渡しするカリキュラムデザインやシステムが十分に機能していないことにある（井下，2009，2010a）。

（1）　初年次教育のコースデザインの課題──引用とコピペの問題を例に

　まず，初年次教育のコースデザインについて，学生のレポート課題における引用とコピペの問題を例に考えてみよう。たとえば，学習技術型のライティング指導を受けた学生であれば，キーワードを検索エンジンに入力して，レポートの基本様式に当てはめ，コピー＆ペーストでそれなりの体裁のレポートを簡単に作成することができる。コピペは，情報をそのまま自分で考えずに盗用することであるが，学生には盗むという明確な意識はほとんど見られない。また，授業で習った通りに，引用の手続きを踏んでいる学生もいるが，どこまでが学生本人が書いた言葉なのか，曖昧な場合も多い。

　これは，学習技術型のコースデザインに問題があるのではないか。たとえば，レポートの基本となる様式は教えていても「なぜ，コピペすることがいけないことなのか」を学生が理解できていない場合や，文献を読むことと書くことを連動させた指導がおこなわれていない場合，さらに学問とは何か，研究とは何かというディシプリンの要素がデザインに盛り込まれていない場合に，問題は

起きる。引用の手続きだけを教え込もうとすると，学生は安易にコピペに走る。小山（2011）も，レポートの執筆方法などの学習技法の授業には剽窃を予防する効果はなく，大学生の興味を引く授業や学生の自主的な学習行動が少ないと剽窃が発生すると述べている。

　たとえば，井下（2013a，2014）は『思考を鍛えるレポート・論文作成法』において，「自分の言葉と他者の言葉を区別すること」が大切であると説いている。「引用は，他者の著述，他者の研究に敬意を示すことであること。あたかも自分が書いたかのように振る舞うことは，学問の場ではモラルに反すること。そのテーマについて研究がどこまで進んでいるのか，先行研究の内容を明確に示し，批判的に検討することは，学問の基本でもあること」を，学生が理解できる例を示し，説いている。

　このようにして，引用の手続きだけを教えるのではなく，なぜ，引用が重要なのかを教えることは，ライティングの指導を通して，大学で学ぶとはどういうことかを学生に認識させる機会ともなる。コピペは剽窃であることを，説得力を持ち，すべての学生に教える責任が，大学でのライティング教育にはある。

　また，コピペで書けるような安易な課題の出し方をしている教員にも責任がある。一方，コピペしなければ書けないような難解な課題を出している教員にも責任がある。学生は初めから専門書を読みこなし，内容を批判的に検討することはできないから，「いきなり引用など無理，できない」と開き直ってコピペする。まずは，学生が関心を持つ話題を取り上げ，学生自身の頭で，学生の持ち得る知識と経験をもとにじっくりと考えさせることができる課題，学生の思考を育む課題を検討しなければならない。

（2）　学生の思考を育むカリキュラムデザインの課題

　では，どのようなカリキュラムのもとで，学生の思考を育むことができるのだろうか。西垣（2011）が行った授業実践によれば，引用に関する指導を取り入れても「実際に引用をおこなうというパフォーマンスへの直接的な効果は限定的であった」という。すなわち，西垣の実践からも，教員個人のレベルでの

指導だけでは効果は少なく，教員団で検討していくカリキュラムデザインが必要とされていることがわかる。

　たとえば，カリキュラムを教員が理解していないと次のような問題が起きる。専門科目を担当する教員が，2年生にレポートを書かせようとするがうまくいかない。教員は，初年次でレポートの基本的な書き方を習得していることを前提としており，「1年生で文章表現を履修しているのに，2年生になってもレポートが書けない」と思ったという。学生に尋ねたところ，初年次では「心に響く文章を書こう」とか「自分の将来の夢について書いてみよう」という課題が出ていたという。すなわち，初年次でのライティング指導内容と，2年次以降の学生に，専門教育を担当する教員が期待する書く力にはズレが生じていることがわかる。

　一方で，自分の将来の夢について綴る表現教養型のライティング指導は，初年次からのキャリア教育としても（井下，2012a），入学前教育としても意味がある（井下，2013b）。しかし，それだけでなく，まずは，初年次におけるライティング指導の目的や目標を明確にする必要がある。

　その上で，学士課程4年間を通して，どのようなライティング指導をおこなう必要があるかを検討すべきではないか。初年次のコースデザインだけでなく，学士課程4年間のカリキュラムデザインとして捉えていくことによって，学生の思考を育むライティング指導や，引用の本質を理解させる指導ができるのではないだろうか。

3　学士課程カリキュラム・マップでライティング指導を考える

　では，学士課程教育の全体像から見たとき，初年次におけるライティング指導を，どのように位置づけ，2年次以降のカリキュラムへどう展開していけば，学生の思考を育むことができるのだろうか。

　アメリカの学士課程カリキュラムは，広がり（breadth）と深さ（depth）という2つの視点で議論されており，絹川（絹川編，2002）はこの両者の調和の

表現として，リベラル・アーツ・カレッジの教育を2つの直交軸で表現している。水平軸は知識の広がりを，垂直軸は知識の深さを意味するという。

（1）学士課程カリキュラム・マップに見る2つのライティング方略

図2の学士課程カリキュラム・マップは，知識に関する2つの視点を取り入れて作成したものである（井下，2010b）。マップは，横軸に知識の広がりとしての〈専門性と一般性〉を，縦軸に知識の質として〈発展的・探究的であることと基礎的・定型的であること〉を表している。初年次教育は基礎的・定型的で一般性が高い教育として第Ⅲ象限に位置し，その対極にある第Ⅰ象限に専門教育がある。専門教育でもその基礎を効率的に学び，定型的な訓練がなされる教育として第Ⅳ象限に専門基礎教育が，第Ⅱ象限に位置する高度教養教育や一般教養教育では幅広い観点から教養としての専門教育（enriched major）を提供していることを示している。

この学士課程カリキュラム・マップを用いて，2つのライティング方略の知見をもとに，ライティングの指導内容について見ていこう。表3はBereiter & Scardamalia（1987）の方略モデルをもとに，知識叙述（knowledge-telling）型ライティング方略と知識変換（knowledge-transforming）型ライティング方略について，その背景にある学習観や教育観を加味し，まとめたものである。

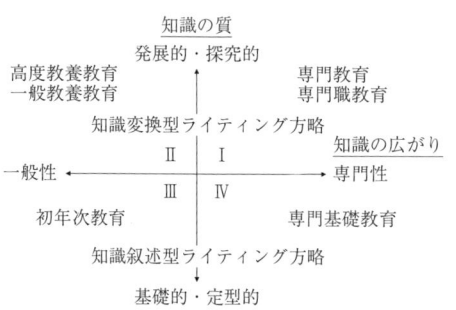

図2　学士課程カリキュラム・マップにおけるライティング方略
（出典）井下（2010b）

まず，知識叙述型ライティング方略では，知識を忠実に積み上げていく学習方法を取る。したがって，文章を書く際の手続き的知識が綿密に分析され，収束的な学習目標を適切に設定すれば，基本となる定型的な書き方を効率的に学習することができる。学んだ知識を用いて文法的な誤りや統語的な問題につい

表3　ライティング方略の分類

	知識叙述型	知識変換型
指導法	教え込み	支援
学習目標	収束的	拡散的
知識の質	基礎的・定型的	発展的・探究的
知識構成	知識の積み上げ	知識の再構造化
メタ認知	既有知識の点検のためのモニタリング	新たな知識生成のためのモニタリング
学習の転移	低次の転移	高次の転移

（出典）　井下（2008）を一部改訂

てもモニタリングできるようになる。

　一方，知識変換型ライティング方略では，テーマに関わる内容的知識と文章表現に関わる修辞的知識との間に相互作用が必要となる。すなわち，自分が主張したいことは何か，あるいは自分が主張したいことは何ではないのか，創造的思考や批判的思考を必要とする方略といえよう。書き出した内容と表現を照合しながら吟味する"行きつ戻りつ"の再帰的なプロセスを辿る，内容の再構成が必要となる。知識を教え込むだけでは学生は書けるようにはならない。そこでは「知識を再構造化する」ための支援が求められる。

　ところで，知識叙述型ライティングはこれまで小学生の作文の書き方などを例に稚拙な方略として説明されることが多かったが，大学生をディシプリンを学ぶ初心者として捉えれば，基本に忠実に書くことを要求する知識叙述型ライティングの指導は大学生にとっても意義あるものと考えられる。そうした観点から考えていくと，学習技術型や専門基礎型の指導として，レポートや論文の基本様式を型通りに教えていく知識叙述型ライティングの意味は十分にある。

（2）　学士課程4年間に渡るライティング指導——心理学教育を例として

　学士課程4年間に渡るライティング指導を，心理学教育を例に考えてみよう。
　まず，図3のマップの第Ⅲ象限に位置する初年次教育では，学習技術型の指導でレポートの基本的な書き方を学ぶ。2年次になると，第Ⅳ象限で，心理学における実験演習レポートの作成法を習得する（角山，2012）。これは専門基

I　ライティング指導のフレームワーク

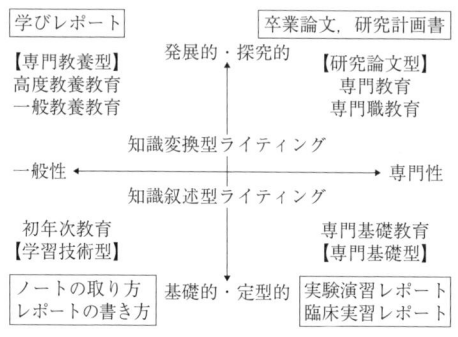

図3　心理学教育におけるライティング指導
(出典)　井下 (2012d)

礎型の指導にあたる。したがって，マップの第Ⅲ象限と第Ⅳ象限では基礎的定型的な書き方の訓練として知識叙述型ライティング方略がとられていることがわかる。

一方，教養教育としておこなわれている心理学の授業では，心理学というディシプリンを通して幅広い視野から自分が学んだ知識を再構造化させることを目的として，自分の言葉で学びを組み立て直す「学びレポート」（井下，2012b，2012c）や，自己理解や対人関係の学びを深めるレポート（山地，2012）などが課されている。これは専門教養型として授業での学びを深めるライティング指導として，第Ⅱ象限に位置づけられる。

さらに，4年次になると卒業論文の執筆に向けて，研究論文の指導がおこなわれる。研究論文では，テーマを定め，これまでの先行研究の問題点を指摘した上で，自分の主張を検証あるいは論証するためのライティング指導がおこなわれる。

したがって，第Ⅱ象限と第Ⅰ象限では，知識変換型ライティング方略を用いて，いままで学んだ知識や自分で調べた知識を批判的に検討し，自分の主張を論証する，すなわち知識を再構造化して執筆することが求められているといえよう（井下，2012b；井下・柴原，2010）。

このように，学士課程カリキュラム・マップを用いて，心理学教育におけるライティングの指導を俯瞰してみると，第Ⅲ象限と第Ⅳ象限では，初年次教育と専門基礎教育が，知識叙述型ライティング方略によって基礎的・定型的訓練がおこなわれている。一方，第Ⅱ象限と第Ⅰ象限では，教養教育と専門教育が，知識変換型ライティング方略によって発展的・探究的な指導がおこなわれていることがわかる（井下，2012d）。

4　大学での学びを支えるライティング指導

（1）　大学での学びで大切なこと——知識の再構造化と unlearn の概念から

　大学での学びを支えるライティング指導として大切なことを，「知識の再構造化」の概念に「unlearn」の概念を照らして考えてみよう。

　鶴見（2006）は unlearn を次のように定義している。「大学でまなぶ知識はむろん必要だ。しかし覚えただけでは役に立たない。それをまなびほぐしたものが血となり肉となる」。末期医療の臨床の場で働く徳永進医師との対談の中で，徳永が死に臨む人が語り残した言葉をくみ取ることができたのは，医者になるために学んだ知識を越えて，人の生き死にからまなび，「まなびほぐす」ことができたからだと述べている。unlearn を「型通りにセーターを編み，ほどいて元の毛糸に戻して自分の体に合わせて編み直すという情景」にたとえ，「まなびほぐし」と解釈している。

　この unlearn に関する鶴見の「まなびほぐし」の概念は，本章で「大学での書く力」として大切だと繰り返し述べてきた「知識の再構造化」の概念に近いと考える。鶴見は，覚えただけの知識では役立たないとし，経験を重視しており，その経験から主体的に学習者が学んだことを，自分に合わせて，知識を「まなびほぐす」と解釈しているからだ。

　井下（2008）は『大学における書く力考える力』において大学での学びとして大切なことを「ディシプリンでの学習経験を自分にとって意味があるように再構造化する力」（p. 4）と定義している。本章の冒頭でも，安西（1985）の知識観「自分の経験を通して身についた知識でなければ，自分にとっての問題解決のためには役立たないし，そこから新しい知識は得られない」（p. 243）を引用し，覚えた知識や調べた知識をそのまま書き連ねるのではなく，自分で考え，自分の経験を通して，自分にとって意味があるように，知識を組み立て直し，自分の言葉で書くことができるようになることが，大学での学びとして大切なことであることを示してきた。

松下（2010）は unlearn の概念について，鶴見の unlearn（学びほぐす）の他にも，多様な解釈を紹介している。スピヴァク（Spivak, 1988）の unlearn（学び捨てる）は，学んできた知識が自分の特権や出自・ポジションによって拘束されていることを意識させ，それを批判的に脱構築，再構築させようとする，批判的な問い直しを迫るものだという。また，トフラー（Toffler, 1970）は，learn-unlearn-relearn と「社会の変化」に合わせ，絶えず学び続けることに力点を置いているという。

研究論文を書くことを例として，スピヴァクの unlearn（学び捨てる）の概念を考えてみると，自分の出自すなわちディシプリンによって論文の書き方は拘束されているとも取れる。ディシプリンに忠実に書く知識叙述型ライティング方略から，先行研究を批判的に検討し，自分が主張したいことは何か，理論を再構築していく知識変換型ライティング方略へと，学びが質的に転換していくには，スピヴァクが指摘しているように unlearn（学び捨てる）という行為が必要とされるであろう。

さらに，変化に応じて学び続けることを重視するトフラーの unlearn の概念は，流動的な現代社会において，主体的に思考し表現する力の育成が大学教育において，いかに大切であるかを再認識させてくれる。

（2）　知識の再構造化を促すライティング指導の必須要素

では，大学でのライティング指導を通して，どのようにして unleran させることができるか。どのような課題状況で促進されるのだろうか。さまざまな指導が可能であると思われるが，大学でのライティング指導として「まなびほぐし」をねらい，知識の再構造化を促すのであれば，とくに，ディシプリンと教養の要素を埋め込んだワークは必須ではないか。

たとえば，山地（2012）は「身体関係論入門」の授業で，「私という生き物」という共通タイトルにキャッチコピー（たとえば「不安定なやじろべえ」，「真っ赤なトマト」など）をつけさせ，授業ではコミュニケーションを重視し，自己理解や対人関係での学びを深めるレポートを課している。

また，井下（2013a）の『思考を鍛えるレポート・論文作成法』では，考えるプロセスを支援するため，テーマを身近な話題「携帯電話やスマートフォンを巡る問題」とし，自分の経験から意見を述べることができるようにした。また，自分の文章を点検し，学生同士で評価させるためのルーブリックを開発した。

　ルーブリックは読者に馴染みがなかったため，同書第2版（井下，2014）では，自己点検評価シートとし，内容も大幅に改訂した。学生には抵抗感のあった「批判的に検討すること」の意味も，高校生でも興味が持てる話題を用いることで，無理なく理解できるよう配慮した。テーマに応じて，何をどう検索したらよいのかを図解で明示した。また，作成前に見本レポート・論文を見て，イメージをつかむことで，自分が書こうとしているレポート・論文の型を見極められるようにした。さらに，定型表現を用いたフォーマットを掲載し，初心者であっても穴埋めするように書いていくことから始められるように工夫した。フォーマットには思考の道筋が埋め込まれている。考えては書き直すことを繰り返すうちに，考えがまとまり，自分で考えて書けるようになる。

　学生と向き合っていると，「学生は書く力がないのではない，考える力がないのではないこと」に気づかされる。学生の思考をいかに引き出すか，いかに表現させるか，教師の指導力が問われている。

（3）　知識の再構造化を促す条件

　では，知識の再構造化はどのような状況で促進されるのだろうか。これまで紹介してきたさまざまな授業デザインを，認知心理学の知見に照らして見ていこう。

　図4は「高次の転移を促すメタ認知的気づきのある学習モデル」（井下，2008）である。メタ認知的気づきとは，自分の認知に対する認知のことで，発見や今まで信じ込んでいたこととは異なった事象への気づきなどがそれに当たる。一般化された文脈や定型的な学習では促進されず，あらたな問題解決の場面で，問題解決者の認知は客体化され，学習した内容は転移し，知識が再構造化される。

Ⅰ　ライティング指導のフレームワーク

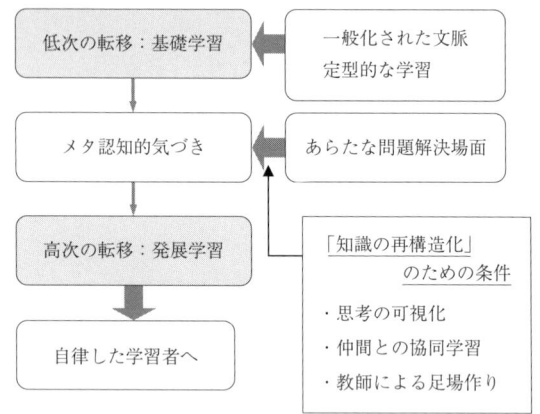

図4　高次の転移を促すメタ認知的気づきのある学習モデル
　　　（出典）　井下（2008）に一部加筆

　では，どのような条件によって知識の再構造化は促進されるのだろうか。
　一つは「思考の可視化」である。書くという行為は，言葉に表現することを通して，自分の思考過程を外在化し眺めることでもある。言葉に書き表すことで思考は客体化される。表現意図と表現とのズレを調整するメタ認知的モニタリング活動を促進するには思考を可視化する仕組みが必要となる。たとえば，牧野（2010）の「十字モデル」（第2章参照）や，井下の「思考を鍛えるレポート・論文作成法」でも，最終的なレポート執筆までに思考過程を可視化し，モニタリングできるように工夫している。
　二つめは学生同士の「協同学習」である。学生個人が知識を獲得する活動としてではなく，学生同士の関係性に着目し，他者とはたらきかけ合うことによって，他者という「もう一人の自分」がモニタリングの機能を果たしている。個人の頭の中のできごととして留めておくのではなく，さらに思考を発展させるためにも，協同学習は有効である。鈴木ら（鈴木編，2009）もライティング教育における学びあいの重要性を指摘している。
　三つめは，教師による「足場作り」である。教師のコメントや段階的な指導が学生のメタ認知的気づきを促す。学生ができるようになったら，足場は外す。

学生が自律的学習者として独り立ちするため，教師は足場の役割を担っている。

5 多様なライティング指導をつなぐ Writing Across the Curriculum

（1） Writing Across the Curriculum の先進的事例から

ライティング教育は，すべての学習，すべての学問の基盤となるものとして，国内外を問わず，その支援体制は近年さらに多様化している。ここでは，カナダのアルバータ大学での事例をもとに，どのようなライティング教育がおこなわれているのか，正課と正課外も含めた学習支援体制について概観し，ライティング教育を基点とした学習支援のあり方について検討する（井下，2010b）。

アルバータ大学は研究総合大学であり，カナダ5大学の一つでもある。この大学のライティング教育において注目すべき点は，Writing Initiatives と呼ばれる一つの傘の下に統合された3つの機能にある（図5）。①正課科目としての Writing Studies（WRS），②正課外の支援体制としての Center for Writers （C4W：ライティングセンター），③それらの活動をつなぐ Writing Across the Curriculum（WAC）である。WAC のねらいは，書き方の鍵となる概念や発想を通じて，学生が「思考すること」を支援することにある（Writing Initiatives Newsletters, 2009）。

学士課程4年間のカリキュラムを通じて，専攻とする学問分野の論文形式を学ばせることによって学習活動や研究活動を促進させることができる（Writing in the Disciplines）だけでなく，ディシプリンを越えて学び続ける力（Writing Across the Disciplines）を効果的に発展させることができるという（Writing Initiatives Newsletters, 2010）。

また，WAC のディレクター

U of A's Writing Across the Curriculum Initiatives

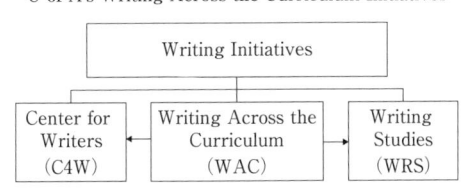

図5　アルバータ大学の Writing Initiatives
（出典）　井下（2010b）
（注）　アルバータ大学における聞き取り調査をもとに井下が図案化したもの

はライティング指導に関する学内調査を学部単位で実施し，その成果を，教員を対象としたワークショップに反映させている。さらに，学生を対象とした出張授業も実施しており，こうした一連の活動が，C4W (Center for Writers) の利用者数の飛躍的な増加につながっているという。

さらには，他大学との大学間ネットワークも構築され，ライティング教育に関する情報交換も活発に行われている (Writing Across the Universities)。

一方，同じアルバータ大学でも Writing Initiatives とは別組織の Academic Support Center では，主に入学前の学生や初年次生を対象としたライティングのワークショップや個人指導がおこなわれている。随時受講可能で専属スタッフが運営し，有料制となっている。また，図書館では，特定の専門分野に詳しいサブジェクト・ライブラリアンが常駐し，学生の支援だけでなく，教員の研究支援もおこなっている。

このように，アルバータ大学におけるライティング教育では，教員，職員，学生チューター，図書館員も含めた多様なスタッフによって，対象者のレベルや目的別にさまざまな学習支援体制が提供されている。正課と正課外の活動を有機的に連関させている WAC のディレクターの役割と活動は注目に値する。

(2) Writing Across the Curriculum は FD・SD 活動

井下ら（井下・土持他，2009；井下・田部井他，2010；井下・小笠原他，2011；井下・住吉他，2012）は大学教育学会のラウンドテーブルで，ライティング教育に関する実践報告や国内外での調査の成果を含め，発表してきた。発表報告では，主として教育方法の問題が多かった。誰が（主体）どこで（空間）なぜ（目的）教育し，それをどう評価するか（ルーブリック）という点も含めて，どう教えるかを相互に位置づけ，相互の関連を明確化することが改めて必要であることがわかった。

ライティング指導は多様化している。学士課程のどの段階で誰が何をどこまで担当するのか。指導内容についてどこの部署の誰が調整するのか。また，学習環境の整備も必要である。ラーニング・コモンズなど図書館の空間利用問題

やレファレンスサービスの充実(井下理,2011),ライティングセンターの機能開発やスタッフ育成など,職員の人材育成とも関連する。また,それらの費用は,大学のアドミニストレーションと切り離しては考えられない。カリキュラム開発や組織構造改革との関連抜きにライティング教育機能の強化は図れない。したがって,ライティング教育の充実は,FD・SDに直結する。それらの活動をつなぐのが Writing Across the Curriculum の役割である。

(3) 学びの輪と Writing Across the Curriculum

図6では,授業を,力動的で変化に富む発展的な場として捉え,生きて動いているアメーバに見立てて表現した。アメーバには核があって,絶えず体の形を変えながら上下左右に自由に移動することができる。授業アメーバは,学士課程カリキュラムの4象限上を自由に動き回る生き物として,核となる到達目標を持ち,かつ対象者のレベルやニーズに合わせて自由に形を変えることができる。また,授業と授業の重なりは,授業の連関,カリキュラム上のつながりを示している。さらに,授業での学びは,学びの輪となってまとまり,幾重にも重なることで,層を成し,学びが深まっていくことを表している。

これまでのライティング指導に関するFDでは,主として,どう書かせるかという教授法としての Instructional Development に焦点があてられてきた。今後は教授法や教材開発に加え,Curriculum Development にも力を入れていく必要があるだろう。

どの授業にも,書くという課題はある。Writing Across the Curriculum の理念が理解され,授業での学びが,学士課程カリキュラムにおいて,しっかりとつながり,学生の思考が深まっていくことを期待したい。

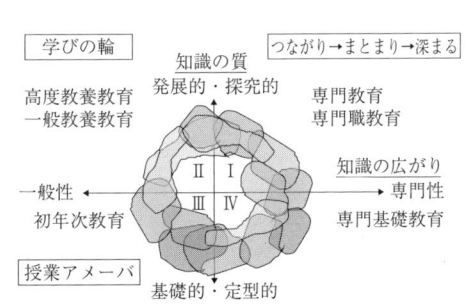

図6 学士課程カリキュラムにおける授業の連関「学びの輪」
(出典) 井下(2012d)

Ⅰ　ライティング指導のフレームワーク

〈文　献〉

安西祐一郎（1985）.『問題解決の心理学』中公新書.

Bereiter, C., & Scardamalia, M. (1987). *The psychology of written composition.* Lawrence Erlbaum Associates.

井下千以子（2008）.『大学における書く力考える力―認知心理学の知見をもとに―』東信堂.

井下千以子（2009）.「研究大学における『書く力考える力』の育成と『実践型FD』―学習観の転換・発達観の転換・デザイン観の転換―」東北大学高等教育開発センター（編）『大学における「学びの転換」と言語・思考・表現』東北大学出版会, 86-97.

井下千以子（2010a）.「学士課程カリキュラム・マップに見る『学びの転換』と『学びの展開』― Writing Across the Curriculum と FD ―」東北大学高等教育開発センター（編）『大学における「学びの転換」と学士課程教育の将来』東北大学出版会, 28-40.

井下千以子（2010b）.「ライティング教育における多様な学習支援体制― Writing Across the Curriculum の先進的事例から―」『大学教育学会誌』第32巻第2号, 37-38.

井下千以子（2011）.「知的自律と自己の発達を支援するアカデミック・キャリアガイダンス―初年次教育と入学前教育のプログラム開発を踏まえて―」『大学教育学会第33回大会発表論文集』170-171.

井下千以子（2012a）.「初年次からのキャリア教育―アイデンティティステイタスを用いた分析の効果―」『初年次教育学会第5回大会発表要旨集』74-75.

井下千以子（2012b）.「生涯発達心理学の授業における論証表現に着目したライティング指導―表現させることから，思考を深めることへ―」日本心理学会大会第76回ワークショップ No. 018.

井下千以子（2012c）.「生涯発達心理学の視座からキャリアを考える―考え抜く授業のデザイン―」小田隆治（編）『学生主体型授業の冒険2』ナカニシヤ出版, 132-145.

井下千以子（2012d）.「心理学教育は学生の書く力をいかに支援できるか―深い学びにつながる書く力とは―」日本心理学会大会第76回ワークショップ No. 018.

井下千以子（2013a）.『思考を鍛えるレポート・論文作成法』慶應義塾大学出版会.

井下千以子（2013b）.「入学前教育の動向と課題―ギャップタームをどう活かすか

―」初年次教育学会(編)『初年次教育の現状と未来』世界思想社.

井下千以子 (2014).『思考を鍛えるレポート・論文作成法【第2版】』慶應義塾大学出版会.

井下千以子・小笠原正明・米澤誠・井下理 (2011).「ライティング教育を基点とした学習支援と FD・SD 活動の展開(3)―学士課程教育における『書く力』の共通基盤とは何か―」『大学教育学会誌』第33巻第2号, 70-71.

井下千以子・柴原宜幸 (2010).「知識変換型ライティング指導に関する研究―ラーニング・ポートフォリオの『学びの根拠』の分析―」『日本教育心理学会第52回総会発表論文集』524.

井下千以子・住吉廣行・田部井潤・松本美奈・井下理 (2012).「キャリア教育の質保証に向けたライティングスキルズ育成を考える―学士課程教育における問題点―」『大学教育学会誌』第34巻第2号, 70-71.

井下千以子・田部井潤・土持法一・井下理 (2010).「ライティング教育を基点とした学習支援と FD・SD 活動の展開(2)」『大学教育学会誌』第32巻第2号, 36-38.

井下千以子・土持法一・近田政博・長澤多代 (2009).「ライティング教育を基点とした学習支援と FD・SD 活動の展開(1)」『大学教育学会誌』第31巻第2号, 100-103.

井下理 (2011).「大学図書館の構想策定へ向けた教職協働の試み―グループインタビュー調査技法の活用を軸に―」『大学教育学会第33回大会発表要旨集録』238-239.

石倉洋子 (2012).「逆風下の企業経営 つながり再構築に全力を」日本経済新聞9月4日付24面.

角山剛 (2012).「心理学教育と書く力―実験レポートを通じて―」日本心理学会大会第76回ワークショップ No. 018.

絹川正吉 (編) (2002).『ICU〈リベラル・アーツ〉のすべて』東信堂.

小池和男 (1999).『仕事の経済学』東洋経済新報社.

国立教育政策研究所 (編) (2010).『生きるための知識と技能4―OECD 生徒の学習到達度調査(PISA) 2009年調査国際結果報告書―』明石書店.

小山治 (2011).「誰が剽窃をするのか―社会科学分野の大学生に着目して―」『大学教育学会第33回大会発表論文集』140-141.

牧野由香里 (2010).「対話の進化を可視化する知識構築の十字モデル」『日本教育

工学会研究報告集』第3号,133-140.
松下佳代(2010).「大学における『学びの転換』とは—unlearn概念による検討—」東北大学高等教育開発センター(編)『大学における「学びの転換」と学士課程教育の将来』東北大学出版会,5-15.
中馬宏之(2002).「ものづくり現場で重要性を増す問題発見・解決型熟練」『精密工学会誌』第68巻第10号,1277-1281.
西垣順子(2011).「なぜ引用が必要なのか—レポート執筆に関する学生の認識—」『大学教育学会第33回大会発表論文集』132-133.
「OECD学力調査 読解力,順位上がったが理解判断なお課題」日本経済新聞2010年12月8日付39面.
「OECD国際学力調査低落傾向止まる 読解力回復日本8位」朝日新聞2010年12月8日付1面.
OECD生徒の学習到達度調査—2009年調査国際結果の要約—(http://www.mext.go.jp/component/a_menu/education/detail/__icsFiles/afieldfile/2010/12/07/1284443_01.pdf 2012年8月31日検索).
太田聰一(2010).『若年者就業の経済学』日本経済新聞出版社.
Spivak, G. C. (1988). Can the subaltern speak? In C. Nelson & L. Grossberg (Eds.), *Marxism and the interpretation of culture.* University of Illinois Press. スピヴァク,G. C. (1998).『サバルタンは語ることができるか』(上村忠男訳)みすず書房.
鈴木宏昭(編著)(2009).『学びあいが生み出す書く力—大学におけるレポートライティング教育の試み—』丸善プラネット.
Toffler, A. (1970). *Future shock.* Random House. トフラー,A. (1982).『未来の衝撃』(徳山二郎訳)中公文庫.
鶴見俊輔(2006).「鶴見俊輔さんと語る 生き死に学びほぐす 臨床で末期医療見つめ直す」朝日新聞2006年12月27日付15面.
筒井美紀(2005).「高卒就職の認識社会学—質の内実が伝わることの難しさ—」『日本労働研究雑誌』第542号,18-28.
山地弘起(2012).「ライティング教育の充実に向けたFD・SD—長崎大学の事例—」日本心理学会大会第76回ワークショップNo. 018.

Ⅱ　レポート・論文の作成指導

第2章 「十字モデル」で協同的に論文を組み立てる

関西大学

牧野由香里

1 はじめに

十字モデルは，スピーチ，プレゼン，レポート，議論など，言語活動の支援ツールとして活用できるだけでなく，物語や映像の創作活動にも応用することができる（牧野，2008）。本章では，これらの活動の延長線上に論文を位置づけ，十字モデルで協同的に論文を組み立てる方法を提案する。まずは十字モデルの理論と実践を概観したうえで，大学生の研究活動の事例を紹介する。

2 理論としての十字モデル

十字モデル研究の発端は90年代にさかのぼる。「思考のプロセスを可視化するモデルがつくれないか？」という恩師の言葉がきっかけとなった。

（1） 始まりは論理のしくみ図

最初の試みとして，米国の大学院で学んだ西洋修辞学の知識を組み合わせた。まず，論理的思考の要となる演繹法・帰納法を「抽象⇔具体」という柔軟な表現に集約した。これはアリストテレスの「enthymeme・example」[1]に基づく。また，説得表現に含まれる要素を図式化した。これはトゥールミンの「the Layout of Arguments」[2]（Toulmin, 1958）を参考にした。さらに，双方の視点を統合し，図1に示す「論理のしくみ図」のように表した。

第 2 章 「十字モデル」で協同的に論文を組み立てる

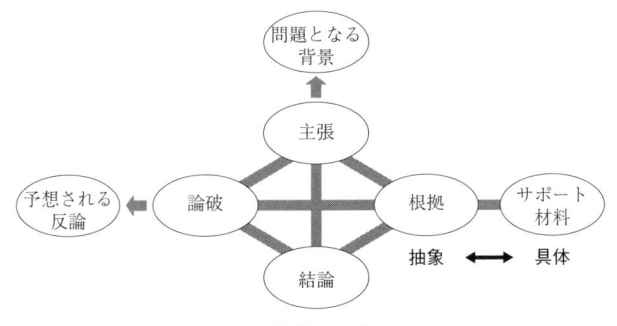

図1　論理のしくみ図

（出典）牧野（1997）

　ところが、授業実践を重ねるにつれ、ある問題意識が生まれた。これだけでは全体が捉えられないのだ。医学にたとえるならば、「論理のしくみ図」は西洋医学の発想に近い。西洋医学は全体を細かく分けて細部を別々に診る。論理を組み立てるうえでは構成要素の一つひとつに着目するほうがわかりやすいが、最終的な完成度を評価する段階になると、各要素の有無と要素間の関係を分析するだけでは、全体の有機的な関係性をはかる（測定する）ことができない。

（2）　十字モデルは三位一体

　このような問題意識から、新たに「議論の十字モデル」（図2）を開発した。このとき、全体の構造が3本の軸から成り立っていることに注目した。3本の軸とは中心の縦軸と左右に伸びる横軸である。「三本の軸をそれぞれ独立した単位として分析すれば、7つの要素の機械的な統計処理ではなく、軸ごとの有機性という視点から、各要素の適性を判断することができる。また、三本の軸がすべて『主張』（命題）を中心とすることから、『主張』を核とする論理構造全体を分析することができる」（牧野，2008, pp. 321-322）。この発想は東洋医学に近い。東洋医学は身体全体の関係性の中で各部位を観る。

　図2に示す「議論の十字モデル」のうち、「議論の十字」（上）は全体を俯瞰し、「7つの構成要素」（下）は細部を表している。「議論の十字」は3本の軸を三位一体として捉える。人間の身体にたとえると、縦軸は頭・心臓・脚であ

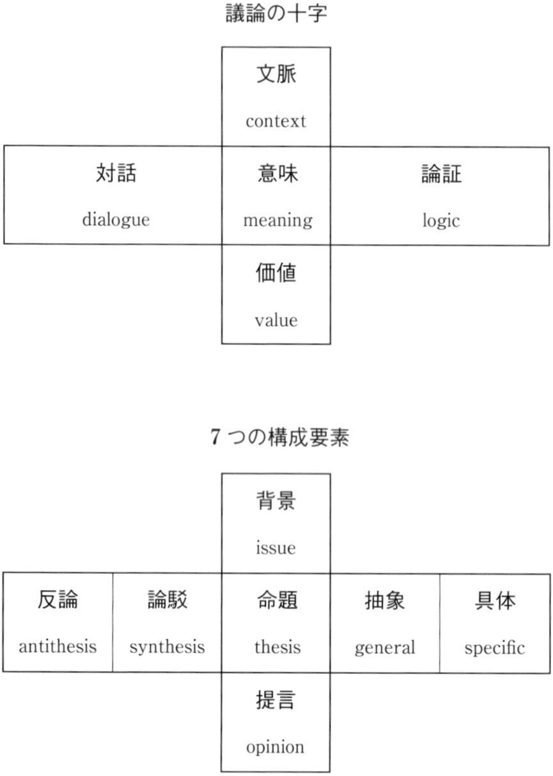

議論の十字

	文脈 context	
対話 dialogue	意味 meaning	論証 logic
	価値 value	

7つの構成要素

		背景 issue		
反論 antithesis	論駁 synthesis	命題 thesis	抽象 general	具体 specific
		提言 opinion		

図2　議論の十字モデル

（出典）　牧野（2005）

り，横軸は両腕・両手に相当する。一方，「7つの構成要素」は一つひとつの要素をジグソーパズルのように見る。隣り合う要素間の関係を見ながら一つずつピースをはめる。

　言い換えれば，理論としての十字モデルは，メッセージ構築の法則をひとまとまりの有機体として視覚化させたモデルであり，その構成要素は情報や概念を有機的につなぐための「意味構成の文法」を表している。

　ここで，「議論の十字モデル」に含まれる語彙について解説しておくが，哲学の専門用語は読み流し，あとから読み直していただいてもかまわない。

「議論の十字」(図2上) は「意味」(meaning) を中心として，メッセージ構築に含まれる概念を結晶のような有機体として統合する。横軸は，「意味」が「論証」(logic) と「対話」(dialogue) の相互作用によって生成，共有されることを表す。縦軸は，「意味」の「価値」(value) は「文脈」(context) に応じて判断されることを表す。つまり，横軸は論理的思考（推論による論証と対話による弁証を通して命題の妥当性を問う）を表し，縦軸は問題解決（ある経緯から生じた問題に対して何らかの価値判断や意思決定を導く）を表す。

一方，「7つの構成要素」(図2下) は「議論の十字」を細分化する。「論証」はアリストテレス（演繹法・帰納法）を表し，「命題」(thesis)・「抽象」(general)・「具体」(specific) によって構成される。「対話」はヘーゲル弁証法（正反合）に相当し，「命題」(thesis)・「反論」(antithesis)・「論駁」(synthesis) によって構成される。発端となる「背景」(issue) に対し，問いを発する（命題）ことは，「文脈」と「意味」の関係に重なる。「命題」の妥当性をふまえ，問題解決の「提言」(opinion) を導くことは，「意味」と「価値」の関係に重なる。

論理学の系譜においては，紀元前にアリストテレスが推論の法則を見出し，これが形式論理学の基礎となった。一方，トゥールミンは近代合理主義を批判し，文脈の重要性を説いた。これが布石となり，20世紀後半，非形式論理学が発展した。

「議論の十字モデル」は，アリストテレスとトゥールミンを統合した「論理のしくみ図」を継承しており，その意味では古代ギリシアにさかのぼる西洋修辞学を内包している。ただし，それだけでなく，対照修辞学の知見を取り入れ，文化差に柔軟に対応できるという点が他に例を見ない特徴の一つである（Makino, 2009）。

（3） 十字モデルは文化差を超える

対照修辞学は，キャプランの論文（Kaplan, 1966）――米国の大学で学ぶ外国人留学生が書いた文章の構成に文化差を見出した――が発端となり発展した

領域であるが，著者自身も米国留学中にこのギャップを痛感した経験が文化差を超えるモデル開発（Makino, 1999）を志す契機となった。

ニスベット（Nisbett, 2003）は「西洋人」（ヨーロッパ文化）と「東洋人」（東アジア文化）の思考の違いを「分析的な世界観」と「包括的な世界観」という言葉で区別する。西洋人は個々の要素を属性によってカテゴリーに分類し，抽象化された法則を見出すことを重視する。ゆえに，知識を「個―集合」という形で体系化する。一方，東洋人は全体をひとまとまりの有機体と捉え，文脈や関係を重視する。ゆえに，知識を「部分―全体」という形で体系化する。

たとえば，西洋の文章技法においては，文章中に含まれる要素をカテゴリーに分類し（次の下線部），一定の法則として形式化する。

> 西洋の文章技法は，科学レポートから施政方針にいたるあらゆる文章の基本である。これには通常以下のような形式がある。
> <u>背景，問題，仮説または命題の提起，検証の方法，証拠，証拠が何を意味するかについての議論，予想される反論の論破，結論と提言</u>（※原文は箇条書き）
> 西洋人ならほとんど誰に聞いても，この形式は普遍的なものだと言う。これ以上明快かつ説得的に，自分が発見したことや提言したいことを人に伝える方法があるだろうか。いや，自分のやっていることを自分で考えるときでさえ，これ以上に有用な方法があるだろうか。しかしながら，現実には，こうした直線的な文章技法は東洋においてはまったく一般的ではない。私自身が指導しているアジア人学生を見ても，直線的な文章技法を身につけることは一人前の社会科学者になるための最重要課題である。（ニスベット，2004, pp. 218-219）

前述の通り，「論理のしくみ図」（図1）はアリストテレスとトゥールミンに基づいており，その構成要素は西洋の文章技法の形式（上記の下線部）とほぼ一致する。一方，「議論の十字モデル」（図2）では，「7つの構成要素」（下）がこれを継承し，「議論の十字」（上）は全体を俯瞰して文脈や関係を観る，という観点を新たに加えた。それゆえ，西洋人の「分析的な世界観」と東洋人の「包括的な世界観」を兼ね備えている。

さらに，「議論の十字モデル」には「言葉の人」と「視覚の人」（Cox, 1999）

の意味世界を橋渡しするという利点がある（Makino & Hartnell-Young, 2009)。抽象的な語彙で表された概念を言語的に捉えることが苦手な人でも，全体の視覚的なイメージから構成要素の位置づけや相対的な関係を捉えることができる。

3　実践における十字モデル

ただし，理論としての十字モデルは，それだけでは使いやすいツールにはならない。実践において，いきなり「議論の十字モデル」を説明したところで，前提知識のない初学者は難解な語彙に戸惑いを覚えることだろう。

（1）　対話は進化する

そこで，「対話の進化」（牧野，2010a）という観点から十字モデルの横軸を図3のように表した。素朴な「問い」から始まる「他者との対話」「自己との対話」がやがて「社会との対話」「情報との対話」に発展する。隣人である他者の背後には社会が存在し，自分の内面と向き合う先には情報との出会いがある。さらに，「社会との対話」は先人が残した「文献との対話」を呼び起こし，「情報との対話」は精緻化された「データとの対話」に絞り込まれる。この段階に至ると，素朴な「問い」は「仮説」と呼ぶべき命題となる。

金水（2011）のいう「言語の階層」にあてはめると，まず，「他者との対話」「自己との対話」の層は〈子供の言語〉に相当する。基本的な文法と基本語彙からなる音声言語である。次に，「社会との対話」「情報との対話」の層は〈地域の言語〉に相当する。共同体で生活するうえで必要な音声言語である（文字言語も含まれる）。そして，「文献との対話」「データとの対話」の層は〈広域言語〉に相当する。音声

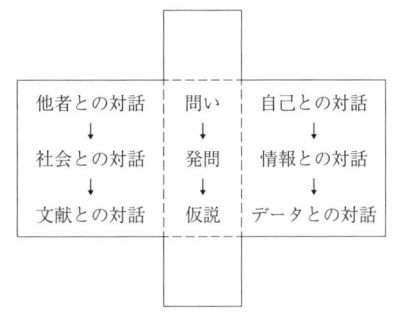

図3　対話の進化と問いの深まり
（出典）　牧野（2010a）

Ⅱ　レポート・論文の作成指導

```
          ┌──────┐                           ┌──────┐
          │ 過去 │                           │研究の│
          │      │              ┌──────┐     │ 背景 │     ┌──────┐
┌──────┐┌┴──────┴┐┌──────┐     │先行研究の│┌┴──────┴┐     │データ分析による│
│他者との対話││ 問い ││自己との対話│     │成果と課題│││研究の目的││     │仮説の実証│
└──────┘└┬──────┬┘└──────┘     └──────┘└┤(仮説)├┘     └──────┘
          │ 未来 │                           ├──────┤
          └──────┘                           │成果と│
                                             │ 課題 │
                                             └──────┘
```

	問題 意識		
社会との対話		情報との対話	

主張と異なる立場	主張を守る立場	主張したい仮説	根拠となる考え	事実・データ

| | 解決策の提案 | | | |

	問題を 認識する			
先行研究を挙げる	問題点を指摘する	仮説を立てる	論点を立てる	データで裏づける
	成果を判断する			

　　図4　やさしい十字モデル　　　　　図5　論文の十字モデル
（出典）牧野（2010a）　　　　　　　（出典）牧野（2010a）

言語を共有する共同体を越えて，文字言語を基盤とする。

　なお，図3の縦軸の3つのマスは「過去→現在→未来」という時間の流れを表している。「過去」（既存の知識体系）から「現在」（目の前の問い）を発掘し，「未来」（新しい知識体系の創造）へとつなげるために，十字の横軸を左右に行ったり来たりする。こうして，十字の縦軸の輪郭が徐々に鮮明になり，やがて太い柱を形成する。詳しくは，後半に述べる論文指導の事例を参照されたい。

（2）　成長に合わせて使い分ける

　このような「対話の進化」に合わせて「議論の十字モデル」（図2）の語彙を読み替えたのが「やさしい十字モデル」（図4）と「論文の十字モデル」（図5）である。植物の成長にたとえると，芽が出る段階を「やさしい十字モデル」で表し，花が咲く段階を「議論の十字モデル」と位置づけ，種が実る段階を「論文の十字モデル」で表した。

　たとえば，十字モデル学習の初期には「やさしい十字モデル」を導入し，十

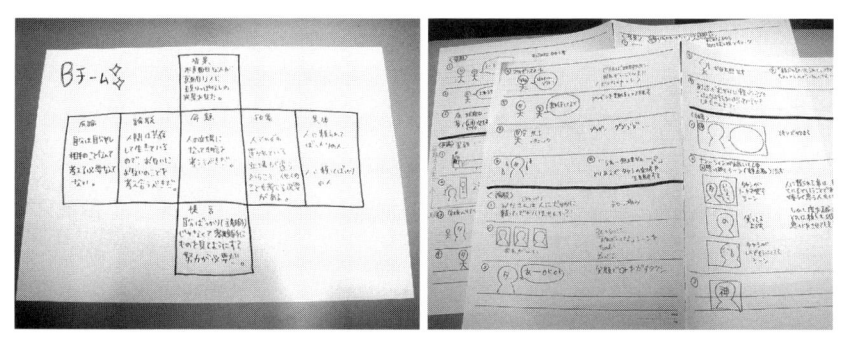

図6　学生が記した映像制作ノート
（出典）　Makino & Hartnell-Young（2009）

字モデルの理解が深まった段階で「論文の十字モデル」を併用するなど，学び手の成長に合わせて使い分けることで，理論としての十字モデルが実践で役立つツールとなる。

(3)　コミュニケーションを媒介する

　また，文章を書くのが苦手と感じる学生には抽象的な言語表現で十字モデルを説明するだけでなく，具体的なイメージを活用することが有効である。たとえば，4コマ漫画や紙芝居を用いて十字モデルを導入すれば，初学者の戸惑いを和らげることができる（牧野，2010b）。また，「7つの構成要素」を映像で表現する活動は，十字モデル学習の「足場かけ」(scaffolding)となる。この活動では，図6に示すように，十字モデルが「言葉＋視覚」思考（verbal-and-visual thinking）を支援する。このとき，個人の思考を支援するツールとしてだけでなく，グループのコミュニケーションを媒介するメディアとしての役割も果たしていたことが確認されている（Makino & Hartnell-Young, 2009）。

　コミュニケーションの媒介は一般的にはファシリテーターの役割であるが，参加者の発言を有機的につなぎ，一定の時間内に成果へと導くことは容易ではない。むろん，議論の展開に道筋をつけることの是非は目的や場に応じて検討されるべきだが，議論の脱線や肥大化を避け，「意味構成の文法」を用いて議

論の質を保証しようとする試みが，十字モデルによるファシリテーションという考え方である。

十字モデルを用いた議論活動の事例には，ICT活用の遠隔授業（牧野，2007），「やわらかい議論」ワークショップ（牧野，2010b），大教室の講義科目における多人数の対話（牧野，2010c）がある。創作であれ，議論であれ，これらの活動に共通しているのは，十字モデルを用いて何かを協同的に創り上げるという点である。本章では，これらの活動の延長線上に論文を位置づける。

4 十字モデルによる論文指導

ここでは，論文指導の事例として，大学生の卒業論文を取り上げる。なお，学生たちは「議論の十字モデル」を習得していることを前提とする。

年度初め（4月），指導教員は研究活動のプロセスが「やさしい十字モデル→議論の十字モデル→論文の十字モデル」というように十字モデルを重層的に積み重ねるプロセスであることを説明する。ただし，一方的に解説するだけでは不十分であり，この時点ではほとんどの学生はその意味を理解してはいない。実際に研究の構想を組み立てたり，論文を分析したり，相互批評する学び合いを通して，学生の理解が深まるように繰り返し説明していく必要がある。

（1）7つの構成要素にあてはめる（各要素の有無・要素間の関係）

春学期は学生たちがそれぞれ進捗報告をする。未完成でいいから，どこまでできていて，どこができていないかを十字モデルで表現する活動を繰り返す。7枚の用紙で「7つの構成要素」を表すよう指示するが，通常はテーマを決めて調査を始める初期の段階に完全な十字モデルを組み立てることはできない。

たとえば，図7に示す「やさしい十字モデル」の段階(1)は，まるで細胞分裂が始まったばかりのような印象を受ける。各要素の内容は稚拙で，自己と他者の分化も未熟な自問自答の段階といえる。しかし，図8に示す「やさしい十字モデル」の段階(2)になると，要素一つひとつの輪郭が現れ始める。

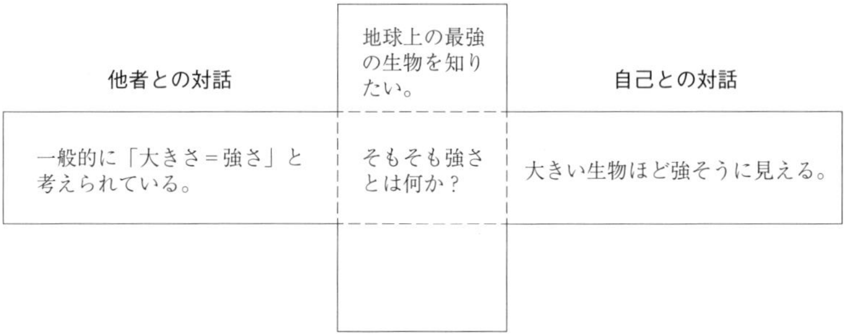

	他者との対話	地球上の最強の生物を知りたい。	自己との対話
	一般的に「大きさ＝強さ」と考えられている。	そもそも強さとは何か？	大きい生物ほど強そうに見える。

図7　「やさしい十字モデル」の段階(1)

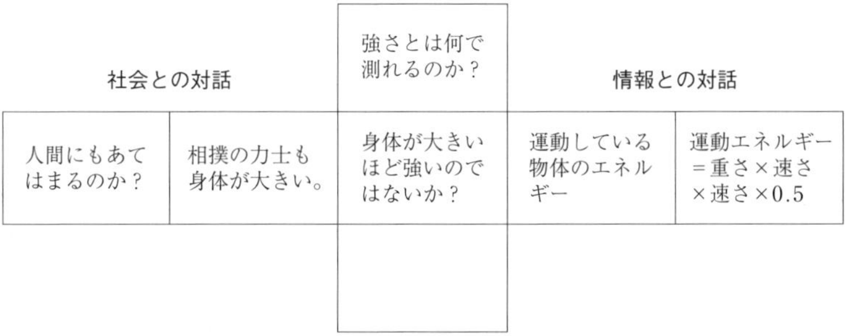

社会との対話		強さとは何で測れるのか？	情報との対話	
人間にもあてはまるのか？	相撲の力士も身体が大きい。	身体が大きいほど強いのではないか？	運動している物体のエネルギー	運動エネルギー＝重さ×速さ×速さ×0.5

図8　「やさしい十字モデル」の段階(2)

　金水（2011）によれば，「言語の階層」はまず〈子供の言語〉の段階で基盤が築かれ，社会的な因子を取り入れることによって完成される。最初は自己中心的な単純なシステムとして現れ，聞き手の存在は明確ではない。社会生活を通して対人的配慮を学習することによってシステムが完成し，〈地域の言語〉の段階に至ると考えられている。

　学生の成長を見守る指導教員としての経験から，研究活動も同様だと考える。研究を進める過程において，図7の「自己」と（自己に内在する）「他者」から独立した存在として，図8の「社会」と「情報」という視点が確立していく。

　さらに研究を進めていくと，図9に示すような骨格が現れ始める。文献引用や統計データにより「7つの構成要素」のそれぞれの密度は高まるが，ここでは，要素間の関係に注意しなければならない。各要素と隣り合う要素との関係

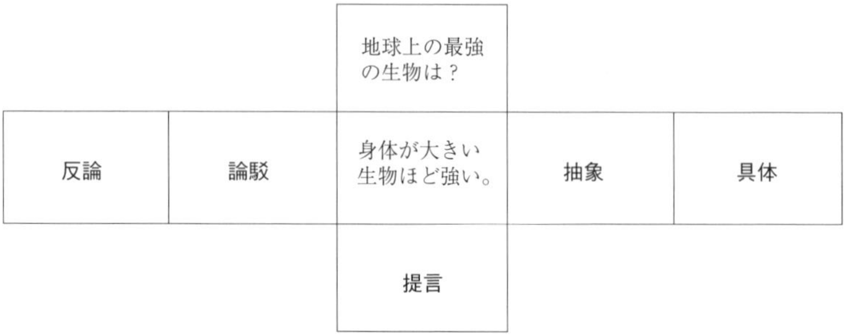

```
          ┌─────────────┐
          │ 地球上の最強  │
          │ の生物は？   │
┌──────┬──────┼─────────────┼──────┬──────┐
│ 反論 │ 論駁 │ 身体が大きい │ 抽象 │ 具体 │
│      │      │ 生物ほど強い。│      │      │
└──────┴──────┼─────────────┼──────┴──────┘
              │    提言     │
              └─────────────┘
```

図9　「議論の十字モデル」の段階（各要素の詳細は下記参照）

【抽象】運動エネルギー（運動している物体のもつエネルギー）：速度 v で運動している質量 m の物体のエネルギーは ＝ $mv^2/2$
【具体】オウギワシ（35000 J），アフリカゾウ（320000 J），シロナガスクジラ（5000000 J），ヒト（1470 J），軽トラック（340000 J）
【反論】運動エネルギーが大きくても，生命力がなければ強いとは言えない。たとえば，クマムシ（体長0.5～1.0 mm）は摂氏150℃からマイナス200℃でも平気，真空状態でも平気，ヒトの致死量の1000倍のX線をあてても平気，食べなくても平気である（その秘密はクリプトビオシス）。ということは，「死なない＝最強」ではないか？
【論駁】強さとは，身体的な強さ（運動エネルギー）と生命力の2つの側面から考える必要がある。ただし，身体的に強いほど生命力が乏しい生物が多く，生命力があるほど身体的に弱い生物が多い。
【提言】地球上の生物の強さ（身体的強さ＋生命力）は一定であり，すべての生物の強さは等しいと言えるかもしれない。

を丁寧に見ていくと，図9の「論駁」（強さは運動エネルギーと生命力の2つの側面から考える必要がある）は，中心の「命題」（身体が大きい生物ほど強い）と矛盾することに気づく。

このように，断片的でもいいから「7つの構成要素」にあてはめることから始め，要素間の関係をパズルのように整えながら，繰り返し組み立て直していくと，やがて，図10に示す「論文の十字モデル」の段階に到達する。この段階でようやく「仮説」が成立したのであり，ここから「仮説の実証」が始まる。

(2)　各要素の内容を深める（情報の質と量）

夏休みの終わり（9月）には中間発表を行う。この段階になると，情報の質は高まり，量も増える。写真1は，研究の骨格を7枚の用紙で表し，各要素の

第 2 章 「十字モデル」で協同的に論文を組み立てる

先行研究の成果と課題		地球上の最強の生物を知るために，生物の強さを数値化し，比較する。	データ分析による仮説の実証	
身体の大きい生物ほど強い。(動物の運動エネルギーの事例)	小さくても強靭な生命力をもつ生物もいる。(クマムシの事例)	身体的強さ＋生命力は一定であり，すべての生物の強さは等しい。		

図10 「論文の十字モデル」の段階

詳細をスクリーンに投影している場面である。発表者は，日米映画の予告編の比較研究において，自分の立てた仮説（日本ではナレーションや文字によって心に訴えかける予告編がうける）を実証すべく，予告編に含まれる情報を抽出し，カテゴリーに分類し，表やグラフを用いて分析結果を説明した。

しかし，発表者は最後にこう打ち明けた。十字モデルの左翼（先行研究の成果と課題）と右翼（データ分析による仮説の実証）に矛盾があり悩んでいる，と。このように，内容の密度が高まれば高まるほど，全体の一貫性を整えることはいっそう難しくなる。それゆえ，各要素の内容を深めると同時に，全体の整合性を整える視点が不可欠となる。

データ分析の結果として，仮説の正しさが100％証明できるとは限らない。その場合，分析結果を意味づける（考察の論点を立てる）だけでなく，仮説の成立する条件を見極め，仮説そのものを精緻化する必要が生じる。こうして，「論文の十字モデル」（図5）の縦軸における「成果と課題」——何がどの程度明らかになり，何を明らかにできなかったのか——の判断が導かれる。

（3） **全体の整合性を整える（有機的な関係性）**

秋学期（10月）は論文執筆にとりかかる。ただし，執筆の作業と並行して，

Ⅱ　レポート・論文の作成指導

写真1　十字モデルで研究を組み立てる

写真2　グループで論文を分析する

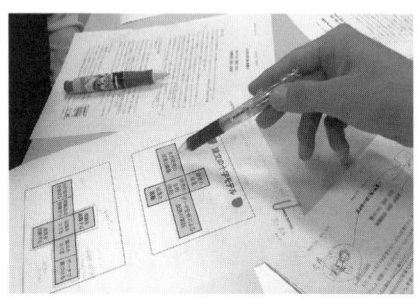

写真3　十字モデルで論文を分析する

写真4　グループAの分析結果

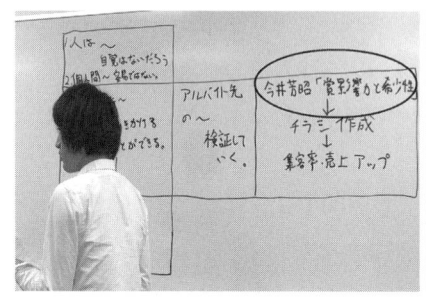

写真5　グループBの分析結果

写真6　グループCの分析結果

　論文の分析にたっぷり時間をかける。写真2は，3～4人のグループに分かれて論文を分析している場面である。分析の枠組みとして「論文の十字モデル」を用いる。まずは分析の方法を学ぶために先輩の論文を分析し，その後，自分たちが執筆している論文を分析し合う。

写真3では，グループAが先輩の論文を分析している。分析を通して，「議論の十字モデル」（図2）の「反論・論駁」が「論文の十字モデル」（図5）では「先行研究の成果と課題」（先行研究を挙げ，問題点を指摘する）に読み替えられることの理解が深まった。以下，その様子を再現する。

研究の目的（先輩の論文より）

　人は，日々さまざまな影響を受け，または影響を与え，お互いに支え合いながら生きている。しかし，多くの人は，影響の及ぼし合いをしているという自覚はないだろう。そこで本研究では，意図的に影響を与え，ある行動をとるように働きかけることができるのかを検証する。

　今井芳昭（2010）は『影響力』の中で，影響力とは「人に何らかの影響を与えることのできる能力」のことであると述べている。影響力には，与え手がある行動を受け手にとってほしい，あるいは，やめてほしいというように，働きかけの目標がある場合に行使される影響や，人の無意識レベルの反応による影響など，全部で20種類あるが，与え手が受け手に対して影響力を持っているかどうかや，ある人に何らかの影響を与えて，受け手が影響を受けた通りに行動するかどうかは，受け手の考え方次第であり，受け手が，与え手には影響力がないと思えば，今までの影響力は簡単に消滅してしまう場合もある。

　個人間の影響の及ぼし合いについての検証は，容易ではない。そこで，本研究では，アルバイト先のケーキ屋を題材に，客に来店や商品購入という行動をとるように働きかけることができるのか検証していく。

A1：「仮説」はなんやったっけ？
A2：「意図的に影響を与えることができる」ってことやと思う。
A1：ああ，そうか。
A2：この文章が，長くて難しすぎる！
A1：難しいけど，でも，意図的に，できるはずや……
A2：……から，やってみようぜ，みたいな。
A1：で，こっち行くんかな？（十字モデルを描いて，左翼から中心を指す）
A3：今井（2010）さんに「反論」をしてるんやと思うんやけど。
A4：あ，じゃあ，「反論」じゃなくて，今井（2010）さんの言ったことに対する課題を見つけて……

Ⅱ　レポート・論文の作成指導

　Ａ３：うん。
　Ａ４：（十字モデルの左翼をペンで指し示しながら）「成果と課題」。
　Ａ２：ああ、「課題」でもいいな。
　Ａ４：「反論」じゃなくてもいいんやって、今これ見て、思って。
　Ａ１：ああ、なるほど。
　Ａ４：その「課題」を見た結果、じゃあ、私はこういうことをしてみよう、っていうふうにたどりついたんかなぁ、って。
　Ａ２：自分で「課題」にしたんやない？……「先行研究」かもなあ、そうなると。「課題」にすんのやったら。……どう考えるかやなあ。難しい。
　Ａ１：でも、「課題」と思えば、いいんちゃう？（十字を描きながら）こう「背景」があって、一回ここで「仮説」があって、「仮説」を通りつつ、今井（2010）さんに行って、今井さんを経て、もう一回「仮説」を確認して……
　Ａ２：（Ａ１の描いた十字モデルを指さしながら）今井（2010）さんの問題、っていうか、「課題」を見つけて、その課題をクリアしてやろう、っていう……あ、なんか、できそうな気がした。ほんまに、つながった？
　Ａ１：それでいいんちゃう。
　Ａ２：描いてみようか？（白板に分析の結果を記述し始める）

　ここで、協同的な学びにおける教師介入のタイミングを下線で示しておく。[(3)]
指導教員は、グループＡの気づきをグループＢ、グループＣと共有した。

　Ｔ：グループＡは「先行研究」に着目していたけれど、他のグループも「先行研究」があるか、考えてみて。

　その結果、「今井（2010）」の引用文を十字モデルのどこに位置づけるのかという判断がグループによって異なった（写真４、写真５、写真６の丸印）。

　Ｂ１：ぼくたちの班では、著者が言いたい仮説は「意図的に影響を与え、ある行動を取るように働きかけることができる」というのが仮説やと思いました。
　先生に言われて、先行研究があるか？って考えたんですけど、もし先行研究をあげるなら、みんなが書いてる通り、（写真６の十字モデルの左翼の記述を読む）というとこやと思ったんですけど、もしこれを先行研究にするなら、実験が足りないと思って。
　この人がやった実験は、与え手が受け手におよぼす影響力ばっかりで、受け手の捉え

方の実験を一つもしてない，ですね。もし受け手の捉え方を実験してたら，それは先行研究に入ると思うんですけど，この場合，自分の思ったことの実験しかしてないから，（写真4の十字モデルの左翼を指さす）あれの証明をできたら，そこに入れられるんですけど，証明ができないので，先行研究には入らないと，ぼくたちは思いました。あとは（他のグループと）ほとんど一緒です。

　C1：ぼくらの班も，基本的には今の発表とほとんど一緒で……（中略）。一応，こっち（写真6の十字モデルの左翼を指さす）の問題点は，あるにはあるんですけど，今後の課題として，そのまま提示されていたので，最初，見落としてしまったんじゃないかと考えました。

指導教員は，グループごとの気づきをつないで，全体の学びを深める。

　T：この論文の著者は，意欲的に実験をやって，データを分析して，成果を導いてるんだけど，最初の「研究の目的」のところで，これぐらい読み手によって違いが出てくるってことは，書き方に改善の余地があったんだろうな，ということです。

　読みようによっては，こうもとれるし，こうもとれるし，こうもとれる，ということがわかったでしょ？　だから，そこから学べることは，どうしたらみんなが迷わずに，同じように読み手が受け取ってくれるのか，ということです。

　論文の著者が言いたかったのは，無意識のうちに受けている影響力がこれだけあったとしても，与え手のほうから，意図的に……っていう，ここがポイントなんだよね。今井（2010）さんは無意識のことを言っている。でも，著者は与え手の側から意図的に影響力をつくりだしてみる，という試みがこの研究。

　「仮説」で，みんなちゃんと，それは書いてあるじゃない（各グループの十字を指さす）。「仮説」の中に。それでいいんだけど。中心にあるものが何か，というのは，みんなきちんと読み取れているんだけど。

　今井（2010）さんの成果と，自分が何を解決したいのか，ということが，文章の中で，ちょっとわかりにくかったね。

　ここでのポイントは，今井（2010）さんの成果は無意識の影響力についてで，著者が試みたのは，意図的につくりだす影響力だということが，パッと見てすぐわかるような文章の書き方。

　書いてあるんだけど，ちゃんと書いてあるんだけど，読み手にそれが正確に，的確に伝わるように書く，ということがどれだけ大事か，わかると思う。だから，自分が書く

ときも，読み手に迷いが生じない書き方を心がけてください。

　このように，十字モデルによる論文の分析を繰り返すことにより，学生たちはどこに問題があり，どのように解決すべきかを自分たちで判断できるようになっていく。その段階に至ると，教員が手取り足取りの個別指導をしなくても，自律的に学び合えるようになる。

（4）　十字モデルを使いこなす

　2010年度の実践において教員が行った個別指導は，口頭発表に対する批評と年度末の添削（1回）のみであった。周知の通り，大学4年次の「卒業研究」は就職活動と同時に進行するため，最終的な論文の完成度に個人差はあったが，17人全員が一定水準を満たすショート論文を完成させることができた。

　そのうち，完成度がもっとも高いと指導教員が判断した論文は，後輩たちが分析してもグループ間の著しい不一致は見られなかった。この論文を執筆した卒業生にインタビューをし，他者の批評を自分の研究にどのように活かしたのかを尋ねると，次の回答が得られた。

> 　私が皆からのコメントをメモした紙には，一番大きな字で「つながり」と書かれていました。だから，細かい指摘は置いておいて，まずは全体のつながりを大事にしようと思いました。紙に十字をいくつか書き，なぜこれが縦・横の軸に入るのか，自分なりの考えも十字と一緒に書きました。その中から一番説得力があると思った十字を選び，それを見ながら全体の構成を決め，文章にしていきました。次に意識したことは，読みやすい文章を書くことです。皆のコメントを聞いて，卒論はただ自分の言いたいことを書く場所ではない，と改めて思いました。自分の言いたいことはいろいろありましたが，読む人が理解するのに余計だと判断したところはばっさり無くしました。当たり前のことですが，必要なところだけを残し，それぞれがなぜつながるのかを書くようにしました。この当たり前のことを実際に行うことは本当に難しかったです。この作業をしていて，どれだけ客観的に自分の文章を見られるかが，卒論を書くにあたって重要だと感じました。

　この学生は研究を組み立てる枠組みとして十字モデルを用いただけでなく，

全体の有機的な関係性を判断する基準として，十字モデルの縦軸と横軸を指針としていたことがわかる。このように，十字モデルは研究の全体像を俯瞰する設計図としてだけでなく，論文の軌道を示す方位磁石としても有効である。

（5） 十字モデルで評価する

　十字モデルを用いた論文指導のプロセスを評価の観点から体系的に表すと，表1のように整理することができる。レベル1の段階では構成要素を組み立てる設計図として，レベル2の段階では情報の密度を高める器として，レベル3の段階では全体のバランスを保つ方位磁石として，十字モデルを活用することにより——ちょうどコンパスを使って美しい円を描くように——完成度の高い論文を仕上げることができる。

5　おわりに

　本章では十字モデルを用いた論文指導の一例を紹介した。研究を組み立てる場面では日常的な語彙から学術的な語彙へと学生を導く道しるべとなり，論文の分析や相互批評の場面では学生たちの自律的な学び合いを支援する。

　論文指導において十字モデルを活用するということは，第一に，「学び手と指導者の意思疎通において，的確かつ無駄のない対話を可能にさせる共通の『言語』として，有効なコミュニケーションツール」（牧野，2008, p. 448）を手にすることである。ただし，個別指導や個人作業の支援ツールというだけではない。

　第二に，十字モデルは学生たちの協同的な学びをつなぐ媒介メディアであるという点を強調しておきたい。なぜなら，言葉と言葉をつなぐ「文法」を超え，十字モデルで人と人をつなぐことにより，孤独な作業になりがちな論文執筆が，仲間と楽しく取り組む創作活動になりうるからである。

Ⅱ　レポート・論文の作成指導

表1　「議論の十字モデル」に基づく評価の観点*

十字モデル	縦軸	軸	横軸	軸
レベル3：全体 (有機的な関係性)	【背景】では議論を展開させるうえで前提となる問題を焦点化している。【命題】が十字の中心に位置づけられている。	【背景・命題・提言】に一貫性がある。話題が飛躍して論点がぶれたり、曖昧に終わってぼやけたりしていない。	【反論・命題】は【命題・抽象・具体】と矛盾しない。十字の縦軸(背景・命題・提言)から乖離していない。	【命題・抽象・具体】は予【反論・論駁・命題】と矛盾しない。十字の縦軸(背景・命題・提言)から逸脱していない。
レベル2：内容 (情報の質と量)	【背景】は公共性の高い視点、信憑性のあある情報に基づいている。議論を通して検証したい【命題】を適切に表現している。	【提言】は問題のどのように解決されるのか(未解決に残るのか)を明示している。余分な視点を新たに加えて議論を肥大化させていない。	【反論】と【論駁】の双方が公共性の高い視点、信憑性のある情報に基づいている。複数の視点がある場合は、反論と論駁が対をなし、双方に過不足がない。	【抽象】を裏づける【具体】として、客観的事実、統計等が示されている。文献データ、統計等が示されている。【抽象】の各論点について【具体】の情報が必要十分である。
レベル1：要素 (各要素の有無・要素間の関係)	【背景】にある問題意識に基づき、【命題】(仮説)を立てている。	【命題】の妥当性をふまえ、問題に対する解決策を【提言】している。	【反論】(正反合)の弁証(正反合)の関係が成立している。 (たしかに〜である。しかし〜である。ゆえに〜といえる。)	【命題】【具体】に論証(演繹法・帰納法)の関係が成立している。 (〜といえる。なぜなら〜だからである。たとえば〜がある。)

50

〈注〉

(1) アリストテレスは『弁論術』の中で「レトリック」（Rhetoric）を体系化した。ここで言う「レトリック」は，いわゆる美辞麗句のような修飾表現（accessory）ではなく，「説得方法」（modes of persuasion）を意味している。「説得方法」とは「技術によるもの」（artistic proofs）であり，証拠のようにあらかじめ存在する「技術によらないもの」（inartistic proofs）は含まれない。アリストテレスによれば，「説得方法」はロゴス，パトス，エトスからなり，その中核に「演繹法・帰納法」（enthymeme・example）が位置づけられる。

演繹法とは，普遍的なものから個別のものへと向かう推論である。つまり，抽象的なものを具体化するプロセスである。逆に，帰納法とは，個別のものから普遍的なものへと向かう推論である。つまり，具体的なものを抽象化するプロセスである。たとえば，「りんご，みかん，ぶどう」という個別の対象を一般化させることによって，「果物って，木になるもの？」という仮説を立てるのは帰納的な推論である。一方，「この仮説はメロン，スイカ，イチゴにもあてはまるだろうか？」というように，一般化された概念を個別の事例にあてはめて検証するのは演繹的な推論である。このような検証が重ねられた結果として，現在では「果物とは，実がなるまでに何年もかかるが，一度実がなれば十数年間は毎年実をつけるものであり，野菜とは，1年から2年で収穫できるが，1回実をつけると枯れてしまうものである」という分別が定着している。よって，「メロン，スイカ，イチゴ」は野菜といえる。このように，帰納的な思考によって導かれた仮説が演繹的な思考を重ねることで，やがて普遍的な概念（理論）として確立していく。

「論理のしくみ図」（図1）は，この演繹法・帰納法の概念を論理的思考の要と位置づけ，「抽象⇔具体」という表現で簡潔に表した。

(2) 「The Layout of Arguments」は説得表現に含まれる要素を視覚的に表した図式であり，「トゥールミン・モデル」（Toulmin Model）の名で知られる。しかし，この図式は演繹法・帰納法の概念を十分に表すことはできない。そもそもトゥールミン自身が議論のモデル化を意図してこの図式を提案したわけではないという点を指摘しておきたい。彼は，三段論法に代表される数学の証明問題のような論証を絶対視する価値観（形式論理学）に異議を唱えるために，実際の議論のプロセスを可視化しようと試みたのである。つまり，実際の議論では文脈を考慮せずに適切な判断はできない，ということを明示的に表すのが本来の目的であった。それゆえ，模範や手本としての「モデル」という意味では不十分な点もある。

(3) グループ学習や全体共有の場面での教師介入については,『対話による学びへと続く道』(牧野編著,2013) の中で,学校現場の教師の試行錯誤を紹介している。
(4) 十字モデルを用いた評価の観点については,『「議論」のデザイン』(牧野,2008) の第5章「議論の十字」,第6章「論理の多様性」にて詳しく解説している。

〈文　献〉

Cox, R. (1999). Representation construction, externalized cognition and individual differences. *Learning and Instruction, 9*, 343-363.

Kaplan, R. B. (1966). Cultural thought patterns in intercultural education. *Language Learning, 16*, 1-20.

金水敏 (2011).「文法史とは何か」金水敏他編『シリーズ日本語史3　文法史』岩波書店, 1-17.

牧野由香里 (1997).「日本人のレトリックの新しい理解―先天的要素と後天的要素―」『1997年日本コミュニケーション研究者会議』第8号, 23-52.

Makino, Y. (1999). Transcultural speechmaking principles: Mechanisms of linear logic and configural logic. *Intercultural Communication Studies, 8* (1), 103-123.

牧野由香里 (2005).「議論構築の動的モデル― RGB カラーモデルによる論理の多様性の表象―」『関西大学総合情報学部紀要情報研究』第22号, 143-175.

牧野由香里 (2007).「多元的なコミュニケーション能力を育成するカリキュラムとしての議論に求められる要因」『日本教育工学会論文誌』第31巻第1号, 1-13.

牧野由香里 (2008).『「議論」のデザイン―メッセージとメディアをつなぐカリキュラム―』ひつじ書房.

Makino, Y. (2009). Logical-narrative thinking revealed: The Message Construction Cross. *The International Journal of Learning, 16* (2), 143-153.

牧野由香里 (2010a).「対話の進化を可視化する知識構築の十字モデル」『日本教育工学会研究報告集』第10巻第3号, 133-140.

牧野由香里 (2010b).「市民性を育てる『やわらかい議論』ワークショップの開発」『情報コミュニケーション学会誌』第6巻第2号, 16-25.

牧野由香里 (2010c).「意見カードで情報活用する言語活動―論理的思考力の基礎

づくり―」『情報コミュニケーション学会研究報告』第7巻第7号, 38-43.

牧野由香里（編著）(2013).『対話による学びへと続く道―学校改革「学びの共同体」づくりのナラティヴ・エスノグラフィー―』ひつじ書房

Makino, Y., & Hartnell-Young, E. (2009). Structuring and scaffolding learners' verbal-and-visual thinking. *The International Journal of Learning, 16* (2), 549-563.

Nisbett, R. E. (2003). *The geography of thought : How Asians and Westerners think differently … and why.* Free Press. ニスベット, R. E. (2004).『木を見る西洋人　森を見る東洋人―思考の違いはいかにして生まれるか―』（村本由紀子訳）ダイヤモンド社.

Toulmin, S. E. (1958). *The uses of argument.* Cambridge University Press.

コラム1 「十字モデル」を使った試み
――卒業研究の「プレゼミ」として

関西大学

齊尾恭子・橋寺知子

1 アカデミック・ライティングの形式と作成プロセスを「可視化」する

　教育開発支援センターを訪れる先生方から,「いかに学生がアカデミックな文章を書くことを苦手としているか」について伺う機会は少なくない。たとえば,提出されたレポートが箇条書きが連ねられているだけだったり,文章の量は十分であるが,日記やエッセイ風の散文だったり,といった具合である。
　このような相談を受けて,文章を書くことが苦手で,アカデミック・ライティングに不可欠な論理的な文章構成とはどのようなものかについてよく理解できていない学生のために,単純でシンプルな方法でアカデミック・ライティングを身に付けることができるワークはないだろうかと模索してきた。そんな折に,本学の牧野由香里教授が開発された「十字モデル」を知り,このツールを使ったワークならば可能ではないか,と考えた。
　とくに初学の学生にとっては,よい文章の形式が明確に見えず,具体的に何をすればよいのかわからないため,どうしても手探りの作業を重ねることになってしまいがちである。こうした状況を改善していくためには,よい文章の形式とその作成の具体的なプロセスを示すことが必要であろう。文章に不可欠な要素やそれぞれの機能を明確に示すことのできる「十字モデル」を使うならば,よい文章の形式と作成プロセスを「可視化」することが期待できる。そして,文章作成のプロセスを可視化することができれば,それぞれのプロセスをステップ・バイ・ステップの作業へと分割でき,個人作業になりがちな文章作成をグループによる協同作業で実施することもできるようになる。また,グループ

コラム1 「十字モデル」を使った試み

写真1　グループ作業　　　　　　写真2　全体共有

での協同作業は、アカデミック・ライティングに必要な客観性について、学生たちに自然な形で意識させる機会ともなるだろう。「十字モデル」は具体的な作業を通じて、論理的な文章構成の最小限の単位について理解することが可能であるという特性を持つ。

「十字モデル」のこのような特性を活かし、本センター研究員の齊尾が、グループワークによるディスカッションを通じ、アカデミック・ライティングの基礎を学ぶワークをデザインした。「ブレインストーミング→KJ法→「十字モデル」を用いたワーク→レポートのアウトライン作成」という流れである。

2　「十字モデル」を使ったワークの実際

以上のような「十字モデル」を使ったワークを、環境都市工学部建築学科の建築意匠研究室に配属予定の3年次生を対象に、2010年12月、プレゼミの一環として2回にわたり実施した（写真1, 2）。

第1回は、「十字モデル」そのものを理解することを目的とし、グループワークで扱ったテーマは「関大のキャンパスをよくするには」であった（表1）。

第2回は、専門的なテーマで思考を深めることを目的とし、グループワークのテーマは「キャンパスの環境改善について」であった（表2）。なお、この第2回のワークは、アウトラインの作成や、パラグラフ・ライティングの実施という、さらにアカデミック・ライティングに近い作業への接続をめざすもの

Ⅱ　レポート・論文の作成指導

表1　第1回の流れ

手順	内　　容	形態
0	主旨説明・アイスブレーキング	全体
1	ブレインストーミング	個人
2	ブレインストーミングの内容を共有	グループ
3	KJ法	グループ
4	グループ代表によるプレゼンテーション	全体
5	「十字モデル」教材配付	全体
6	「十字モデル」について解説	全体
7	KJ法よりテーマを選定→「十字モデル」作成	グループ
8	グループ代表によるプレゼンテーション→発表者以外はコメント作成	全体
9	「十字モデル」に各自コメントを貼り付ける	全体

表2　第2回の流れ

手順	内　　容	形態
0	主旨説明・前回のふりかえり・アイスブレーキング	全体
1	専門的な視点を得る（ミニレクチャ）	全体
2	専門的な背景をもとに再びブレインストーミング	個人
3	ブレインストーミングの内容を共有	グループ
4	テーマを選定→「十字モデル」作成	個人
5	各自プレゼンテーション	グループ
6	アウトライン作成方法について（ミニレクチャ）	全体
7	アウトライン作成	グループ
8	パラグラフ・ライティングについて（ミニレクチャ）	全体
9	題材にする「十字モデル」選定	グループ
10	パラグラフ・ライティング	グループ

（注）パラグラフ・ライティングに関しては，戸田山（2012）を教材として使用した。

であった。アウトラインとは何かがわかっていても，アウトラインを書くための定型的な手法が無ければ実際に作成するのは困難であるが，「十字モデル」はこの部分を補う役割を果たすものだからである。また，「十字モデル」によって，論理構造のもっともシンプルな構成が理解できていると，アウトラインとは何かを理解することも容易になり，パラグラフやトピックセンテンス，サ

ブセンテンスの理解も容易になる。

　ワーク全体は比較的スムーズに進行した。参加者が少人数であったことや，これまでとくに親しくなかったとしても，同学科の同学年で同じ研究室を希望するという，指向性の近い学生の集団であったことも見過ごせない要因かもしれない。しかし，ワークに消極的な学生や戸惑っている学生もなく，協同作業を通じて学生同士が相互に教え合う様子が見受けられたことは確かである。

　以上のように学生たちは，グループで楽しく作業しながら，論理のシンプルな構成をすみやかに理解し，それを踏まえた上で，アウトラインやパラグラフなどの概念の理解もできたようであった。ただ，アカデミック・ライティングの導入のワークに「十字モデル」を活用する場合には，全てのテーマに対応できるとは限らないという限界がある。十字の全ての枠が埋まらない場合や「根拠」と「事実」が同じ場合，「解決策の提示」が「主張」と同じ場合等がその例として挙げられる。だが，この「十字モデル」を用いたワークのシンプルな流れは，初学の学生にとっては十分に有用なツールであると言える。

3　「十字モデル」を使う意義

　「十字モデル」を使ったワークによって，すぐにアカデミックな文章が書けるようになるわけではない。しかし，学生にとっては，アカデミックな文章を作成するための過程について準備段階や他者との討議も含めた体験が可能であるため，これまでブラックボックスに近い状態になっていた作成過程について，それぞれの段階で何をすればよいのかに関する見通しを持つことができるようになるのではないだろうか。まだ十分な検証はできていないが，アカデミック・ライティングに関する初年次導入科目から専門科目・卒論指導にいたるまで，汎用性のあるワークと言えそうだ。

〈文　献〉
戸田山和久（2012）．『新版　論文の教室』NHK出版．

第3章　モジュールに基づいた小論文作成技法

大阪市立大学

小田中章浩

1　はじめに

　私は1995年から2006年までの11年間，岡山理科大学に在籍した。そこで主として教えた科目の一つが「文章表現法」である。この講義を受講した学生は総計で約2,500名，その間に添削したレポートの数は10,000枚近くになるはずである。年単位で単純平均すれば，毎年の受講者は220名くらい，年間に見たレポートの数は900枚程度である。ただし半期ごとに同じ講義を行ったので，各期の受講者は1クラス30～40名として3クラスで100～120名といったところであろう。受講者は期末試験を含めて合計4回，文章表現に関するレポート（課題）を提出した。

　授業では当初から市販のテキストは使わず，私が作成したマニュアルをプリントで配布した。その元になったのは，フランスでディセルタシォン（dissertation）と呼ばれる小論文に関する作文技法である。フランスではバカロレアと呼ばれる大学入学資格試験において小論文が課される。私はバカロレアを受験したわけではないが，大学院での修業時代に自分の研究を発展させるためフランス政府給費留学生試験というものに合格する必要があった。その課題の一つにディセルタシォンがあったのである。その準備のために，東京日仏学院で最上級コースとして開講されていた仏作文の授業を受講した。

　この経験は，まさに目から鱗が落ちるものだった。そこで教えられた小論文の書き方は哲学者デカルトを生んだ国にふさわしく，論理的かつシステマティ

ックなものだった。一方，私は日本の大学でレポートや小論文の書き方について教わったことは一度もない。こんなに有益な論文作成技法があるのになぜ日本の大学では教えないのだろうと不思議に思ったものである。したがって私が岡山理科大学で教えた文章表現の技法は，基本的にはこのフランスのディセルタシォンの方法を応用したものである。

　その後岡山理科大学で授業経験を蓄積するにつれて，学生が陥りやすい問題点や，あらかじめ注意すべき点などに一定の傾向があることがわかってきた。それらを毎回プリントして配るのは面倒である。また，非常勤講師を依頼することによってより多くの学生に「文章表現法」を受講してもらう必要も出てきた。そこで2002年にそれまでの授業内容をまとめた教科書『文章の設計図を用いた「読ませる」小論文の作成技法』（小田中，2002）を出した。この教科書（これには付録として教師用の「インストラクターズ・マニュアル」も作成した）を用いることにより，複数の教員が同じ内容の授業を展開できることになった。ちなみに依頼した非常勤講師は，全てフランス語，フランス文学を専門とする教員であった。

　私が担当した授業の評価については，自慢めいて恐縮だが学生アンケートによる授業の総合満足度では，5段階評価でつねに4点から4.5点の間をキープした。嬉しかったのは自由記述欄に「この授業は一生の役に立つ」とか「専門の授業よりも有益だ」と書いてくれた学生がいたことである。ただし授業は自由選択による一般教養科目の一つであり，また私の授業が大変であることはある程度学生に知られていたと思われるので，最初から意識の高い学生が集まっていたのかもしれない。この授業が必修であったとして，同じような高評価を維持できたかどうかはわからない。

　私は2006年から大阪市立大学文学部・文学研究科に移籍した。規模は大幅に縮小したが，ここでも初年次教育の一環として小論文作成法を教えたり，卒業論文の指導の一部として論文作成法について説明している。ただ，基本的に岡山理科大学で教えてきた内容を修正する必要に迫られたことはない。大阪市立大学においても，学生は要領の良さという点で多少の違いはあるかもしれない

が，同じような点でつまずき，苦労する（もちろんその理由の一つは，私が同じような出題をしているためである）。

　私が岡山理科大学で行っていた「文章表現法」の授業の内容については上述のテキストを参照していただくとして，以下においてはアカデミック・ライティングの技法について私がその後得た知見に基づき，いくつかの新たな視点を提示してみたい。

2　小論文という文章の特性

（1）　文章を書くという行為

　大上段に構えすぎるきらいはあるが，まず基本的な認識として以下を確認しておきたい。それは，人間にとって書くことはかならずしも自然な行為ではないということである。人類が文字を発明したのはせいぜい数千年前のことである。その後も長い間，書かれた文字を操るというのは特殊な能力であり，一部の人間の独占物だった。時代を経るとともに文章を書くことは次第に一般化したが，古くは江戸時代の三行半（離縁状）から今日の転居の挨拶に至るまで，生活の中で書かれる文章の多くは定型的なものであり，それを作成するのに多大の労力を要しない。別の言い方をすれば，それ以外の非定型的な文章は多くの人にとってかならずしも書くのが容易ではないということである。

　もっとも現在私たちは，定型，非定型を問わず，日常的に多くの文章を書いている。たとえば家族，友人との間で交わされる手紙や日記，より現代的にいえばメールやブログといったインターネット上で書かれる文章である。ではこうした文章とアカデミック・ライティングのような小論文の違いは何だろうか。単純に言えば，私的（プライベート）な文章と公的（パブリック）な文章の違いということになる。もっとも今日のインターネット上の各種の表現媒体では両者の境界が曖昧になっており，それがさまざまな問題を生み出しているのだが，ここではそれについては触れないことにする。

（2）「他者」を意識して書くこと

　プライベートな文章とパブリックな文章，この2種類の文章の本質的な違いはホール（Hall, Edward T）（1993）の発想を借りるならば，とりあえずは「コンテクスト依存性」の問題として考えることができる。すなわちそこに書かれていることが，書き手と読み手の共通の理解の土壌としての「文脈」にどれほど依存しているか，ということである。たとえば友人との間で交わすメールであれば，お互いにわかりきった内容について改めて書く必要はないし，表現が不十分であったとしても，読み手はそこに書かれていないことを補って理解してくれるだろう（ホールの言う「高コンテクスト」なコミュニケーション）。しかし文章の読み手がそうした「身内」の人間でない場合には，それを期待することはできない。

　この状況をさらに別の言葉で表現するとすれば，パブリックな文章を作成するとは，よく言われることではあるが「他者」を意識して書くということである。一方，プライベートな文章の究極的な読み手は「自分」であり，さらに「自分」の延長線上にある（いちいち説明しなくても「自分」とは誰であるかをわかってくれる）知人や友人である。パブリックな文章を書く場合には，このような「自分」に対する幻想を捨てなければならない。すなわち「自分」の書いた文章を読む人間は，そもそも「自分」に対して関心がなく，文章を読むのは私的な関心というより何らかの公的な必要に迫られてのことであり，またそこに書かれていることが自分の意図した通りに理解される保証はない，という前提に立って書くことである。

　こうした条件の下で他者に誤解されない文章を書くための方法の一つは，上に見た三行半や他の定型的な文章のように，あらかじめ用意された決まりに従って文章を構成することである。この場合，文章を理解するための手順（プロトコル）は社会（共同体）の側に用意されているので，メッセージの内容が適切に伝達される可能性が高くなる。すなわちパブリックな文章であっても相対的に「高コンテクスト」なメッセージに変換され，書き手の負担はその分だけ軽減される。であるとすれば，パブリックな文章をできるだけ定型的な文章に

落とし込むようにすればよいのではないかという発想も成り立つ。たとえば司法や行政に関する文書，さらに学術論文なども広く見ればこうしたプロトコルに基づいて作られている。学術論文における「序論」「本論」「結論」といった構成や，パラグラフを明確に分けて書くやり方もこうしたプロトコルの一種であり，これらについて教えることは重要である。

ただし私たちが書かなければならない物事の多くは複雑な要素が絡みあって構成されており，定型的な文章に還元できる部分は限られている。結局，どのように書けば自分の文章が「他者」に理解されるかという問題を解決するには，自分の書いた文章を「他者」の視点で何度も読み返し，さまざまな状況をシミュレーションしながら書くという原点に戻る他はない。この問題についてはこの小論の最後でもう一度取り上げることにしたい。

（3） 時系列的な関係と意味的な関係

その一方で私たちは，手紙や日記（またはブログ）に書くような文章であれば，さして苦労することなくかなりの長文が書けてしまう。その理由は，そこで書かれる内容の多くが時系列的な順序によって構成されているからである。たとえば「先日 A に行きました。そこで B を見て感動しました。次に C でお昼を食べました。とても美味でした」というような内容の文章である。ここでは話題（出来事）A〜Cは，それが起きた時間的な順序によって関係付けられているので，書き手も読み手もそれら相互の関係をほとんど意識する必要がない。この種の文章では，言葉の使い方という意味での上手下手はあるとしても，意味がわからない文章が生じる余地は少ない。

しかし話題（出来事）の間に時系列的な関係ではなく，論理的な関係（たとえば因果関係）が含まれる場合には，文章を書くことはさほど簡単なことではなくなる。たとえば「ナポレオンは皮膚病に苦しめられていた」（A）という文の次に「ナポレオンはワーテルローの戦いで敗北した」（B）という文が続く場合，この 2 つの文は時系列的な話題を扱っているように見えるが，A が B を引き起こした（と書き手は考えている）と因果論的に解釈されてしまう可能

性がある。その場合，読み手はこの2つの話題を因果関係で結びつけることの妥当性について考えるだろう。

　言うまでもなく，私たちが書く文章はたんに時系列的に関係しているだけでなく，個々の文に含まれる意味，あるいは個々の文が結びつけられることによって生じる意味によって相互に関係付けられている（「意味」という言葉を定義するのは難しいが，ここでは話をわかりやすくするために，単純に真か偽かを決定できる文または言明としておく）。この意味には，論理的な意味（論理的な推論によって真偽を決定できるもの）だけでなく，事実に関する意味が含まれる。たとえば「ナポレオンはワーテルローで戦死した」という文が誤りであることを知るには，そもそもナポレオンとは誰であり，ワーテルローの戦いとは何であったかという事実に関する知識が必要である。

　このように考えれば，さまざまな論理的な命題の真偽を問う論理トレーニングのようなものが，かならずしも文章表現力の向上に結びつかないことがわかる。こうした訓練を行えば，たしかに論理的な推論の能力を高めることはできるだろう。しかし矛盾するようだが，それによって説得的な文章を書けるようになるとは限らない。なぜなら私たちが書く文章には，さまざまな事実に関する命題が含まれ，それらの多くは一義的に真であるとも偽であるとも言えないからである（たとえば「日本の首都は東京である」という文は現在においては真であるが，明治以前においては偽である。しかしより厳密にいえば「首都」が何を意味するかによって，明治以前においても単純にこの文を偽とすることはできなくなる）。こうした事実命題について私たちは常識や通念といった，論理に還元できるとは限らない基準に基づいて，何らかの判断または解釈を行わなければならない。

　こうした課題が純粋な論理によって解けるのならよいが，その多くは事実（現実）をどのように解釈するかにかかっている。その中には，ほぼ事実だと考えられているが断定はできないものであるとか，厳密に論証はできないが一つの見方としては興味深いといったものが含まれる。私は文章にこの種のコメントを導入することを「文章にニュアンスを付ける」と呼んでいる。

日記やブログのような文章ではなく，アカデミック・ライティングのような小論文に求められる文章力とは，与えられた命題（課題）に対して書き手が何らかの解釈（または判断）を行い，さらにその解釈または判断に至る過程を示すことで，書き手の思考の妥当性あるいは独創性を読み手に問うことである。そのために書き手は，さまざまな事実命題を取捨選択して評価し，それらを組み合わせることによって，新たな意味を含んだ命題を作らなければならない。

3　文章をモジュール化することの利点

（1）　文章が構成される次元

　複数の文から構成されるのが文章であるとするならば，文章を理解するという行為は，それを構成している文字，単語，文を逐次的に拾い上げていくという意味において一次元的な作業である。すでに述べたように，出来事をそれらが生起した（あるいは生起する）順序に沿って記述していく場合，そこに書かれている内容を理解するのは（書かれていることがおもしろいかどうかは別として）さほど難しいことではないだろう。

　しかし，たとえばさまざまな事実をある観点からグループ化し，またその観点の妥当性について説明を加え，さらにそれらを別のグループと結びつけるといった作業によって文章を構成する場合，個々の文をどのように配列するかということについての配慮がどうしても必要になる。そのような場合には，ある文と次の文は時間的な順序や単純な因果関係によって結びついているのではないからである。たとえばそれらは一つのグループを構成する要素として，一次元的な文章の流れの中で便宜的に前後に並べられているのかもしれないし，一つの文がそれ以前の複数の文を参照し，そこに何らかの註釈を加えているかもしれない。

　すなわち個々の文は，その前後関係だけでなく，それらが組み合わされたグループ相互の関係，あるいは物事を記述しているのか，それともそれ以前に記述された内容に関するコメントなのかといったカテゴリーの違いによって，相

互に関係している。こうした関係は当然のことながら一次元的なものではなく，二次元（または三次元以上）的なものである。であるとすれば，文章を書く前にこうした関係を図として整理しておき，それに基づいて文章を書いた方が労力を省けるだろう。これが文章の設計図としての「アウトライン」である。

翻って考えるならば，そもそも人間の思考は一次元的ではない（私がよく学生に言うことだが，人間の考えに「，」や「。」のような句読点は付いていない）。脳の構造を考えれば，さまざまな観念（アイデアやイメージ）はニューロンの結合として他の観念と三次元的につながっているはずである。文章を書くとは，こうした三次元的な構造を便宜的に一次元的な流れに還元するという，本来かなり無理のある行為なのであり，だから人は文章を書くのに苦労するのであろう。

もっともそれを言うなら，なぜ人間は文章を書くのをやめて全て図で説明しないのか，という疑問が生じるかもしれない。たとえば文章の代わりに，PowerPointのスライドのようなものを使って説明した方が早いのではないか，ということである。これに対しては次のように答えることができる。私たちが口頭の説明無しでPowerPointのスライドを見る際，内容は理解できてもそこに味気なさを感じることが多い。スライドの図が（PowerPointで言うところの）アニメーションなどによって飾られていたとしても，そこには話者の視点（または話題）の移動という意味での動きが欠けており，静的なものに見えるからである。

文章についても同じことが言える。図解すればその内容はわかりやすくなるかもしれないが，そこには動きがない。これに対して一次元的な文章の流れを追うことによって，読み手は書き手の思考の流れを追体験することができる。したがって一次元的な文章の構成はかならずしも悪いこととは言えない。必要ならば文章による表現の中に図を入れればよいのである。

さらに文章というものは，かならずしも一次元的にしか理解できないものではない。パラグラフの切れ目やそこに付けられた見出しなどによって，私たちは文章を多かれ少なかれ「図」の一種として理解している。これは余談になる

が，私がかつて「文章表現法」の指導においてかなり多数のレポートを次々と採点することができたのは，それらの全てを逐語的に読んで評価したからではない。パラグラフの切り方やそれらの分量といった文章全体の「形」を見ることでそこに書かれていることの要点や問題点がだいたい予想できたからである（さらに小論文の構想＝アウトライン段階から指導しているので，こうした作業はさらに容易になる）。こうした図像的な文章の把握は，大量に文章を読むことに慣れている人なら誰もが行っていることであろう。

（2） セクションとモジュール

　前節では小論文という文章の性質についてかなり根源的な考察を行った。その一方でアカデミック・ライティングのような小論文においては，アウトラインに定型的な構造（プロトコル）が占める部分が大きい。したがってこれを図式化することは，じつはさほど困難なことではない。

　まず改めて説明するまでもなく，小論文は「序論」から「結論」に至る大きな文章の塊から構成されなければならない。これらの中のあるものは単一のパラグラフから構成されるかもしれないが，複数のパラグラフから構成されるものもある。そこで，ここではこうした文章の大きな集団のことを「セクション」と呼ぶことにする。

　さらに「序論」は，最低限次の3つの部分（文または複数の文）によって支持される必要がある。

・問題提起の背景（なぜそれが問題になるのか）

・問題提起

・問題解決の方法の提示

　本論は，基本的には複数のパラグラフから構成されるセクションである。よく知られているように，各パラグラフにはパラグラフ全体の内容を統御する「トピック・センテンス」が必要である。それだけでなくパラグラフには，事実（または物事）を描写するための記述（文または複数の文）およびそれらに関するコメント（文または複数の文）が含まれなければならない。

結論については，本論で述べられた見解を総合する部分，さらにそれまでに論じられた問題に関連しながらも，論文の中では扱われなかった他の問題との関係について示唆する部分（問題の発展可能性を示す部分）があれば十分であろう．

　このように小論文を構成する大きな単位としてのセクションは，たんにパラグラフから構成されるのではなく，パラグラフの中で明確な役割を持ったいくつかの部分から構成される．これらの部分は，「モジュール」（全体の中である程度独立して修正したり，新しいものと入れ替えたりすることが可能な部分）であると考えることができる．文章の構造はパラグラフの連続としてではなく，モジュール相互の関係として図式化することができる．こうした発想を取ることによって，文章とはかならずしも一次元的な流れなのではなく，さまざまな部分が空間的に関係した構造であると考えるのが容易になる．文章を加筆したり修正する場合も，パラグラフ単位ではなく，モジュールごとに行った方が全体の構成がよく見えてやりやすくなる．

（3） **モジュールとベクトル**

　すでに述べたように文章を作成する上で難しいのは，それを構成するさまざまなアイデアのレベルでは二次元または三次元的な構造を持つのに，実際には一次元的な文の連続として展開しなければならないことである．さらに小論文ではセクションやパラグラフは改行したり見出しを付けることによって，それらが独立した部分であることをある程度視覚的に示すことができるが，モジュールのような小さなレベルでそれを行うことは現実的ではない．文章はあくまで「流れ」でなければならないからである（そうでないと，それは限りなく「図」に近いものになってしまう）．

　では，一つのまたは複数の文が特定のモジュールに属していることを，どうやって読み手に理解させればよいのだろうか．比喩的に言うならば，それは一つ（または複数）の文が同じ方向を向いており，その後に続く一つ（または複数）の文が別の方向を向いていることを示すタグ（標識）のようなものを，

個々のモジュールに含まれる文に付けてやればよいということである。

　文章表現においてこうした役割を担っているのが，文と文を連続させる要素としての接続的な表現である。改めて説明するまでもないことだが，「たとえば」と書けばそこから何かの例示が始まることが読み手には理解されるし，「すなわち」とあれば，その後に続く文は前の文の内容を説明していることがわかる。「では」と書けば，前の文章の内容を受けて新たな話題が提示されるだろう。ただしこうした接続的な表現はかならずしも接続詞や副詞に限られず，「その一例として」であるとか「以上をまとめると」といったより複雑な表現も含まれる。こうした表現のことを，ここでは一つまたは複数の文に同じ方向性を与えるという意味で「ベクトル」と呼ぶことにする。

　もっとも文章表現法における接続表現の重要性についてはこれまでも指摘されてきた（たとえば中島・塚本，1996, pp. 19-23；野矢，2001, pp. 9-15）。しかしこれらの著作では，接続表現とは基本的に文と文を接続するものとして考えられている。しかし私の考えでは，これらの接続表現は特定のモジュールにおいて，書き手の思考の流れを読み手に示すものである。なぜならそれらは論理的な推論に関わるだけでなく，2節の（3）で述べた「文章にニュアンスを付ける」場合や，モジュール（またはパラグラフ）全体を制御し，それら相互の関係を示す場合にも用いられるからである。たとえば「第一に」「第二に」であるとか「まず」と「一方」といったベクトルによって，複数のモジュール（またはパラグラフ）を対比させる場合である。

　文の冒頭（または文中）にこうしたベクトルを付与することで，ある文とその前後の文が同じモジュールに属しているのか，それとも別のモジュールに含まれるのかを読み手に示すことができる。ただし全ての文にこうしたベクトルを付けなくても，一つのモジュールが始まる最初の文にベクトルがあれば，その後に続く文は同じモジュールに属するものとして理解されるだろう。

　ある文に続けて新しい文を書く場合，このベクトルの存在を意識することによって，書き手は自分が文章の流れの中でどのような方向に向かおうとしているのかを整理することができる。すなわち，ある論点（視点）を発展させよう

としているのか，それと相反することを言おうとしているのか，それまでの視点をまとめるのか，あるいは視点を補強するための具体例を出しているのか，といったことである。

別の言い方をすれば，こうしたベクトルの存在によって，読み手は書き手の思考の道筋を辿ることができる。ここでも比喩的にいえば，読み手は書き手が立ち止まって考えたり，反証や具体例を出したりする思考の「動き」を体感することができる。それが結果として文章にリズムをもたらしたり，文体を与えたりするのである。

4 小論文指導に関するいくつかの実際的な方法

（1） 比較と総合

岡山理科大学における「文章表現法」の授業では，与えられた課題を2つの視点（または事例）からの比較と総合という方法によって論じることを求めた。したがって本論は2つのパラグラフから構成される。字数は全体で800字を上限とした。この字数制限の意味については後述する。

この比較と総合という方法は，大阪市立大学文学部の演習でも学生に課している。これによって，最近の学生が何を苦手としているかがよくわかる。まず，「2つの視点の比較」という制約を加えずにレポートの課題を出した場合に起きることを想像してみる。たとえば「最近の日本人の感動の本質」という課題を出したとする。多くの学生は，「感動」という言葉の辞書的な意味を調べ，次に「最近の日本人」が感動した例としてオリンピックであるとか「愛は地球を救う」のようなテレビ番組の例を紹介し，最後に結論めいたものを付けてレポートをまとめるだろう。

この場合，レポートを構成する各部分を論理的に関係付けることは難しいので，それぞれがばらばらになったままであり，とくに結論は内容のない表面的なことしか書けないはずである。さらに問題なのは，こうした作業では学生が自分の頭を使わなければならない局面がほとんどないので，たとえばWikipedia で調べた内容をそのままコピーするという「コピペ」の誘惑が生じてしまうことである。

　しかし２つの視点（事例）を比較する場合には，以下のようなことが起きる。まず，取り上げる２つの対象について，そもそもその２つは比較可能なのか，あるいはなぜその２つの比較でなければならないのか（別のものとの比較では駄目なのか）という問いに対する答えを用意しておかなければならない。次に，２つの対象をどのような物差し（基準）で比べるのかを決定しなければならない。最後に比較することによって得られた二つの事例の分析結果を，結論で総合しなければならない。

　これが「ゆとり教育」の弊害であるかどうかはわからないが，私が見る限り，最近の学生は与えられた「物差し」（解法）を用いて課題を機械的に解くことはできても，適切な「物差し」を自分で見つけたり，あるいは「物差し」（パラメータ）が変われば結果も変わるといった動的な（英語で言うところの dynamic な）プロセスに対応できない者が多い。もちろんこれは相当頭を使わなければならない作業である。逆に言えば，さまざまに視点を変えて何度も繰り返して対象を分析し，そこから何らかの独自の視点を得ることのできる者こそ基礎的な知力があり，あるいは独創性のある人間ということではないだろうか。

（２）　書かないことの重要性

　私が「文章表現法」の課題で800字の字数制限を課すのは，文章作成においては結局「何を書くか」ではなく，「何を書かないか」が重要だと考えるからである。800字で小論文を作成する場合，全体のバランスを考えれば序論および結論に使えるのはそれぞれ100字～150字前後，本論の２つのパラグラフがそれぞれ250字程度である。この分量で内容のあることを書こうとすれば無駄なことを書いている余裕はない。そしてそれが文章を書く際の練習になる。

　まず第一に，500字前後の本論の中で２つの視点による比較を行う場合，比較の基準となる「物差し」を一つに絞り込まなければならない。別の言い方をすれば，比較を行う対象についてその属性を網羅的に挙げるのではなく，どの

ような視点を取れば意味のある（または興味深い）結果が得られるかという予想に基づいた取捨選択が必要になる。平均的な能力の学生（もちろん学生だけでなく一般の人間についても同様である）になればなるほど，こうした「選択と集中」による論点の絞り込み，あるいはそれがうまく行かなかった場合の代替案への移動といった作業が苦手である。字数制限がない場合には，彼らは対象が持つさまざまな属性を，何らかの視点を取った場合に生じるそれらの重要度の違いを考慮せずに，たんに列挙していくだろう。そしてその場合には，仮に統語法のレベルで文章に問題がないとしても，内容に深みを欠くことになる。書かれた文章の背後で，対象を知的に操作するという意識が抜け落ちているからである。

　次に，これは私自身もしばしば経験することだが，よく考えられたアウトラインや，文を相互に接続するベクトルという意識を持たずに文章を書いた場合，結果的に同じ内容を繰り返して書いていることが多い。比喩的に言えば，雪山で遭難して自分では気づかずに同じ所をぐるぐる回っているというイメージである。字数制限がある場合には，こうした問題により早く気づくことができる。他にも書くべきことがあり，無駄なことを書いている余裕がないからである。

　第三に，字数制限は一つの文の長さという問題にも関わっている。文章表現に関する基本的な事項の一つとして，一つの文に盛り込む話題（トピック）は一つにすべきであるとよく言われる（高橋, 2004, pp. 112-113）。もちろん原則としてはそうなのだが，これを厳密に守りすぎると文章のリズムが単調になるだけでなく，全体として文章が長くなってしまう。これを避けるには，2つの文を並列する重文や，一つの文の中に実質的にもう一つの文が含まれる複文を作るという作業が必要になる。その過程において簡潔な表現とは何かという問題や，文のわかりやすさという問題が出てくる。つまり文章全体の量が制限されている状況において，はじめて個々の文を洗練させるという意識が必要になる。ただしこの場合，文の「わかりやすさ」は，読み手の問題と密接に関わっている。これについては以下で改めて説明する。

（3） 誰が読むかという問題

　2節の（2）において，「パブリックな」文章とは「他者」の存在を意識して書かれる文章だと述べた。しかしこれについてはより厳密な考察が必要である。なぜならそれによって文章の「わかりやすさ」を調整する必要があるからである。たとえばT・クーンの「パラダイム」という概念について言及する場合，それを知っている読者に対してこの言葉を用いるのならそれ以上の説明は必要ないだろう。しかし読者の中にこの用語に通じていない者が予想される場合には，たとえば「科学者の共同体の通念ともいえる『パラダイム』」と書かなければ，一連の表現が適切に理解されないかもしれない。つまり文章は，それを誰が読む（と想定される）かによってそのわかりやすさを考え，必要に応じて特定の用語に簡単な説明を加えたり，あるいは逆に読者にわかりきったことについては書かないといった選択を行うことが必要になる。要するに「人を見て法を説け」ということである。

　こうした意識が次の段階に進むと，書き手が読み手に対してある種の演技を行うことになる。たとえば読み手には既知のことである（と思われる）が，文章の展開上どうしてもそれに言及する必要がある内容について書く場合，「周知のように」とか「すでに知られていることではあるが」のような断りを入れて，その話題がありふれた内容であることを書き手は知っている（つまり無知ではない）ことを読み手に示す必要が出てくる。あるいは逆に，「意外なことに」であるとか「じつは」といった表現を用いることにより，読み手が見過ごしがちな内容について書き手が注意を喚起するという方法もある。このレベルになると，文章とは書き手と読み手との間で行われるバーチャルな対話としての色彩が強くなる。

　その一方で読者の大半が専門家である場合，すなわち特定の分野の学術論文については，たとえば「非線形」であるとか「アモルファス」といった言葉にいちいち註釈を付ける必要はないだろう。その意味では学術論文は，多かれ少なかれ閉ざされた「解釈の共同体」に属するものであり，その中でのみ通用する「ジャーゴン」（jargon：身内だけで通じる言葉）や特定の表現の形式（プロ

トコル)によって支配されている。

　また分野によって違いがあるだろうが,学術論文の全てが厳密な論理によって支配されているとは限らない。極論すれば,特定の形式に従ってジャーゴンをちりばめているだけの論文も存在する。こうした状況を揶揄したのが,ポストモダン思想に関する出鱈目な論文が受理されて物議を醸した有名なソーカル (Sokal, A.) 事件である (ソーカル・ブリクモン, 2000, pp. 1-5)。したがってある分野の学術論文の書き方に通じているからといって,それ以外の文章もうまく(論理的または説得的に)書けるとは限らない。とくに専門馬鹿と呼ばれるような研究者が苦労するのは,自分の身内(同じ分野の研究者)以外の読者に向けた文章を書く場合,そこにどのような「他者」を想定すればよいのかがわからず,結果として文章の「わかりやすさ」を調整できないことである。

　こうした状況を敷延すれば,程度の違いはあるにせよ,文章とは特定の読者層(読み手の共同体)を想定して書かれるものであり,コンテクスト依存度がゼロに近いもの(そこで使われる用語ならびにそれらの統語法が厳密に定められており,完全に機械的に解釈できるもの)は,もちろんプログラミング言語のようなものは別として,自然言語で書かれた文章についてはあり得ないということになる。日本語や英語のような自然言語は,それ自体がコンテクスト依存性を持つからである。

　こうした中で,できるだけ多くの「他者」に理解されるような文章を書くにはどうしたらよいのだろうか。そのための参考の一つになるのが新聞(および総合雑誌)の記事である。私は新聞の論説やコラムは,少なくともその構成に関する限りアカデミック・ライティングにはほとんど役に立たないと考えている。その理由は,新聞の論説は序論・本論・結論という形式で議論を展開しないこと,記事を読みやすくするために本題とはかならずしも関係しないエピソード的な内容を盛り込むことがあること,さらに(とくに日本の新聞では)記事の中立性を保つためにさまざまな見解を列挙して終わることが多いからである。もちろんそれは文章の書き方の一つではあるが,アカデミック・ライティングとは文章を構成する「プロトコル」が異なると考えるべきである。

その一方で新聞は一定の教育を受けた，ある程度均一な読者層を対象としている。したがって新聞記事では，こうした読者に馴染みがないと思われる専門的な用語には簡単な説明が付けられている。この種の説明は，不特定多数の読み手に向けて文章を作成する場合のわかりやすさの指標の一つとなる。ただ，最近ではかつて新聞の読者の中心であった平均的な教養を備えた中間層が減り，より細分化された「オタク」的な読者が増えつつある。そのため最近では新聞記事もかならずしも確実な指標にならないことに注意しなければならない。

　文章のわかりやすさとは，比喩的に言えば文章の「解像度」のことである。あらゆる用語や話題に詳細な説明を付ければ，文章の全体像がわかりにくくなってしまう。その一方で，簡単すぎる説明ではそこから漏れてしまう要素が多く，不正確な文章であるとの誤解を招くもとになる。

　逆に文章の「解像度」を設定することで，その文章の主題や分量が決まってしまうという面がある。文章の長さがあらかじめ決められている場合，その中で細分化された主題を扱いながら，同時に一般的な主題を論じることは限界があるだろう。また正確な内容を記述するには，どうしてもある程度の長さの文章が必要となる。別の見方をすれば，書くべき文章の量（長さ）によって，その文章の「解像度」＝わかりやすさを設定しなければならない。800字で小論文を作成する場合，詳しく課題を論じることには限界がある。したがって当然のことながら，扱われる課題によって字数制限の量を調整すべきである。

5　おわりに

　以上，小論文という文章の特性や，小論文の作成技法を大学で指導する場合の留意点について，私が岡山理科大学を離れた後に行った考察に基づき，フランスのディセルタシォンからはかなり自由な立場でまとめてみた。私の考えをまとめるならば，小論文は以下の単位によって構成される。
　(1)「プロトコル」（特定の読み手の集団によって共有される文章構成の「形」）
　(2)「セクション」（プロトコルが求める基本的な章立て）

(3)「モジュール」(各章または各パラグラフの中で特定の役割を果たす文の集合)

(4)「ベクトル」(モジュール相互の関係を読み手に示すための標識)

さらに想定される読み手の集団,ならびに許容される文章の長さによって,書き手は文章の「解像度」を決定しなければならない。この解像度には,想定される読み手によってどこまで「ジャーゴン」(別の言い方をすれば専門用語)を使っても構わないか,という配慮が含まれる。またかならずしも真偽が決定できない話題については,許された解像度の中で「文章にニュアンスを付ける」といった操作が必要になる。

もちろんこれらのアイデアはまだ未完成のものであり,今後よりわかりやすい形に洗練させていくことが必要である。たとえばモジュールやベクトルについては,その機能と範囲について,より厳密な定義を行わなければならないだろう。

また今回はほとんど触れることができなかったが,小論文を含めた文章を書く場合,それを作成するメディアとの関係が切り離せない。より効率よく小論文を書くには,たとえば「モジュール」や「ベクトル」といった概念を組み込んだアウトライン・プロセッサのようなソフトウェアがあれば便利かもしれない。今後の課題の一つとしたい。

〈文　献〉

ホール, E. T. (1993).『文化を超えて』(岩田慶治・谷泰訳) 阪急コミュニケーションズ.

中島利勝・塚本真也 (1996).『知的な科学・技術文章の書き方—実験リポート作成から学術論文構築まで—』コロナ社.

野矢茂樹 (2001).『論理トレーニング101題』産業図書.

小田中章浩 (2002).『文章の設計図を用いた「読ませる」小論文の作成技法』丸善.

ソーカル, A. D.・ブリクモン, J. (2000).『「知」の欺瞞—ポストモダン思想における科学の濫用—』(田崎晴明・大野克嗣・堀茂樹訳) 岩波書店.

高橋昭男 (2004).『日本語テクニカルライティング』岩波書店.

Ⅲ　初年次教育

第4章　初年次アカデミック・リテラシー科目「日本語の技法」

立命館大学
薄井　道正

1　初年次生に求められる日本語力

（1）論文が「書ける力」

　立命館大学では2012年度から初年次生科目として「日本語の技法」を開講することとなった。本科目は全学の初年次生を念頭において構想されたものであったが，2012年度は5学部8クラス（1クラス100名規模を想定）でのスタートとなった。本授業を担当した教員は6名で，次項（表2）で紹介するようなシラバスに沿って，共通教材を使用した全15回（前期）の授業をおこなってきた。また，授業の前には毎回1時間の打ち合わせをおこない，使用するパワーポイントと教材および指導案を担当教員全員で共有化してきた。

　本授業は「すべての初年次生に大学での学びにふさわしい日本語力を身につけさせること」を目的としてデザインされた。大学においては，高校までのすでにある「答え（知識）」をひたすら蓄積するような学び（いわゆる勉強）から，自ら新しい「問い」を提起して，新しい「答え」（世界の見方や捉え方）を発見し，それを「論証」していく研究的な学びへと，学びのスタイルを転換していくことが求められている。したがって，「大学での学びにふさわしい日本語力」も，そうした要件を備えた論文と呼ばれているものが「書ける力」にほかならないと考えられる。そこで学生には，最初に本授業の見取り図と最終目標を次のように提示した。（表1は授業で配布したレジュメである。）

第 4 章　初年次アカデミック・リテラシー科目「日本語の技法」

表1　授業で配布したレジュメ＊

　この授業の最終目標は，君たちが論文と呼ばれているものが書けるための基礎的な技法を身体化（スキル化）することです。
　吉村仁氏（数理生態学専攻）に『素数ゼミの謎』（文藝春秋，2005年）という「小さなセミに隠された，壮大な進化の物語」（帯のコピー）を説き明かされた本があります。（この本は吉村氏が『アメリカン・ナチュラリスト』149号に「氷河期における周期ゼミの進化的起源」と題して寄稿された論文をもとに書き下ろされたものです。）
　論文には「問題提起」「仮説」「論証」という3つの柱があるのですが，以下，この『素数ゼミの謎』に沿って，そのことを解説していきます。
　アメリカに，13年，あるいは17年に一度だけ何億匹も大量発生し，数週間だけ凄い声で鳴き交わして死んでいくセミ（「周期ゼミ」と呼ばれている）がいます。（100メートル四方に40万匹も発生するといいます。）では，いったいどうして13年と17年なのでしょうか。どうして12年や16年や18年ではないのでしょうか。吉村氏はまず次のような「問題提起」をしました。
　第一の謎「なぜこんなに長年かけて成虫になるのか？」
　第二の謎「なぜこんなにいっぺんに同じ場所で大発生するのか？」
　第三の謎「なぜ13年と17年なのか？」
　生き物（セミも含めて）はあたたかいと養分がゆたかになり，早く成長する。反対に寒いと養分が少なくなり，成長は遅くなる（あるいは成長が止まる）。このことから吉村氏は，第一の謎について「気温と成長の関係」に起因するという「仮説」を立てます。そして，「地質年代表」と「セミの化石」をデータ（根拠）に「氷河期の寒さが理由だった」ことを論証します。
　氷河期にも氷河の影響をそれほど受けない場所（古生物学で「レフュージア」＝避難所と呼ぶ）があり，そこで周期ゼミの祖先も生きのび，子孫を残していったと考えられる。ただ，レフュージアの中に閉じ込められた祖先ゼミは，ノアの方舟のようなレフュージアの中で，ごくごく小さな群れを作り，交尾をして子孫を残さざるを得なかった。そのため，1年でもずれて地上に現れてしまうと，交尾相手がぜんぜんいないということになった。（「多数派」と一緒に出てこないと，交尾する相手も少なくなり，子孫は減少していった。）そこで，発生年のぴったりそろった子孫だけが生き残った。つまり，「定住性」と「集合性」を身につけていった。それが第二の謎の答えだというのです。
　そして，最大の謎（問い）「なぜ13年と17年なのか？」についてです。
　こうして氷河期の間にさまざまな周期ゼミの群れができあがった。その中で，なぜ14年や15年，16年，18年という周期ではなく，13年と17年という周期のセミだけが生きのびたのか。その謎を解くカギは「13」と「17」という数字が「素数」であることと「アリー効果」に起因する，と吉村氏は仮説を立てたのです。
　素数とは1とその数自体でしか割り切れない，1より大きな数のことです。その素数のもつ不思議な力が，13年周期のセミと17年周期のセミだけを生きのびさせ，ほかの素数でない数を周期にもつセミたちを絶滅させたというのです。
　2つ以上の整数に共通する倍数を「公倍数」と呼び，一番小さい公倍数を「最小公倍数」と呼びます。この「公倍数」が，素数でない数どうしの組み合わせと素数が入っている組み合わせでは，大きく異なるのです。
　　　　6と8の公倍数…24　48　72　96　　120　144　168　192 …
　　　　5と7の公倍数…　35　70　　　105　140　　　175 …
　つまり，素数でない数どうしの組み合わせの公倍数は発生の間隔が短いのに対して，素数が入っている組み合わせは長いのです。これをセミの羽化の周期に当てはめると，素数でない数の周期セミの群れは羽化の年が他の周期のセミの群れとよく重なるのに対し，素数周期のセミの群れは羽化の年が相対的に重なりにくくなります。

15年ゼミと16年ゼミ	240年周期
15年ゼミと17年ゼミ	255年周期※
15年ゼミと18年ゼミ	90年周期
16年ゼミと17年ゼミ	272年周期※
16年ゼミと18年ゼミ	144年周期
17年ゼミと18年ゼミ	306年周期※

　そのため，素数でない数の周期セミは周期の異なるセミとの交雑（近いけれども少し違った仲間どうしで交尾して子どもを残すこと）の機会が多くなり，両方の発生周期の性質が混じり合って，発生周期がランダムになってしまったのです。そして，もともとの周期とずれて発生した子どもは，ほとんど仲間に出会えず，交尾できないまま死んでいったことが予想できるのです。なぜなら，そこにはアリー効果がはたらくと考えられるからです。アリー効果とは，「個体が集合することによって適応度が増加する効果」のことです。逆に言えば，個体数や個体密度が低くなると，アリー効果が消失して繁殖率や生存率が低下し，その個体群は絶滅の危機が高まるのです。（アリやミツバチ，鰯など弱い生物が群れをつくって生息するのもそのためです。）その結果，発生年がランダムにならないように，周期ゼミの周期が素数に収束していったと考えられるのです。
　実際，吉村仁氏らの研究チームは，10年から20年までの11種類の周期ゼミがいたと仮定し，一定の生存率や羽化率や産卵数のもとで（アリー効果を導入して），1000年単位で個体数変化のシミュレーションをおこなった結果，17年，13年，19年の順に個体数が多くなり，残りはその途中で絶滅してしまうという結果を得ました。つまり，素数ゼミが生き残った過程の再現に成功し，仮説の論証をおこなったのです。
　このような「問題提起」と「提起された問題への暫定的答えとしての仮説」と「その仮説が正しいことを示す論証」，これが論文のプロトタイプといえるものです。それを戸田山和久氏は論文の本体（body）と呼び，次の3つの要素からなるとも述べています（『論文の教室』NHKブックス，2002年，p. 84）。
　1．問題提起と問題の分析・定式化
　2．主張（問題に対する答え，「結論」とも呼ばれる）
　3．論証
　大学での学びは，高校までの「ひたすら知識を蓄積する学び（これ自体は学びの基礎として重要なのですが）」とは異なります。大学での学びにおいては，研究的・探究的な学びが求められ，明確な問題意識を持ち，自ら「問い」を立て，未だ解明されていない未知のことがらを解明していく力が求められるのです。それは，まさしく上記の3つの要素からなる論文が書ける力であり，だからこそその基礎的な技法を身につけることが，まずもって求められているのです。

（2）　授業のモジュール化とシラバス

　本授業の最終目標「論文が書けること」を達成させるために，レジュメで提示した「問題提起」「仮説」「論証」という論文の3つの要素を授業設計のポイントに据え，全15回の授業を「論文へのアプローチ」「論理と論証」「パラグラフ・ライティング」「アウトラインの展開」の4つのカテゴリーに分けてモジュール化した。
　そして，各回の授業のテーマと到達目標を次のように設定した（表2）。

表2 各回の授業のテーマと到達目標*

2012年度「日本語の技法」シラバス	
第1回	論文へのアプローチ(1)　大学における「学び」　論文とは何か ①高校と大学の「学び」の違いを理解し，研究的「学び」への興味関心をもつ。 ②論文とは問題提起と仮説と論証からなることが理解できる。
第2回	論文へのアプローチ(2)　引用と剽窃　情報収集の方法 ①剽窃と引用の違いを知り，引用の仕方や参考文献の書き方が理解できる。 ②情報機器や図書館を利用した情報・資料の収集方法が理解できる。
第3回	論理と論証(1)　論理とは何か　論証とは何か ①論理と「文の接続関係」について理解できる。 ②狭い意味での論理である「演繹」と「帰納」について理解できる。
第4回	論理と論証(2)　根拠と主張 ①論証のプロトタイプ（根拠と主張の関係）について理解できる。 ②論証文から「根拠と主張」が摘出できる。
第5回	論理と論証(3)　トゥールミンの議論モデル　論拠 ①トゥールミンの議論モデルの構造が理解できる。 ②論拠について理解し，論証文から論拠を推定できる。
第6回	論理と論証(4)　反論と反駁 ①反論と反駁について理解できる。 ②反論を想定することができ，その反論に反駁することができる。
第7回	論理と論証(5)　論証文の構造 ①論証文の基本構造が理解できる。 ②文章を論証文の基本構造をもとにして分析できる。
第8回	パラグラフ・ライティング(1)　文を書くときの工夫 ①日本語の文の特徴が理解できる。 ②「一文一義」など，わかりやすい日本語の文を書くための技法が理解できる。
第9回	パラグラフ・ライティング(2)　パラグラフの構造とルール ①パラグラフの重要性とその構造が理解できる。 ②論証型のパラグラフ構造が理解できる。
第10回	パラグラフ・ライティング(3)　パラグラフの作成 ①論証をパラグラフ構造で書くことができる。 ②作成したパラグラフを相互批評できる。
第11回	パラグラフ・ライティング(4)　パラグラフのつなぎ方 ①論証型以外の「パラグラフの型」が理解できる。 ②パラグラフのつながりをつくることができる。
第12回	論文へのアプローチ(3)　「問い」の形式　「問い」の展開 ①「問い」のもつ意味と重要性を理解できる。 ②「問い」のブレイクダウンの方法を活用して自らの「問い」をブレイクダウンできる。
第13回	アウトラインの展開(1)　文章の要約　文章のアウトライン ①文章の要約を通して論文のアウトラインが理解できる。 ②アウトラインに沿って要約文が書ける。
第14回	アウトラインの展開(2)　論文の構造とアウトライン　序論の展開 ①論文の構造とアウトラインについて理解できる。 ②序論の展開方法と書き方が理解できる。

Ⅲ 初年次教育

第15回 アウトラインの展開(3) 本論・結論の展開 自己点検の方法
①本論と結論の展開方法と書き方が理解できる。
②論文の自己点検の方法が理解できる。

以下，本授業を構成するいくつかのモジュールに焦点をあて，その実践事例の一端を紹介していきたい。

2 課題レポートと添削指導

（1） 課題レポートとルーブリック

　本授業では前節で示したような到達目標を達成する（「書ける力」を身につけさせる）ために，課題レポートを8回提出させてきた。課題には，「説明する」文章（200字）からスタートして，「論証する」文章（800字）が書けるようになるまで，スモール・ステップでレベルを上げながらとりくませた。

　次にあげるのは第2回のレポート課題（図1）である。絵は19世紀ロシアの画家イリヤ・レーピン（1844-1930）の写実画（「思いがけぬ帰宅」と題された作品）であり，第1回・第2回では図を説明する，あるいは図から情報を読みとって「わかりやすく説明する」といった課題を設定した。それは，文章を書くときにもっとも大切なことは「読み手にわかってもらう」こと（読み手に対する敬意）である，と考えたからである。内田樹（2012）は「言語における創造性は読み手に対する懇請の強度の関数です。どれくらい強く読み手に言葉が届くことを願っているか。その願いの強さが，言語表現における創造を駆動している」（16頁）といい，「自分のなかにいる他者」に伝わる言葉（仮想の読み手を想定して書くこと）や「説明する力」の重要性を説いているが，それはまさに「書ける力」のベースとなるものであると考えられる。

　また，課題の設定にあたっては，ルーブリック（図2）を課題ごとに作成し，そのつど学生に提示してきた。このルーブリック（学習到達度状況を評価するための基準表）によって，教員や添削者は「学生がどのレベルまで到達しているかを測れる客観的な尺度」を共有することができ，ゆれ幅をおさえた一貫性

のある評価をおこなうことができた。また，そのことと同時に，学生に対しても明確なアドバイスや的確な支援をおこなうことができ，とくに評価レベルの低い学生に対しては，まず何を改善していけばよいかというポイントを具体的に示すことができた。

さらに，何よりもこのルーブリックが効果的であったのは，学生自身が自分の位置を客観的に把握でき，より高いレベルを目指そうとする「書くこと」へのモチベーションや「どのような問題をどのようにクリアすればよいのか」といった目標意識を高められたことである。

課題2（400字）：下の絵から読みとれる情報を根拠にして，この絵が何を描いているか，あなたの考えを書きなさい。（人物についてはA・B・C・…の記号で示しなさい。）

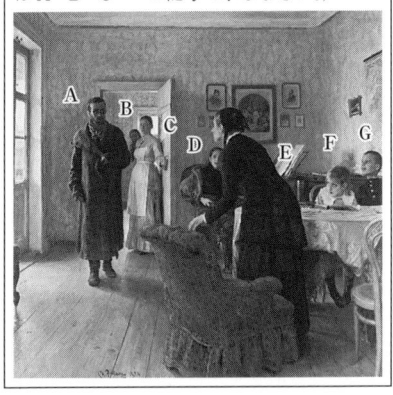

図1 「わかりやすく説明する」課題＊
（出典）図中の絵画は，かこ（1974）に掲載されている「レーピン作『おもいがけなく』」を転載した。

一方，課題の内容についても，ルーブリックをもとに授業全体の中でのねらい（位置づけ）と評価ポイントが明確になるようにした。この課題2であれば，
①複数の根拠をまとめて一つの主張を提示する論証の技法を身につける
②サポーティング・センテンス（部分の情報）からコンクルーディング・センテンス（全体の情報）を書くパラグラフ・ライティングの技法につなげる
といった2点を「ねらい」として位置づけ，次の2点を「評価ポイント」とした。
①資料の絵から必要な情報が引き出せている
②引き出した情報を根拠に自分の考えが書けている

このようにルーブリックや課題ごとのねらい（位置づけ），および評価ポイントを明確にすることで，授業内容の最適化を図ることも可能となった。

Ⅲ　初年次教育

評価基準	0	1	2	3
①誤字・脱字がなく，語・語句が適切に使われており，表記の形式的ルールが守られている。(語レベル❶❷)	誤りや無駄がかなり目立つ。	数カ所の誤りや無駄がある。	一，二カ所のケアレスミスはあるが，ほぼ間違いがない。	一カ所も誤りがなく，的確で魅力的な言葉が使われている。
②文体が統一されており，一文一義のわかりやすい文で書かれている。(文レベル❸❹❺❻)	誤りやわかりにくい文がかなり目につく。	数カ所の誤りがあり，わかりにくい文がいくつかある。	一，二カ所のケアレスミスはあるが，ほぼわかりやすい文になっている。	一カ所も誤りがなく，わかりやすい文になっている。
③接続語を適切に用い，文相互の論理関係が明確である。(文相互の関係レベル❼)	論理関係がわかりにくい。	数カ所の接続語の用い方に不備があり，論理関係にあいまいさがある。	一，二カ所の接続語の用い方に不備はあるが，ほぼ論理関係にあいまいさがない。	接続語の用い方も適切で，文相互の論理関係が明確である。
④複数の部分的な情報をもとにして，全体のイメージを提示している。	部分的な情報に不足があり，全体のイメージがまったく与えられていない。	部分的な情報はほぼ適切であるが，全体のイメージが明瞭ではない。	部分的な情報はほぼ適切で，全体のイメージもほぼ明瞭に与えられている。	部分的な情報に過不足はなく，全体のイメージが明瞭に与えられている。
⑤読む人が必要とする情報を整理して，適切な情報を選び出している。	読む人が必要とする情報が未整理で，情報の適切さにまったく欠けている。	読む人が必要とする情報の整理がうまくできていないため，選び出した情報の適切さに不備がある。	読む人が必要とする情報を整理して，適切な情報をほぼ選び出している。	読む人が必要とする情報を整理して，きわめて適切な情報を選び出している。
⑥読む人の思考や気持ち・行動を想定して，視覚情報を言葉で具体的にわかりやすく説明している。	読む人の思考や気持ち・行動をまったく無視して，独りよがりな説明になっている。	読む人の思考や気持ち・行動の想定に不十分さがあり，具体的でわかりやすい説明に欠ける部分がある。	読む人の思考や気持ち・行動を想定して，ほぼ具体的にわかりやすく説明している。	読む人の思考や気持ち・行動を想定し，手順を意識して具体的にわかりやすく説明している。

```
日本語表現チェックリスト
❶適切で明瞭な語や語句，記号を用いる。
　・「わたしは」で文を始めない。
　・意味なく同じ表現を繰り返さない。
　・「…と思う」「…ではないだろうか」といった主観
　　的心の働きの結果を示す表現や不確定な表現をと
　　らない。
　・誤字脱字の多い文章を書かない。
　・漢語をひらがなで書かない。
❷〈用語の訛り〉に注意する。
　注　〈用語の訛り〉とは特殊な学術用語やカタカナ言
　　葉，略語，方言，話し言葉など「仲間内ではわかる
　　が，よその人間には意味のわからない」不適切な言
　　葉づかい。
❸文体（です・ます体 or だ・である体）を統一する。
❹一文一義を原則に，一文はできるだけ短く書く。（一
　文は原則的に50〜60字以内とする。）
❺修飾語と被修飾語を近づける。
❻係り受けの関係を照応させる。
❼接続表現を使い，文相互の関係（論理関係）を明瞭に
　する。
❽パラグラフをつくる。（一つのパラグラフは一つのト
　ピック・センテンスと複数のサポーティング・センテ
　ンスおよびコンクルーディング・センテンスで構成す
　る。トピック・センテンスは冒頭におく。）
❾論点（問い）と主張（答え）を明確にし，主張は根拠
　と論拠でサポートする。
❿トゥールミン・モデルをフォーマットにして，反論・
　反駁を含む議論を組み立てる。
```

図2　課題2（図1）の評価のルーブリック*

(2) ティーチング・アシスタント（TA）による添削指導

　提出されたレポートは25名の TA が添削をおこなっていった。この25名は募集に応じてくれた院生たちではあったが，レポート添削の経験は皆無といってよかった。そこで，開講前に研修をおこなうとともに，添削前には毎回かならず OJT（On the Job Training）を実施してきた。OJT では，課題のねらいや評価ポイントの共有化を図るとともに，学生が実際に書いたレポートを用いて添削見本を作成し，添削上の留意点について具体的に指導してきた。また，添削スキルの向上をめざした TA 相互の経験交流や意見交流の機会も設定した。

　授業の設計段階から，こうした課題レポートと添削指導が「書ける力」を身につけさせる有効な手だてとなることは十分に想定していたが，学生にとってはそれ以上に大きな励みとなっていったようだ。島田（2012）によると，関東地方のある国立大学の初年次生を対象とした数年前の調査で，「四〇〇字程度以上のまとまった長さの文章を書く機会」が高校の「三年間を通して平均で三回に満たないという結果であった」（p. 3）という。さらには，「高校三年次にまとまった分量の文章を添削してもらった経験が一回以下という者が全体の半数以上を占めている」（p. 4）ともいう。（文章を添削された経験は大学受験のための小論文模試くらいかもしれず，大学においてはなおさら添削やコメントを付してレポートが返却される機会などほとんどない。）そのため，レポートに付された添削とコメントは，学生の書くことへの意欲を高める強いインセンティブとなっていった。

3　「論証」の技法と「パラグラフ・ライティング」の技法

(1)　「トゥールミン・モデル」を型とした「論証」の技法

　本授業を設計するにあたっては，「論証」の技法と「パラグラフ・ライティング」の技法を身につけさせることに多くの時間を割り振った。それはこの2つが「論文が書ける」ためのもっとも基礎的な技法であり，訓練によって誰もが習得可能な（かつ汎用性の高い）技法であると考えたからである。「論証」に

Ⅲ　初年次教育

表3　「論証」の技法を学ぶ演習問題*

〈演習〉シート
次の文章を読んで，後の設問に答えてください。
　アルバート・バンデューラという心理学者は，子どもを対象にして次のような実験を行った。
　その実験は2つの段階からなっていた。第1段階では，子どもに映画を見せた。その映画には，ビニールを空気でふくらませたボボという人形が出てきた。子どもたちは，「実験条件」（暴力を見る条件）か「統制条件」（暴力を見ない条件）にランダムに割り当てられた。実験条件の映画には，ボボが大人にぶたれたり蹴られたりするシーンがでてきた。一方，統制条件の映画には，ボボがいじめられるシーンはなかった。
　第2段階では，子どもは別の部屋に連れて行かれ，そこに1人で残される。その部屋には，さきほど映画で見たボボの実物があり，子どもは「自由に遊んでいていい」と言われる。じつは，その部屋にはマジック・ミラーがあって，隣の部屋から，子どもが遊んでいる様子が観察できるようになっている。実験者は，子どもが何回ボボに暴力をふるったかを記録するのである。
　もし，映画で大人の暴力を見ると，子どもが自分でも暴力をふるうようになるのだとすれば，実験条件の子どもたちは，統制条件の子どもたちより，暴力をふるう回数が多くなるに違いない。バンデューラが行ったこの実験では，まさしく，そのとおりの結果になったのである。（以上，高野陽太郎・岡隆編（2004）．『心理学研究法』有斐閣アルマより引用）
　この実験結果から，「テレビで暴力番組を見ると，子どもは暴力をふるうようになる」と主張できる。
(1)この主張について，あなたの考えに当てはまる選択肢を下の中から一つ選び，番号に○をつけなさい。
　　1．この主張を受け入れることができる
　　2．この主張を受け入れることができない
　　3．どちらともいえない
(2)上のように考えた理由を説明してください。

(3)この主張に対するあなたの考えを1パラグラフで書いてください。

　ついては，根拠・論拠・主張・反論・反駁を基本要素とするトゥールミンの議論モデルに依拠し，演習問題に個人やグループでとりくませることをとおして，その技法を身につけさせていった。表3はその演習問題の一つである。
　この演習問題では，まず「実験条件の子どもたちのほうが統制条件の子どもたちよりも暴力をふるう回数が多い」という実験結果（経験的事実）を根拠として，「テレビで暴力番組を見ると，子どもは暴力をふるうようになる」という主張がなされていること（根拠と主張の関係）を把握させた上で，それを受

け入れるかどうかは論拠（根拠と主張をつなぐ保証となる考え）にかかっていることを理解させていった。

ただし，学生にとって，この論拠という考え方はかなりわかりにくかったようである。

しかし，批判的思考力を育てる観点からも，論拠についての理解は不可欠であり，次のような例を用いて繰り返し説明をおこなった。

「論証」例A
［根拠］街頭防犯カメラを設置した地区で刑法犯の認知件数が1年間で25％減少した。（経験的事実）
　↓
［主張］街頭防犯カメラは刑法犯の抑止に有効である。（記述的主張）

「論証」例B
［根拠］街頭防犯カメラは刑法犯の抑止に有効である。（経験的事実）
　↓
［主張］全ての地区で街頭防犯カメラを設置すべきである。（価値的主張）

例Aのように経験的事実を根拠として記述的主張（「どうであるか」という記述的・説明的な主張）をおこなっている場合には，「認知件数と実際の件数は一致している」といった記述的論拠が仮定されている。また，例Bのように経験的事実を根拠として価値的主張（「どうであるべきか」という価値的・規範的な主張）をおこなっている場合には，「個人の権利より社会の安全を優先すべきである」といった価値的論拠が仮定されている。したがって，もし仮定されている論拠が認められないなら（「認知件数と実際の件数は一致しない」「社会の安全より個人の権利を優先すべきである」といった対立的な論拠を採用するなら），この主張は受け入れられないことになる。あるいは，反対の主張が導きだされることになる。

このように論証の評価は根拠の確かさとともに論拠の妥当性にかかっているということを，具体例をとおして習知させていった。表3の演習問題においても，問(1)の答えとしてはどれを選択しても間違いとはいえない。重要なことは

問(2)において根拠と論拠に言及しているかどうかである。
　授業では〈演習〉シートに各自の答えを書かせたあと，次のような問答をおこなっていった。
教師「この論証にはどのような論拠が隠れている？」
学生「人形と人間はおなじである」
学生「人形に対しておこなうことは人間に対してもおこなう」
教師「では，この論拠に妥当性はある？」
学生「ない」
教師「なぜ？」
学生「人形はあそび道具であり，人間はあそび道具ではないから」
学生「人形に対しておこなったのは暴力ではなく，あそびであり，人間に対しては暴力となる同じ行為をするとは考えられないから」
学生「人形をナイフで刺す映画を見ても，おなじように人形をナイフで刺すとは考えにくい。人形は人間のようなリアルな暴力の対象ではない」
教師「根拠については比較対照群もあり，子どももランダムに振り分けられているから〈第3の原因〉や〈逆の因果〉の可能性も排除できるね。したがって，根拠の確かさは認めてもいいだろう。でも，論拠に着目したとき，この論証の評価は分かれてくるね」
　このように，大規模クラスではあっても，演習と問答を積み重ねることで，論証の技法を定着させていった。

（2） 論証を文章に落とし込む「パラグラフ・ライティング」の技法

　「論証」と「パラグラフ・ライティング」はセットであると考えてきた。それは，論証を文章に落とし込むときにパラグラフ・ライティングというツールがきわめて有効だからである。
　パラグラフ・ライティングには，パラグラフを表4のように構造化するというルールがある。そして，この基本構造に落とし込めば，表5のように一つの論証を一つのパラグラフで書くことができる。また，2節の（1）で紹介した

第4章　初年次アカデミック・リテラシー科目「日本語の技法」

表4　パラグラフの基本構造＊

①トピック・センテンス（Topic Sentence［TS］）
　　パラグラフの柱となる話題や考えを一文で表現したもので，論証では主張・結論にあたる。パラグラフの冒頭に置く。
②サポーティング・センテンス（Supporting Sentence［SS］）
　　TSを支援・支持する内容の文で，以下の2つのエレメントから構成される。TSの後に置く。
　A．サポーティング・ポイント（Supporting Point［SP］）1
　　　TSを支援・支持する内容をまとめ的に表現した文のこと。また，この後のサポーティング・ディテールの見出し・予告となる文のこと。
　　a．サポーティング・ディテール（Supporting Detail［SD］）1
　　　SPで述べたことを具体的な例や詳しい説明で敷衍化した文のこと。
　　a．サポーティング・ディテール（Supporting Detail［SD］）2
　B．サポーティング・ポイント（Supporting Point［SP］）2
　　b．サポーティング・ディテール（Supporting Detail［SD］）1
　　b．サポーティング・ディテール（Supporting Detail［SD］）2
③コンクルーディング・センテンス（Concluding Sentence［CS］）
　　TSで述べたことを再確認したり，SSの内容を含めてTSで述べた考えをまとめ直したりする文。パラグラフの末尾に置く。

（出典）　福澤（2012）を参照して作成

表5　パラグラフ・ライティングの例＊

①地球は丸い。②なぜなら，地球が丸いと考えなければ説明のつかない事実があるからだ。③たとえば，船で沖から陸に近づくとき，遠くではまず小さな山の頂から見え始めて，裾野は陸に近づいてこないと見えない。④もし，地球の表面が平坦だったら，山の頂から見え始めるのではなく，全体がだんだんと大きくなっていくだろう。⑤あるいは北極星の高度が北に行くほど大きくなることもある。⑥したがって，こうしたことから地球は平らではないとわかる。

表6　「課題2」（図1）の答案例＊

〈課題2〉答案例
①この絵は長らく行方がわからないまま（または音信不通のまま）亡くなったと思われていたAが，思いがけなく帰宅し，家族と再会した様子を描いたものである。②母親と思われるEや妻と思われるDは，Aが亡くなったものと信じていたようだ。③その根拠として，二人が黒い喪服らしきものを着ていることが挙げられる。④また，この突然の再会が単に嬉しいというより，驚きであったことも伺える。⑤なぜなら，Eは椅子のところで立ち尽くし，表情にまったくほほえみがないからである。⑥さらに，Aが行方不明になったのは8年くらい前だと推測できる。⑦その根拠は，Gが喜びの表情をしているのに対して，Fが怖々のぞき込むように見ていることである。⑧このことは10歳くらいと見えるFが明確に記憶できない頃（8年くらい前）に父親Aが行方不明になった可能性を示唆している。⑨以上のことから，この絵はこの家の主人である男の「思いがけない帰宅」を描いたものであるといえる。（400字）

Ⅲ　初年次教育

「課題2」（図1）の答案も，表6のようにパラグラフ構造をもった文章として作成することができる。

　まず，「①この絵は長らく行方がわからないまま（または音信不通のまま）亡くなったと思われていたAが，思いがけなく帰宅し，家族と再会した様子を描いたものである。」と主張・結論をパラグラフの冒頭にトピック・センテンスとして置き，「⑨以上のことから，この絵はこの家の主人である男の『思いがけない帰宅』を描いたものであるといえる。」と主張・結論の再確認をパラグラフの末尾にコンクルーディング・センテンスとして置く。そして，その根拠を3つ（②と④と⑥），それぞれ証拠となるデータ（③と⑤と⑦⑧）で裏づけ，サポーティング・センテンスとしてトピック・センテンスのあとに置く。論証はこのようにパラグラフ構造に落とし込むと書きやすいことを，課題レポートの作成をとおして習知させていった。

（3）　「問い」を立てる指導

　本授業では，各自でテーマを見つけ，各自で問題提起をおこなって1,600字の論文を書き上げることを最終目標としてきた。しかし，論文の構成要素である「問題提起」「仮説」「論証」のうち，「問題提起」すなわち「問いを立てる」力は短時間の訓練で（ましてや授業だけで）身につくわけではない。論文として書きたいテーマを「問い」の形で提出させると，最初はきまって「なぜ地球温暖化は起こるのか」や「消費税増税は必要か」「少子化は止められるか」といった漠然とした大きな問いをあげてくる。そして，「なぜそのテーマを選んだのか」「なぜそのテーマに興味を抱いたのか」と訊くと，きまって「ほかに思いつかなかったから」「世間で話題になっているから」といった答えが返ってくる。たしかに，どんなに些細ではあっても新たな発見を含む問い，研究的に価値のある問いを立てるには，初年次生の知識や情報はあまりにも乏しいといわざるをえない。また，「問いは与えられるものであり，答えはひたすら覚えるものである」ことが習慣化している初年次生に，「問いは自分でつくりだすものである」という方向へ，発想を切り替えさせることは容易ではない。し

第4章　初年次アカデミック・リテラシー科目「日本語の技法」

表7　「問題提起」を含む序論の例*

『人種とスポーツ』の序論（問題背景・問題提起・仮説提示・解決方法）
問題背景：「黒人の身体能力は生まれつき優れている」という主張があふれている。
問題提起：では、本当に黒人は他の人種に比べ、身体能力が優れているのだろうか。
仮説提示：黒人の身体能力に関するステレオタイプや生得説は、歴史的に形成されてきたものであり、「黒人」という定義不能なカテゴリーを前提にしている。
解決方法：歴史を振り返り、現在を見渡しながら、この問題と具体的に取り組んでいく。
　①歴史を振り返りながら、次の問いに答えたい。黒人身体能力に関する生得説やステレオタイプは、いつから存在しているのか。またそれらは、どのような理由で生まれ、普及してきたのか。
　②現在を見渡しながら、次の問いに答えたい。「黒人は強い」「黒人は速い」という説について、現在のスポーツ競技種目の記録を扱う最近の研究はどのような立場から、どのような主張をしているのか。とくに水泳、陸上に対する研究では、多方面の分野に成果を見ることができる。

『右利きのヘビ仮説』の序論（問題背景・問題提起・仮説提示・解決方法）
問題背景：生物界には右利きと左利きが存在する。カタツムリにも右巻きと左巻きがいる。
問題提起：右巻きのカタツムリが圧倒的多数派の中で、なぜ左巻きのカタツムリが存在するか。（左巻きカタツムリ進化の謎）
仮説提示：カタツムリの捕食者の中には、左巻きよりも右巻きのカタツムリを食べるのに熟練した（右巻きのカタツムリの捕食に特化した）ものがいるかもしれない。そんな「右利きの捕食者」がいれば、左巻きのカタツムリは生き残りやすくなるはずだ（＝共進化仮説）。
解決方法：捕食者（沖縄のセダカヘビ）を推定し、骨格標本から右巻きのカタツムリの捕食に特化した歯列構造を見つける（実物調査）。左巻きがヘビには食べられにくいことを突き止める（行動実験）。捕食者であるヘビの分布する地域には左巻きのカタツムリが高い割合でいることを見つける（文献調査）。

かし、だからこそ「問い」を立てるためには、意識的な訓練と方法が必要であるという認識だけはもたせたいと考えてきた。

　新しい「答え」（世界の見方や捉え方）を発見していくためには、新しい「問い」が必要である。そして、「問題提起」を含む序論が論文全体の価値や方向性を決定する。少なくとも、そうしたことだけは学生が興味をもって理解してくれるように、吉村仁著『素数ゼミの謎』（文藝春秋、2005年）や川島浩平著『人種とスポーツ』（中公新書、2012年）、畑将貴著『右利きのヘビ仮説』（東海大学出版会、2012年）など、知的好奇心を掻きたてる論考を紹介し、上のようなレジュメ（表7）を使って説明していった。（このような研究の具体例には学生も強い興味を示した。）

　そして、自分の興味・関心（個人的な動機）を出発点にしてテーマを見つけ、

Ⅲ 初年次教育

そのテーマを一個の疑問文（問い）の形（一文）に変換し，自分の力で「答え」が見いだせる（解明の見通しの立つ）大きさにまでダウン・サイジングしていくという演習をおこなっていった。さらには，「問い」に含まれている「ことば」について，その定義（「ことば」が指し示している範囲）に曖昧さがないかといったことも，論証の可能性に照らし合わせて吟味させていった。

とくに，「問い」に含まれている「ことば」を定義することについては，『人種とスポーツ』の序章で「本論に入る前に『黒人の身体能力は生まれつき優れている』という主張を検討するために必要な言葉や概念について考えたい。『黒人』とはだれか——。（中略）ここで特に強調しておかなければならないが，このような意味で『黒人』を用いるからといって，『黒人』という人間集団を厳密に定義できるものとして認めているわけではない。むしろ本書は，『黒人』がとてもあいまいな概念であることを示すことになる。（中略）では，『黒人』はなぜ，あいまいな概念なのか」（pp. 3-4）と述べられている箇所などを紹介しながら，その意義について理解させていった。

表8　論文のフォーマット*

```
Ⅰ序論
    背景解説（提起した問題の重要性を示す状況証拠）
    問題提起（「なぜ，…か。」「ほんとうに，…か。」といった問いの形にする）
    仮説提示
    解決方法（「…することによって，この問題にとりくむ。」）
Ⅱ本論
    論証1
        主張（最終結論を支える小主張）
        根拠（理由・証拠）
        論拠（根拠と主張がつながることを保証する考え）
    論証2
        主張
        根拠
        論拠
    予想される反論（「たしかに，…」）
    反駁（「だが，…」）
Ⅲ結論
    最終結論・提言（「以上のことから，…」）
```

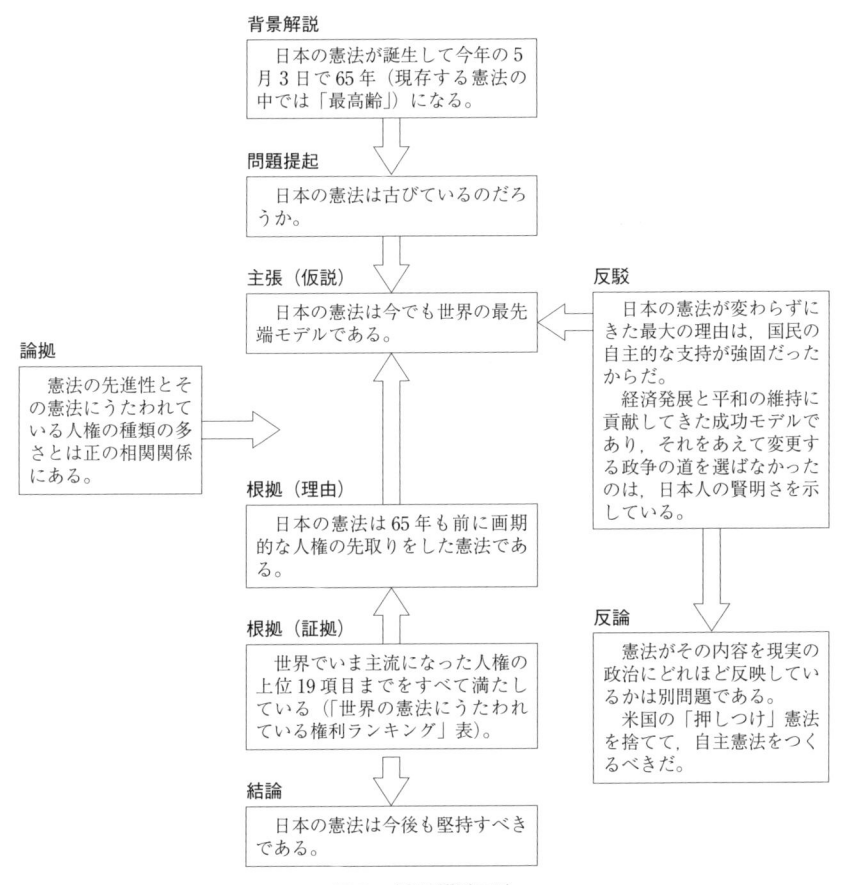

第 4 章　初年次アカデミック・リテラシー科目「日本語の技法」

背景解説
日本の憲法が誕生して今年の5月3日で65年（現存する憲法の中では「最高齢」）になる。

問題提起
日本の憲法は古びているのだろうか。

主張（仮説）
日本の憲法は今でも世界の最先端モデルである。

論拠
憲法の先進性とその憲法にうたわれている人権の種類の多さとは正の相関関係にある。

反駁
日本の憲法が変わらずにきた最大の理由は、国民の自主的な支持が強固だったからだ。
経済発展と平和の維持に貢献してきた成功モデルであり、それをあえて変更する政争の道を選ばなかったのは、日本人の賢明さを示している。

根拠（理由）
日本の憲法は65年も前に画期的な人権の先取りをした憲法である。

根拠（証拠）
世界でいま主流になった人権の上位19項目までをすべて満たしている（「世界の憲法にうたわれている権利ランキング」表）。

反論
憲法がその内容を現実の政治にどれほど反映しているかは別問題である。
米国の「押しつけ」憲法を捨てて、自主憲法をつくるべきだ。

結論
日本の憲法は今後も堅持すべきである。

図3　論証構造図 *

（4）　1,600字の論文を書く

　授業の終盤では、論証やパラグラフ・ライティングの技法、問いの立て方を踏まえ、表8のようなフォーマットに沿って論文を書くことを指導し、その前段として論証構造図（図3）を作成する演習をおこなっていった。

　論文といわれているものは、表8のようなフォーマットを基本構造とし、それは論証構造図で分析することができる。そのことをまず、具体的な文章の分析をとおして理解させていった。使用したのは新聞や雑誌に掲載された2,000

字程度の文章で，たとえば2012年5月3日付「朝日新聞」朝刊の署名記事「日本国憲法　今も最先端」(立野純二) などを用い，それを図3のように論証構造図で分析するといった演習をおこなっていった。

　このような「論証構造図による文章の分析」をとおして，論文の組み立て方への理解を深めさせ，自らの論文の構想を練らせていった。

　以上が本授業を特徴づけている実践事例の一端である。授業はまだ1年目を終えたばかりであり，その効果を十分に検証するには至っていない。しかし，提出された課題レポートや授業アンケートの結果，さらには受講生と非受講生のGPA（成績評価値）平均および授業外学習時間などの比較結果は，この授業の高い効果を予見させるものである。

謝辞：本授業を設計するにあたり，早稲田大学の福澤一吉先生からご指導をいただいてきた。また，本授業の運営にあたり，本学の教育開発支援課および教育開発推進機構の皆様の多大なご助力を得てきた。心より感謝の意を表したい。

〈文　献〉

Browne, M. N., & Keeley, S. (2001). *Asking the right questions : A guide to critical thinking.* Prentice Hall. ブラウン，M. N.・キーリー，S. (2004).『質問力を鍛えるクリティカル・シンキング練習帳』(森平慶司訳) PHP研究所.

福澤一吉 (2002).『議論のレッスン』日本放送出版協会.

福澤一吉 (2012).『文章を論理で読み解くためのクリティカル・リーディング』NHK出版.

かこ　さとし (1974).『うつくしい絵』偕成社.

島田康行 (2012).『「書ける」大学生に育てる』大修館書店.

Stephen, E. T. (2003). *The uses of argument,* updated edition. Cambridge University Press. スティーブン，E. T. (2011).『議論の技法──トゥールミンモデルの原点──』(戸田山和久・福澤一吉訳) 東京図書.

戸田山和久 (2002).『論文の教室』NHK出版 (2012年に新版が刊行された).

内田樹 (2012).『街場の文体論』ミシマ社.

第5章　自己省察としての文章表現
　　　──「日本語リテラシー」の教育実践を事例として

元　京都精華大学

谷　　美奈

1　はじめに

　本章では，京都精華大学日本語リテラシー教育部門の取り組みを事例に，大学初年次教育における「自己省察」としての文章表現をとおして「学生における自己認識の深化」「自己から世界への架橋」の実現を標榜する「日本語リテラシー」の教育実践にスポットをあてる。文章表現教育がたんなるテクニカルな能力向上のためではなく，学びの意欲や学問的思考様式の確立に寄与しうる実践である所以を実証することによって，現代の大学教育にささやかながら一つの可能性を提示することが本章の目的である。

2　「日本語リテラシー」の授業

（1）　実践のあらまし

　京都精華大学の初年次教育プログラム「日本語リテラシー」は，「読む・書く・考える」をシンボルフレーズとして2004年にスタートした。人文学部初年次生を対象として課題テーマに沿った文章表現に取り組む必修科目の授業実践であり，2006年には文部科学省の特色GP（特色ある大学教育）に選出されている。

　日本語リテラシーの教育実践は，全国のさまざまな大学で行われている技術

面を重視した文章技術指導や論文作成のための授業とはいささか似て非なる特徴を有している。

　要点を端的に挙げれば，自己省察（内面の掘り下げ，捉え返し）に主眼を置くこと，およびたんなる作文ではなく作品をめざすこと（作品化）である。ここでの「作品」とは，レポートや小論文でも，小説などのフィクションでもなく，文章ジャンルとしてのエッセーである。文芸学上はさまざまな定義が存在するエッセーであるが，ここで扱う場合は「自己省察的な文章」をさす。書くという記述行為が自分自身を深く省察することと同義ととらえ，最終的に作品としてのエッセーへと文章を結実させる。筆者が担当した2011年度Hクラスの実践は，この点を教員がかつてなく意識化して取り組んだ実例ということができる。

　学生はあくまでも自己を基点に，自らの内面にある感情や思い，記憶や経験を言語化することをめざして作文する。さらに，たんに作文するにとどまらず，粘り強い推敲のプロセスをふんで作品化をはかる。同時に，読み手である他者（直接的には教員やクラスメート）に向けて自作を差し出し，その批評に耳を傾け，真摯に受け止めることで，文章表現としての一個のサイクルが完結する。この過程において教員との対話やグループワークでの相互批評，自作朗読や文集発行といった作品発表を並行して行なう。

　なお，本稿で論証することになる実践内容や文章表現の事例はすべて，筆者が担当したHクラスにおける経験にもとづいている。

（2）　**教育理念**

　このような実践を試みようとする背景には，近年の高等教育実践においてしばしば指摘される，〈私〉と専門学術的なテーマとの著しい乖離がある。「書く＝考える」ことが，学生にとって外在的・形式的に強制された，こなされるべき「義務」でしかなく，内発的な学びや表現への模索・試行に結び付きにくい状況があった。これに対して，ハウツー的な技術の伝授でも，専門的知識の注入でもなく，「書く＝考える」ことが学生の内発的な学びの動機やきっかけに

なることが目指された。そこで次のようなことを理念としてスタッフ間で確認し，共有してきた。

① 誰にでもある日常的な出来事や生活体験を題材にする。そのような経験における感覚の感受を掘り下げたり，経験の意味をとらえ返すことをめざす。
② あらかじめ書き手にとって明確な認識をそのまま記述するのではなく，頭の中や胸の内にわだかまる未定形であいまいな思いに言葉を与える。それにより，書き手は自分がどのような感受性や価値観をもつ人間であるかを確かめる。
③ 確かめられた言葉や表現を他者とのあいだで交換する。「他者へ伝える」ことを意識し，また，他者の言葉や表現を読みとろうと努力する。これが他者に対する関心や，さらには社会・時代への関心にもつながり，専門課程の学びへと接続する。

このように，「日本語リテラシー」はあくまでも内発的な学びの姿勢を学生から引き出し，育むことを主眼とし，それを「書く＝考える」プロセスの反復のうちに漸次的に実現してゆこうとする教育実践である。

（3） **授業の形態と特徴**

「日本語リテラシー」の授業は，必修科目として受講する人文学部生を対象に，前後期各14週ずつあり，それぞれ4つのクールが設定される。1クール（3〜4週間）につき一つの課題テーマが出され，クール内に1本の作品を完成させる。したがって初年次の1年間に一人の学生は合計8本の作品を書くことになる。各クールの課題テーマ設定は担当教員の裁量に委ねられているが，毎年多いのが「記憶に残っていること」「私のお気に入り」「私のこだわり」「場所」といったテーマである。

ちなみに，筆者が担当した2011年度「Hクラス」では，表1のような8本の課題テーマを実施した。なお，1課題の字数はテーマに応じて各クラスで任意に設定されるが，このクラスでは1,000字から1,600字程度である。

前期は，おもに自分の記憶や体験の中から場所・人物・感情にまつわる素材

表1　課題テーマ

前　　　期		後　　　期	
全体テーマ：「記憶に残っていること」		全体テーマ：「〇〇と私」	
第1クール	私がいた場所／私の居場所	第1クール	言葉の経験
第2クール	こころに残る人	第2クール	魅力を解剖する
第3クール	そのときの感情(きもち)	第3クール	感覚を伝える
第4クール	私ハコウイウ人間デアル／コウイウ人ニ私ハナリタイ	第4クール	自由課題

を探し出して書き，自己認識を深めて「〈私〉の発見」に至ろうという意図が込められている。後期は〈私〉を起点にしつつも，やや遠隔対象の位置に存在する言葉・魅力・感覚を素材にして，それらと〈私〉との関係を書こうとするテーマを配した。

　また，講義授業ではそのクールの課題テーマに関する解説や目標が提示され，教員や前年度までの学生が同一テーマで書いた作品をサンプルとして紹介する。また，教材を用いて文章表現上の留意点や勘どころについてのレクチャーが行なわれる。さらに，前クールの講評や佳作の朗読発表も実施している。

　実習授業では，ワークシート(1)を使って課題テーマに対する各自の題材を考えたり，メモ作りや下書き，推敲を行なう。この［ワークシート作業→メモ作り→下書き→推敲］という4段階のステップが1クールでの実習の基本形である。実習の作業中に，教員は学生に個別的に声をかけて進捗状況を確かめたり，学生からの相談も受け，サジェスチョンを与える。また，前クールの提出作品には教員による添削・コメントが付され，実習時に返却される。

3　文章記述の生成プロセス

（1）**題材(ネタ)探し**

「日本語リテラシー」の授業実践プログラムにそって学生はどのような過程をたどって「表現＝作品化」を行なうのか，そのプロセスを構成する各過程に

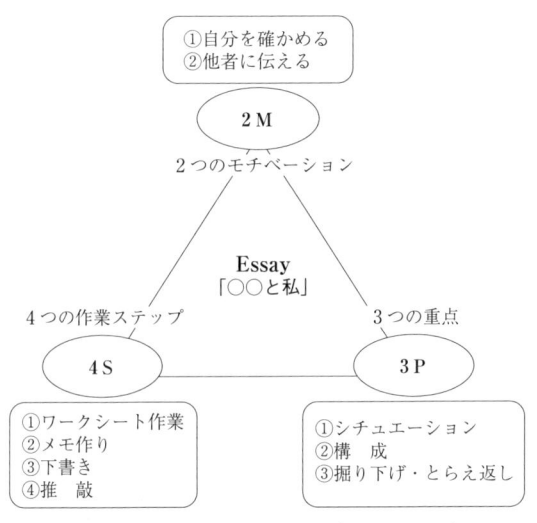

第5章　自己省察としての文章表現

```
        ①自分を確かめる
        ②他者に伝える
            ┌─────┐
            │ 2 M │
            └─────┘
          2つのモチベーション

             Essay
            「○○と私」

4つの作業ステップ        3つの重点
   ┌─────┐            ┌─────┐
   │ 4 S │────────────│ 3 P │
   └─────┘            └─────┘
①ワークシート作業      ①シチュエーション
②メモ作り              ②構　成
③下書き                ③掘り下げ・とらえ返し
④推　敲
```

図1　実習のためのコンセプトチャート*

　どんな意図が込められ，どのような効果を上げうるのか。ここではとくに「推敲」という作業が鍵になるが，全体は1課題テーマ（1クール）に4つのステップをふまえて進むので，それを順次紹介しつつ論じる。

　講義授業で課題説明を受けたあと，学生が実習授業において最初に取り組む作業が「題材さがし」(ネタ)のためのワークシート作業である。

　ここで大切なのは，頭の中だけで考えるのではなく，思い浮かぶことを紙に書きながら考えることである。最初から文章を書くのではなく，単語や短いフレーズを並べ，ときにはチャートや絵を描いたりするのも自由である。

　また，できるだけ抽象名詞・一般名詞より固有名詞（学生の記憶から引き出される具体的な名詞）を探して書くように促す。ネタに選ぶ対象が場所・人・モノ・コトのいずれであっても固有名詞や具体的に特定された名辞から出発することが肝要で，抽象化はその後に行なう作業である。けっしてその逆ではない。一般名詞や抽象名詞しかワークシート上に言葉が挙がらない場合，それは抽象的思考や概念的思考がなされているためではなく，経験がまだ浅いために対象の固有性を意識するところまで印象が分節化されていないからである。ま

III 初年次教育

写真1 教員と学生との対話

た、自己（の経験）の固有性も、究極的に読み手に自作を提供するために書くということも、当初は学生に意識されることが少ない。放っておけば「友達が……」とか「地元では……」といった漠然とした言葉で綴られがちな記憶を、固有名詞は個別イメージへと分節化する効果がある。

また、ある一つのテーマ（たとえば「場所」）に関係する記憶の中から固有名詞を洗いざらい書きだし、古い記憶から順に並べるだけでも簡単な「自分史」となり、〈私〉をある程度客観的に振り返る初発の訓練となるだろう。

そのかたわら、教員はワークシート作業を行なう学生をサポートする。ネタが見つかりにくい学生に対しては雑談をきっかけとして、ワークシートへすでに記入している学生に対してはその内容をめぐって対話を試みる。話を引きだし傾聴することで学生の性格・生い立ち・悩み・趣味・関心などを把握することができる。学生が話そうとする内容を汲みとることで、課題につながるヒントも浮上する。些細でありふれた、取るに足らない記憶だと学生自身が決めつけていても、見方（視点）や切り取り方次第では取り上げる価値を帯びる場合が多い。「いま話してくれたことを書けるんじゃないの？」と言うだけで、「あっ、そういうことなのか！」という気づきを得る者も少なくない。

題材さがしで重要なのは、ドラマティックで特別な経験が書くに値するというものではないということである。むしろ、一見平凡で変哲のないと思っていた日常的な出来事や光景の中に、さまざまな感情の起伏、微細な感覚の感受、いろいろな思いの交錯があり、その内実は一人ひとり異なる「その人らしさ」に彩られている。漠然と感じながらも忘れていたり、記憶の片隅へ無意識に追いやってしまったそれらを、取り出すことができるかどうかが鍵となる。

さらに、教員自身もサンプル的なワークシートを作成し、「自分がどんな人間なのか」を開示して提供する。エッセーは〈私〉自身を素材とするため、と

第5章　自己省察としての文章表現

きにはプライバシーに踏み込むこともある。この点には慎重な配慮が必要だが，大切なことは対話的な相互関係の中で学生・教員間の信頼関係を構築することである。[2]

（2）　メモ作りから下書きへ

　ワークシートを使って題材を決めると，次に「メモ作り」，さらに「下書き」へと作業を進めることになる。
　下書きはメモ作りによって見え始めた構想に従ってとりあえずの文章を書く，いわば「草稿」「初稿」ともいうべき文章化である。下書きにおいてもできるだけ原稿用紙に成文するように促す。PCを使用することは禁止してはいないが，教室での実習時には極力手書きで作業するよう奨励している。
　「手書き原稿」は，「日本語リテラシー」の実践プログラムでは重要な要件の一つである。現代の情報環境では，キーボードやタッチパネルで文字をディスプレイ上に現出させることが擬似的に「書く」ことと同義と見なされている。しかし，紙の上に自ら文字を書いて文章を綴ることをしなければ，〈書く〉ことは真に〈考える〉行為にはならない。〈書く〉ことは手を使って考えることである，というもっともプリミティブな原点に立脚するために，「日本語リテラシー」では「手書き」を学生に推奨している。

（3）　「復路」としての推敲

　メモ作りと下書きのあとの，作品化の最終工程にあたるのが「推敲」である。
　文章表現において，「推敲」は4つのステップの最終工程という以上に重要な意義を有している。喩えるなら，マラソンに「往路」と「復路」があるのと同様，ワークシート作業・メモ作り・下書きはスタートから折り返し点までの「往路」であり，さらに折り返し点からゴールまでの「復路」にあたるのが推敲である。それぐらいの時間とコストがかかることを，学生にイメージさせている。登山の登り・下りに喩えることもできるが，「行きっ放し」になってはならず，かならず戻って来なければならない。その意味で後半戦こそヤマであ

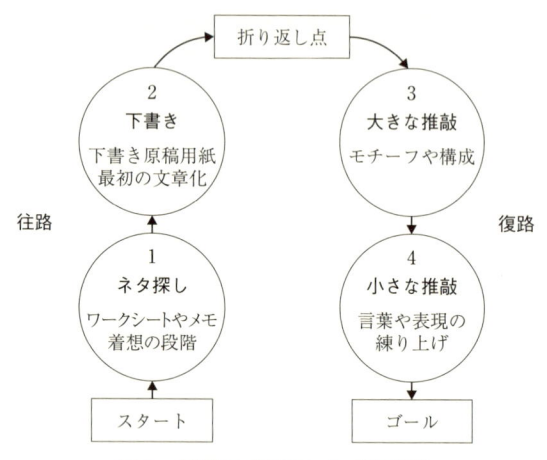

図2　推敲の「往路」と「復路」＊

り，本当の試練となる。それが「復路」としての推敲である。

　推敲の作業はけっして誤字・脱字のチェックといった限定化された作業ではなく，書く営みにとって本質的な行為である。自作の下書きと向き合い，「私が書こうとした経験が読み手に伝わるだろうか？」「私の思いは共感を誘うだろうか？」というように「他者の目」で読み返し，自問自省することである。書き言葉は必ずこのようなプロセスを経なければならず，そうでなければ文章は「表現＝作品」のレベルに到達できない。まさに文章表現の最重要工程といえよう。

（4）　掘り下げ・とらえ返し
　推敲には大別して「大きな推敲」と「小さな推敲」がある。「大きな推敲」とは，テーマや構成などの文章全体の大局的観点からの見直しであり，「小さな推敲」は個々の文章や語句，言い回しの適否の微細な感覚を要求される見直し，すなわちブラッシュアップ（磨き上げ）である。「大きな推敲」は作品全体を俯瞰する「鳥の目」で，「小さな推敲」は細部の言葉や表現を一つひとつ洗練する「虫の目」で行なうことが求められる。作業を徹底させるために，推

敲には2種類のレベルが存在し，相応の時間・労力的なコストがかかることを意識させるのが大切である。

　そして，「大きな推敲」の内実となるのが「掘り下げ」と「とらえ返し」である。5W1H的にいえば，「掘り下げ」はHOW（いかに，どのような）に，「とらえ返し」は同じくWHY（なぜ）に相当する推敲作業上のキーワードである。

　「掘り下げ」とは，たとえば「悲しい」や「嬉しい」といった主観語ですませてしまいがちな感情がどのようなニュアンスを含んだ感情なのかをできるだけ分節化して再現することである。また「とらえ返し」は，たとえばそのときその感情がなぜ自分に起こったのか，なぜ今もその思いが記憶の底に残り続けているのかを自問し，記憶の意味を行為者ではなく認識者の立場で考え直そうとする記述である。「掘り下げ」や「とらえ返し」の契機が文中になければ平板で底の浅い文章のままで終わるが，逆にそれらが具わっている場合には自己省察的で味わいのある，読み応えを感じさせる文章となるだろう。

　文章表現の最大の特質はもともと，「人の心」という不可視な対象を表現することに適している点にある。本来見えないはずの，不可視なものの現前性こそが読み手を惹きつけ，共感を誘い，批評を喚起する。それは，書き手にとってもあらかじめ自明なものではなく，文章を書き，それを推敲する一連の作業のなかで「掘り下げ」「とらえ返す」ことによって姿を現す。

　推敲それ自体が，学生の「書く＝考える」力を鍛え，〈私〉自身を深く知り，再発見し，自己を他者へと架橋する学びそのものであるといえよう。

（5）　評価と添削

　推敲後，学生は「日本語リテラシー」専用に準備された1枚1,000字（A3，縦書き）の提出用原稿用紙に清書をして，期限に間に合うように提出する。提出は「手書き・縦書き」を原則としている。

　提出された原稿は，複数の担当教員がクラス全員分を通読し，評価の擦り合わせを行った上で，授業の出席評価と併せて個人の成績評価へ反映する。評価

基準は「Hクラス」の場合，(1)シチュエーション（体験や記憶を読み手が追体験できるよう，生き生きと具体的かつ丁寧に書く），(2)コンストラクション（構成的な工夫），(3)掘り下げ・とらえ返し（前節に既述），の３点に絞っている。そして，教員は提出作品を添削し，一人の読み手としてのコメント（批評文）も書き込み，後日学生に返却する。

このような添削は，「日本語リテラシー」の大きな特色の一つといえる。それは，あらかじめ用意された模範例や正解に照らし合わせて修正や評価をするものではない。あくまでも学生本人が伝えようとすることを大切に受け取り，理解しようと努めた上で，それを他者にわかるように表現する仕方や，本人も気づいていない展開の可能性を指摘することが基本的なあり方である。コメントをする教員は，学生の動機のあり方や自己・社会認識に関わるアドバイスも適宜授け，人間形成への感化につながるよう心がけている。

4 〈自己〉と〈世界〉の架橋

（１） 自我像のプロトタイプ

①作品批評

ここまで「日本語リテラシー」教育部門の取り組みを，教育理念・実習システム・作品化プロセスに焦点をあてながら論じてきた。では，これらの理念や実践はどのような成果を生み出したのだろうか。

結論的にいえば，学生がこのプログラムに則って格闘し，作品化した文章そのものを提示することによってしかその成果は実証できない。むろん必修科目であり，大学教育の一環として実施する以上，客観的かつ明示的に数値化された成績評価に還元することは教員としての義務ではあるが，文章表現においては「書かれたもの」（エクリチュール）が結果のすべてであり，数値化の罠をこばむ非合理的な「精神の態度」が肝要である。これこそが文章表現教育の実践の難しさであり，要請されるのは批評的な態度でなければならない。

本稿では方法的に不十分なものであることを承知の上で，まず2011年度「H

第5章　自己省察としての文章表現

クラス」の実践の成果物の一端を「作品資料」として提示し，紙幅の制限上，文章表現教育の意義と「日本語リテラシー」の実践を検証するのにふさわしいと思われる男子学生・A君の作品群を検証の対象にすえる（章末参照）。

さらに作品の変遷を追いつつ，学生と教員，あるいは〈自己〉と〈他者〉，書き手と読み手といった「関係性」に着目しながら，その時々の「教育実践のカギ」となるものの一端を解き明かしたいと考える。「日本語リテラシー」は自己省察的な文章（エッセー）の作品化（自己表現と批評との往還）を求める授業であるから，忌憚のない関係や信頼の構築が実践の成否を左右する。この問題を学生の視点に即して論じていきたいと思う。

なお，現在（2012年9月）2回生になっているA君と当時のクラスメート2名（女子学生）が，その作品や執筆過程，「日本語リテラシー」の実践そのものを振り返って述べた所感も検証材料としたい。また，覚書メモとして後日提出されたA君の「振り返りコメント」も章末に提示することとする。[3]

＊

まず，A君の作品の変遷を，自我観に焦点を当てて追ってみたい。

当然のことだが，学生には誰でも，なにげなく抱いている自己イメージがある。授業ではこれを絵画の自画像になぞらえて「自我像」と呼んだが，学生の自我像には大抵判で押したようなネガティブなイメージがあり，きわめて相似的・同型的であった。

たとえばそれは，「人見知りである」「友達の輪からいつも外れて／外されている」「傷つく／傷つけるのが怖い」といったものである。その一方では「友達がいなくてはならない」「友達は百人ほしい」という根強い強迫観念がある。これにくわえ，個人的には「いじめを受けていた」り，高校時代に「正規のルート」から落ちこぼれてしまったという挫折感があり，両親の離婚や不和という家庭事情も抱えているなどの諸事情も絡んでいる。これらのすべてではないにしても，どれかに該当する内容を書く者が圧倒的に多く，その偏りとあまりの同型性が教員の予想を超えていたため，筆者も前期課程でしばしば頭を抱え込んだ。

Ⅲ 初年次教育

以下に紹介するA君の作品はその典型というべきものである。

A君の作品「トイレという場所」（作品資料第1クール）（振り返りコメント第1クール）は，前期第1クール「私がいた場所／私の居場所」で提出されたもので，入学直後の最初の作品である。内容は次のようなものである。

2年半の高専在籍中，A君の居場所はトイレであった。文化祭のある日，クラスメートを困らせようとトイレに閉じこもる。一番居心地の良いトイレを選び，小さな折り畳み机とノートパソコン，昼食を持ちこんで「自分だけの居場所」に8時間も居続けた。半年後に高専を退学するが，いま振り返ってみても担任や同級生の顔は思い出せず，なぜ自分の居場所がトイレだったのかよくわからないという。

作品提出時の感想に，「自分のなかになんとなくあった記憶を整理することは難しい」と書かれていた。この作品は，その「なんとなくあった」という感覚を正直に文章にしているものの，読んでいてよくわからない部分が多い。たとえば，本来A君がいるべき場所であった教室がなぜ居場所ではなかったか？　それを確かめるためには，当時のA君の目にクラスがどんな様子に映っていたかや，クラスメートや教師との関係の問題も出てくるはずだ。そこに踏み込まなくては，この作品を読む者に彼の当時の孤独感や孤立感は伝わらない。また，8時間もトイレに隠れるのはやはり異常な行為である。A君は彼らを困らせたかったのだろうか？　しかし，騒ぎになった様子は文章から伝わってこない。

ここから感じられるのは，A君における「他者の不在」という問題である。この不在感は二重的であって，一つは文中に登場する当時の彼における教師やクラスメートについての不在が感じられる一方，いま一つ，書き手であるA君におけるこの文章の読み手の不在という問題がある。

ここで必要となるのが，「とらえ返し」というアプローチである。A君はいまでは，少なくともトイレに閉じこもって他者との関係を遮断する学生ではないようだ。何かが往時とは違っていた。それを切り口にすれば，トイレの記憶が自分にとってどんな経験だったのかということが，その当時の自己了解とは

違う意味，異なる解釈によって浮上するのではないか——。

　以上のような批評を付して，この作品は書き手の元に返却された。

②**教育実践のカギ**

　現在2回生の夏休みを迎えたA君が，入学して間もないこのころ，日本語リテラシーの教育実践をどうみていたのか，まずは「振り返りコメント」を参照してみよう。

　A君は，「悪い思い出」にもかかわらずこの内容を抵抗感なく作品のテーマにできた。それは，教員の提示するワークシートやサンプル作品の内容を読んで親しみを感じたことと，他人には言いにくい暗い過去の話であっても教員がそれを否定せずにそのまま受け入れてくれたことが大きかったという。

　「日本語リテラシー」では，初年次生を対象に「自己のイメージ」（往々にしてネガティブな自己イメージ）[(4)] を見つめ直し，それを他者に伝えることを可能とする雰囲気づくりが前提として求められる。また教員は，学生の最初の読み手（相談相手）となることから，書き手の学生との「距離感」がここではカギとなる。A君が振り返った教員のワークシートやサンプルエッセイも一役を担うこととなる。これによって教員側からも自己の内面や経験（弱い自分／ズルイ自分／恥ずかしい自分／暗い過去／恋愛の問題／家族との不和／挫折経験／ときにポジティブなサクセスストーリーまで）を学生に伝え，「自分がどういう人間か」を示すことで親しみや安心感，興味などを持ってもらうことができる。それは単なる知識や一般論ではない，教員の実経験や実人生からの《モノの観方》を学生と交換し合うことでもある。こうした表面的でない学生と教員との関係を生み出せる工夫は授業内外に取り込まれている。

　さらにA君は，上のような問題についてクラスメート（女子学生Bさん，Cさん）とともに次のようにも語ってくれた。

　4月に入学したての新入生はまだ大学にも慣れていない。「日本語リテラシー」の授業が始まって第1クールの課題提出までの3〜4週間に，学生たちはクラスの雰囲気とりわけ教員の観察をひたすら行なっている。「自分の心の内をこの教員にはさらけ出しても大丈夫か」「学生との距離は近いかどうか」「こ

III 初年次教育

の先生なら本当の自分のことを書いて出してもいいか」などといったことである。

　A君たちがこの大学に入学してきたのも，解放的な雰囲気があったからだそうだが，彼らの目には，「日本語リテラシー」の教員もいわゆる大学教授といった堅いイメージには映らなかった。実際，京都精華大学の教員は比較的ラフな服装をしている人が多く，筆者自身もその例に漏れない。外見上の問題とはいえ第一印象は代え難い。帽子一つ，髪型一つが年頃の学生からは貴重な会話を引き出せるツールともなる。初年次生にとっては教員が近寄りがたいイメージでいるだけで萎縮して自信が持てなくなってしまうこともあるのである。

　さらに授業が進み，学生と教員との距離も少しずつ近づいていく。たとえばA君やBさんがネタ探しの相談をしたときに，思い切って自分の「暗い」過去の話をした。すると，教員の反応には驚いた様子や同情のコメントはなく，ただ淡々と聞き入れ，「人生，そんなこともあるさ」といわんばかりのタフな調子で受け入れられたことが大きかったという。ゴシップ的に聞いているのではなく，「私のことを知りたくて聞いている」と感じられたというのだ。学生の相談内容に対し，驚きや過剰な同情を示す教員はこの部門にはいない。むしろ，「いじめられた経験のない人の方が珍しいんじゃない？」「で，いつごろまでヒッキー（ひきこもり）だったの？」とフランクかつ対等に応答している。

　また授業では，次のような創意工夫が大学に慣れない初年次生の気持ちをリラックスさせ，授業に集中させたという。それは，教員が授業の前の休み時間に教室で音楽をかけ，学生を出迎え，一言声を掛ける，ということである。それによって「自分のことを受け入れ認めてくれている」と感じられ安心感に繋がったという。友達づくりに躍起になってストレスを抱える初年次生にとって音楽は，教室内で話せる友人がいなくても間が持つ点で効果的だった。また，教員からの声かけは，授業開始までの時間のリラクゼーションになったという。ちなみに筆者は，学生の性格をまだ把握できていないこの時期，彼女たち／彼らの服装や持ち物から話題を発展させる。男女を問わず，自分の趣味嗜好に関心を示されることが関係づくりのきっかけになる。

第5章　自己省察としての文章表現

　さらに課題提出時には，教員に手渡しで直接提出する方法が効果的である。そのときのたった一言，たとえば「ご苦労さま，どうだった？」が学生に自信を持たせることに繋がる。それだけでも学生は「自分のことが意識されている」と感じ，「どんなことを書いても大丈夫」「言いにくいこともぶつけてみるか」「自分を知ってもらおう」というモチベーションが生まれるという。
　このように入学したての初年次生は，教室の雰囲気とりわけ教員との距離感に非常に敏感で，これは彼らが抱く「自我像のプロトタイプ」から推察してみても頷かざるをえない現象である。学生は少しでも自分の存在を認めてもらいたいと，教員の「ひとこと」を待ち受けている。

（2）　**自我像の変化**
①作品批評
　続いて実施された前期第2クール（課題テーマ「こころに残る人」）で，A君が書いた「関の葬儀」（作品資料2）（振り返りコメント2）が佳作に認定された。
　高専を辞めて1年，荒んだ生活で感情が乏しくなっていた。そのころ，9年間も付き合った幼馴染の友人が死ぬ。葬式の際，訪れた故人の部屋の中で，出会い以降の関係を丁寧に見つめ直した。
　この作品を書くことで，A君の意識は〈表現者〉に接近することになった。まず，自分自身について詳しく描き，過去の自己を現在の目で客観視している。心の動きも描写できるようになり，友人との関係の変化，相手との交流によってもたらされた自分の変わりようが，読み手にも伝わる形で書かれている。亡くなった友人との対面のシーンや部屋を訪れた際の様子，そのとき湧きあがってきた感情が淡々とした筆致ながら微細に描写され，読み手をその場面に誘っている。
　なにより大切なのは，亡くなった友人と自分との間の出来事をたどる中で，その時々の相手との関係が掘り下げられ，最後に自分にとっての友人の存在の意味がとらえ返されていることである。振り返れば，友人との関係はけっしてよい思い出ばかりではなかったが，それでも自分にとって相手は大きな存在だ

った，という気付きである。

　このように，「シチュエーション・掘り下げ・とらえ返し」という作品評価の主要ポイントにおいてこの作品は充実した達成を遂げている。「友人の死」の意味をエッセーの執筆をとおして再び問い直し，書き手の現在にとっての新たな意味に昇華しえたことを，亡くなった友人の母親が告げる一言，「あいつの分まで頑張ってね」というラストの場面の挿入が象徴している。

　第1クールから第2クールへのA君の変化は，彼にとっての切実な〈他者〉の存在を発見しえた点に求められる。

②教育実践のカギ

　再びA君の「振り返りコメント」を見てみよう。

　この時期，A君も大学や「日本語リテラシー」の授業に少しずつ慣れはじめ，作品や振り返りコメントに〈他者〉という言葉が見え始めている。また「関の葬儀」が佳作となり，はじめてクラスメートの前で自作朗読を行なうことになった。

　しかし，A君はこれまで人前での発表はほとんど経験がなく，さらにエッセーの内容はプライバシーにかなり踏み込んでいる。クラスメートの前で朗読することにも抵抗があった。だが，同時に心中で変化も起き始めていた。以前は〈他者〉に対する関心が薄かったA君が，「みんなに自分の体験も少し知ってもらいたい」「せっかく書いた文章だから他人にも知らせたい」「人の作品にも応答したいし，自分にも他者からの応答が欲しい」と考え始めるようになっていた。

　このような気持ちの変化には二つの要因があった。それは「教員からの添削」と「クラスメートの朗読発表」である。

　第2クールの2週目あたりに，第1クールの「教員からの添削」（批評）が直接手渡しによって返却される。そのとき，時間の許す範囲で口頭のコメントも添えられる。学生が教員のコメントに対して納得しているかどうか，表情や心の動き，言動などをうかがいながら対話を伴って返却される。この時期，コメントで埋め尽くされた添削に感嘆の声が聞かれることも珍しくない。

またA君の場合は，教員の「手書き」の添削になによりも「親しみ」を感じたという。また，「これだけ沢山のことを書かれると読まなきゃ悪い！」と考えたようでもある。作品と批評の往来を通して「学生と教員とのコミュニケーション」を実感し，自ずと「コメントされたら自分もコメント（応答）したくなる」自分自身に気付いたのだった。

　また，もう一つの要因は「クラスメートの朗読発表」である。仲間の朗読と発表者本人の自己批評，それに対するオーディエンスからの質問や感想を受け取ることで，人の体験（エッセーの内容はもとより執筆時の苦労話や反省点，後日談など）を知ることの面白さや他者に共感することの大切さなどを感じた。あるいは，〈他者〉に関心を向ける〈自己〉を発見したともいえよう。

　そういった経験の中で，自分の作品が佳作に選出されたとき，「他者に自分のことを伝えたい」という気持ちが自ずと湧いてきたという。それは，クラスメートの発表を受けて発見した〈他者〉への関心と，〈読み手〉が〈書き手〉に差し出す批評すなわち「応答」への期待感がこみ上げてきたからだという。A君は，「クラスメートから感想をもらえるということは，自分をある意味受け入れてもらった証拠」と考え，「感想をもらい自分が（作品が）他者にどう受け取られたのか」を知りたいと考え出した。

　このように，「作品」を通してさまざまな場面で〈他者〉の「応答」に学生が主体的に関わること，そして，〈書き手〉と〈読み手〉との間に批評の交通を可能とする環境づくりが重視される。それに成功する度合に応じて，学生は自身を文章表現者として自己認識するようになるだろう。

（3）　他者に媒介される自己

①作品批評

　「六回目の試験」（作品資料3）は，第3クール（課題テーマ「そのときの感情（きもち）」）で書かれ佳作候補の一つにもなった。第1クール以来の軌跡の中に置いてみると，A君の変化はいっそう鮮やかにとらえられる。

　A君は当初，自動車学校で実技試験だけはどうしてもクリアできずにいた。

「何かひとつ，今の自分でもやり遂げられることを見つけたかった」ために通い出したのだが，自信がないからか，プレッシャーのためか，試験当日になると腹痛に襲われる。情けない自分を乗り越えようと原因を分析しても，うまくいかない。そんなとき同じ年頃の受験者の存在に気づいて興味をもつ。ほんの一言二言相手と会話しただけなのに，不思議とそのあと落ち着いて試験を受けることができ，見事合格となる，という内容である。

提出時の感想メモでは，テーマである「感情」について「感情というのは，その場面や状況によりすこしずつ変化していく」，そして「どこか前の二題とも繋がっている部分があったように思う」とＡ君は言及している。これまでの作品と今回の作品に通底する何かを感知したことが暗示されている。おそらくそれは「他者との関係」という問題であった。自分の変化や成長を規定してきたものがつねに「他なる者」との関係性のあり方だったことに，かなり自覚的になっている。

文章の叙述は相変わらず淡々としていて書き手の誠実な人柄が表れているが，過去の即自的な自我像を離れて客観的に自己を見つめる筆致になった。

構成的には時系列にそったシンプルなものであるが，その時々の心の動きが現在の書き手の位置からとらえ直され，感情の原因が一つひとつ丁寧に探られている。「失敗してもあきらめなければ，いつかは前に進むことが出来る」という自信をもたらすことになった他者との触れ合いが，この作品のモチーフである。

このころ，内向的で大人しかったＡ君に授業において変化が見られた。前クールで佳作に選ばれたあと，他の学生の発表時に自ら挙手して意見を述べるようになった。自作への手応えを感じるにつれ，他の人の作品も関心の対象になったのだ。

後期にグループワークが始まると，班メンバーの作品に積極的に批評を述べるＡ君の姿が見られるようになった。トイレに８時間も籠って他者を回避し続けたかつての姿は，想像もつかないものとなっていた。

②教育実践のカギ

　なぜこのころ、手をあげて自分の意見を述べるようになったのか、現在のA君に尋ねてみた。「振り返りコメント」を見てみよう。

　このころのA君は、添削や朗読発表を通して「自分もコメントされたから、コメントし返す」という意識が芽生えてきた。またその反対に「意見を言ってもらえない切なさ」といった表現者の心理も理解できるようになった。これは、A君が朗読発表をしたときにクラスメートからのコメントを受けた経験に基づいている。

　毎回の朗読発表では平均8本の佳作作品が紹介される。1作品が読まれるごとにオーディエンスが挙手して意見を述べるが、このコーナーが毎度活気づくとは限らない。教員が佳作発表者に、「他の発表者にもなるべく手を挙げて意見を言うように。自分だけコメントをもらって知らんふりはしないように」などと事前にサジェスチョンすることもある。それでも、時と場合によってはコメントをほとんどもらえない発表者もいる。そのような発表者の気持ちを察することと、自身が味わった他者からの「応答」の有り難さが、A君をその気にさせたのかもしれない。

　さらにもう一つの要因として、A君は「自分の考えをしっかりと考えることができるようになった」と振り返っている。「第1クールの作品は文章自体がモヤモヤしている。けれど、文章を書き続けたことや、クラスメートの作品を読んだことにより、自分がいま何をどう思っているかを、言葉に置き換えて考えることができはじめた」。

　このように「日本語リテラシー」では、たんなる技術的な文章執筆にとどまらず、文章をとおした表現行為を「他者と交換し合う」ことを重視する。そのような交換を可能とする関係性こそ、言語表現者としての主体形成の条件であろう。

＊

　以上、A君の前期の軌跡を第3クールまでたどったが、この実例はもっともわかりやすいケースである。現実には60余名の学生の個性はさまざまで、A

君のような前向きな部類から，相当プレッシャーをかけないと取り組みができない学生に至るまで，十人十色，千差万別の観を呈する。まじめに取り組んでもすぐに成果が開花しない者，作業スピードが人の数倍かかる者もいる。大学生活のモチベーションは文章表現だけではないから，教員は一人ひとりの人柄や実情を把握し，それらに対応した指導を考えながら文章表現に立ち入らなければならない。言うは易いが，実際にはこれほどの難事業も少ないと思うこともしばしばである。

とはいえ，A君に限らず大方の学生にじつは一定の潜在的能力が具わっている。すべてのクール，あらゆる課題テーマにおいてコンスタントに力を発揮することは至難の業であり，前向きかつ反復的にトレーニングを積み重ねる中で，自分でも知らない力がいつの間にか身に付いていく。そんな非即効的で迂遠な形でしか，文章表現力は養いようがない。

「日本語リテラシー」の教育実践は，〈自己〉という存在への内省を不問に付したまま「社会や現代について考えよ」などと問いかけるようなプログラムではない。学生たちが自分の切実な実感に信を置き，しかも「なぜ，自分はそのように感じるのか」と自問自答するとき，その深度に比例して他者へ，世界へと射程を伸ばす力が生まれる。そのことを素朴に信じる実践プログラムである。

〈注〉
(1) 「私がいた場所／私の居場所」のワークシートでは，「誕生」から「大学入学」までの過程において〈家庭・親密圏〉と〈学校・社会・公共圏〉のそれぞれにあった自分の居場所を固有名詞で書きだすようになっている。
(2) ワークシートのサンプルだけでなく，教員も学生と同様に毎クールごとの作品を仕上げ，サンプル作品として提供する。それによって書くことの難しさや苦しさ，喜びや達成感などを一人の書き手として率直に公開し，学生と共有するように努めている。
(3) この振り返りでは，学生3名に過去1年間の作品やそれにまつわる資料（ワークシートや下書きなど）を持ち寄ってもらい，前期第1クールから最終クールまでの作品遍歴を互いに一つずつ見つめ直してもらった。その時々の自分自身や教

第 5 章 自己省察としての文章表現

員，授業に対する気持ちや意見を忌憚なく述べ合ってもらった。なお，A 君の作品（作品資料第 1 クール～第 3 クール）とそれにまつわる参考資料（振り返りコメント第 1 クール～第 3 クール）は，章末を参照されたい。

(4) この問題に関しては別の機会に詳しく論じたい。なお，この問題は，たとえば，高橋勝（編）(2011).『子ども・若者の自己形成空間―教育人間学の視線から―』東信堂．土井隆義（2008）.『友だち地獄―「空気を読む」世代のサバイバル―』ちくま新書．などで詳しく扱われている。

Ⅲ 初年次教育

●作品資料1（私がいた場所／私の居場所）

トイレという場所

A

トイレという場所。人にとっては排泄をするだけの場所かもしれない。僕はこの場所に思い入れがある。今もトイレに入るたびにある時のことを思い出す。

高専に在籍していた二年半、自分の居場所はトイレであった。決して短くない時間在籍していたというのに記憶に残っている出来事はほとんど無い。担任や同級生の顔さえはっきりとは思いだせない。あの二年半は自分にとって何だったのだろうか。あれからさらに二年半経った今でもわからない。

ただ一つ、しっかり思い出すことのできる場所といえばトイレだ。あの学校で自分の居場所はそこしか無く、自分が居るべき場所だった。授業が嫌になったときや休み時間など、僕はトイレに居た。一箇所だけではない。食堂二階のトイレや別館のトイレなど学校内全てのトイレに入ったと思う。そうしながら居心地の良い場所を探していた。僕が思う居心地の良いトイレというのは、比較的綺麗であり個室が一つしかなく人がほとんど来ないような所だ。学校内にもそうしたトイレがいくつかあったが、その中でも特に記憶に残っている場所がある。分かりにくい場所にあり人はほとんど来ない。新しく壁が真っ白で上から少しだけ吹き抜けのガラス張りになっており日が入る。なぜ記憶に残っているのかというと、恐らく最も長時間入っていたトイレだからだ。その時のことだけは今でも覚えている。

二年次の十一月にあった文化祭。僕は文化祭に参加するという気は全くなかった。クラスに居場所はなかったし、自分一人が居なくても誰も困らないだろうという思いがあった。クラスの催しでは自分の当番もあったが無断欠席してクラスの奴らを困らせてやろうと思った。自分なりの抵抗だったかもしれない。そして、いつものようにトイレへ行く。しかし、今日はいつもとは違う。できるだけ長く居ようと思った。できれば文化祭が終了するまで。そのため最も居心地のよい別館にある図書館近くのトイレを選んだ。持ち物は小さな折り畳み机とノートパソコンと昼食。トイレはウォシュレットのためのコンセントが

116

第5章　自己省察としての文章表現

あるためパソコンが使える。このトイレの個室は結構広いため小さな机を置くこともできる。机の上にパソコンと昼食を置いて完成だ。自分だけの居場所である。外からは賑やかな声が聞こえるが、自分には関係のない別世界の出来事だ。このトイレは会場から離れているため人は来ない。近くの図書館も今日はやっていない。この自分だけの空間で僕は色々なことを考えた。今の自分、これからの自分、自分はどうするべきなのか……。そんなことを考えながら約八時間自分はトイレに居た。出た時は既に暗くなっていた。外では閉祭式が行われているのだろうか。賑やかな声が聞こえる。

　その約半年後、僕は高専を退学した。今こうして思い出してみても決して良い思い出はない。なぜ自分の居場所をトイレにしていたのかよくわからない。学校外に出るなどの選択肢もあっただろう。しかしその時の自分ではそれしか考えられなかったのかもしれない。これだけ長い時間をトイレで過ごしていたため今も変な愛着がある。この精華大学でも以前のクセが抜けないのか居心地のよさそうなトイレを探した。もう長時間入ることはなくなったが、今でもトイレに入るたびに高専時代のことを思い出す。■

●作品資料2（こころに残る人）

関の葬儀

　　　　　　　　　　　　　　　　　　Ａ

　二〇一〇年三月十日、自宅に一本の電話がかかってきた。幼馴染みの関が亡くなったらしい。関と知り合ったのは小学校に入学する少し前のことで、それから約九年、何かしら関わりがあった。

　電話が入り、母から亡くなったということを聞かされたときは耳を疑った。しかし、悲しいという感情は湧いてこなかった。僕は高専での荒んだ生活で感情が乏しくなっていたのかもしれない。

　葬儀は密葬で行われ、出棺までもう時間がないらしい。母は僕も行くように急かしたが、正直なところ行きたくはなかった。高専をやめて約一年、今さら

Ⅲ 初年次教育

どんな顔をして関の両親に会えばいいのかわからなかった。しかし、約九年も付き合った仲だ。最後くらいは見てやろうと思い、彼の自宅へ向かった。

関の自宅に着くと、彼の母が出てきた。記憶に残っていた彼の母親の顔であったが大分やつれている。連絡があったのも関の母親からではなく、別の友人の親からであった。本当に自分が来てもよかったのだろうかと思いながらも、上がらせてもらった。

部屋の中にいたのは自分のほかには関の親戚と両親、関の友人一人だけだった。真ん中に棺が置いてあり、中に関が入っている。顔を見たが、髪を染めており、顔つきも変わっていたため、彼であるという実感が湧かなかった。しかし、棺の中に納められているサッカーのユニフォームや中学生の頃の写真は間違いなく関のものだった。母親が涙ながらに彼のことを話す。死因は心臓発作で、突然のことだったという。

その後、彼の部屋を見せてもらうことができた。そこは以前とあまり変わっておらず、小学生の頃、一緒に遊んだものが整理されて置いてある。それを見ることでようやく彼が死んだのだという実感が湧いてきた。そして悲しいとは別の、悔しく苦しいような気持ちが込み上げてきた。

関に初めて会ったのは小学校に入る直前だった。どのようなきっかけで彼と知り合ったのか覚えていないが、だ一つ知り合ったときのことを覚えていることがある。彼は僕の自転車を奪い、乗りまわし、逃走しようとしたのだ。僕は何もできずただ泣いた。

これにより僕の彼に対する評価は決まった。逆らうことができない人物ということだ。事実、彼は僕よりも運動神経が良かったし、悪事に対する頭の回転も速かった。小学生のあいだ、周りから見れば関と僕は友人であったかもしれないが、実際は親分と子分のような関係だった。彼がランドセルを持てといったら持っていたし、遊ぶというのは嫌でも断ることができなかった。何度か抵抗してやろうと思ったが、運動神経が鈍く力も弱い自分が喧嘩で彼に勝てるはずがない。「もっと大きくなったら絶対反抗してやる」と思いながら、小学生のあいだは彼と付き合っていた。

しかし、中学生になり関係は変化した。おそらく対等な関係になったのだ。変わった要因はいくつかあったと思う。そのなかでも大きかったのは、僕が彼

第5章 自己省察としての文章表現

に勉強を教える立場になったということ、彼とのあいだに一定の距離が生まれたことだと思う。中学生になると毎日遊ぶわけにもいかない。それぞれ部活や勉強の予定がある。関と一緒に遊ぶことは次第になくなった。

しかし、関係は続いていた。一緒に登校したり塾に通ったりしていた。会話は少なくなったが、塾の帰りに寄り道をして夜の街の風景を楽しんだりした。さえない自分が、運動神経も良く人気もある彼とつるんでいるのは、他の人から見たら奇妙に思えたかもしれない。中学時代は彼のおかげで友人関係も増え、僕にとって彼は頼れる存在に変わっていた。

その関が今はもういない。よい思い出ばかりがあったわけではないが、彼は僕にとって小・中学校時代の大きな存在であった。せめてもう一度会って自分の現状を笑いながら伝えたかった。そして、小学校や中学校のときのこと、将来のことを語りたかった。そんな後悔をしながら彼が入った棺を霊柩車へと運んだ。帰る前、関の母親から言われた「あいつの分まで頑張ってね」という言葉が今も心に残る。■

●作品資料3（そのときの感情）

六回目の試験

　　　　　　　　　　　　　　　　　　　　　　　　　　Ａ

僕は憂鬱だった。今日は六回目の仮免許実技試験がある。言わずもがな、既に五回この試験に落ちている。これに受からなければ仮免許の筆記試験は受けられないし、先にも進めない。僕の通っている自動車教習所でもここまで試験に落ちる人は珍しいらしい。今日も担当教官に「まだこいつか」などおもわれているのだろう。

午前七時。行くのは嫌であるが、行かねばならない。ここで諦めてしまえば、今まで嫌々ながらも行った八回の実技教習と十回の講習が無駄になってしまう。何よりも自分で教習費を工面したのではなく、親の金で通っているのだこのままでは親に申し訳が立たない。何故こんな辛い思いをしながら教習所に

Ⅲ　初年次教育

通っているのだろうと思う。しかし、最初はどうしても取りたいという気持ちで自分で決め、始めたことのだ。何かひとつ、今の自分でもやり遂げられることを見つけたかった。そのために入学したのではないか。そのようなことを思いながら家を出る。

二月の朝は寒い。自転車で通うのは苦痛だ。教習所に近づくにつれ腹痛が襲ってくる。不安や緊張が大きくなるというそうだ。我ながら情けない。今日も落ちるかもしれない。そんなことも思いながら教習所に到着した。今回、同じ試験を受けるであろう女性グループが談笑している。なぜあんなに楽しそうなのだろうか。ここまで教習が嫌なのはもしかしたら自分だけなのかもしれない。

八時になり、今回のコースとメンバーが発表された。メンバーは三つのグループに分かれ、それぞれの車で試験を受ける。張り出された紙を見ると一瞬目を疑った。自分と同じグループに僕よりも生徒番号が若い人がいたのだ。これは僕よりも前にこの学校に入学したということだ。仮免許試験だけで一ヵ月かかっている僕よりも若い番号の人が試験を受けることはもうないだろうと思っていた。どんな人なのだろうか。

試験は九時からである。それまでの一時間は空き時間だ。皆、今日のコースを復習している。僕もボロボロになった試験コースの紙を見返す。最も怖いのはクランクと呼ばれる屈折した細い道だ。僕は既にここで四回もミスをしている。普通教習では一度もミスをしたことのない場所だ。しかし、二回目の仮免許試験でタイヤをぶつけて以来、僕の中にこの場所に対しての恐怖心が生まれた。「ぶつけたらおしまいだ」ここを通ろうとするたびにそんな気持ちが襲ってくる。ここだけはコースを見返してもどうしようもない。

いよいよ九時になり、アナウンスが入る。全員がグループごとにそれぞれの教習車へと向かう。僕の前には同年齢くらいの男性が居る。前にいるということは僕よりも以前に入学した人間だ。話しかけてみたい気もしたが緊張でそれどころではない。

「自信ありますか？」

意外にも向こうの方から話しかけてきた。僕は半笑いになりながら既に五回落ちているということを話す。彼は驚いていたが、僕も彼の話したことに驚い

第5章　自己省察としての文章表現

だ。なんと半年ぶりに試験を受けるというのだ。しかし、緊張している様子はなく自信さえ窺える。半年のブランクがあるというのに余裕そうな彼が羨ましく思えた。
「お先に行ってきます」
　教習車が到着し、一番目である彼が乗り込む。彼が戻ってきたら次は自分の番である。いつもなら緊張で手が震えるのだが今回はそれがあまりないのに気づいた。会話をしたからかもしれない。僕は彼に感謝した。
　以前は時間の流れが非常に早かった。一番目の彼が降り、僕が乗る。踏切、S字カーブ、坂道、そしてクランクを越える。体が覚えているので無駄なことは考えていない。そしてゴールに到着。ミスがないまま、あっという間に僕の試験は終わった。なぜ今まで五回も落ちたのだろうか。なぜあそこまで重荷に感じていたのか。そう思うほど呆気ないものだった。
　全員の試験が終わり合格の発表がされる。自分の番号も呼ばれる。前の彼も受かったようだ。僕は嬉しいというよりも安心した部分が大きかった。これでようやく先に進める。もう、あの不安に襲われることはないということに安堵した。
　その後の筆記試験、本試験は順調に進むことができた。仮免許であれだけ落ちたのだからもう恐れることはない、そんな気持ちがあったように思う。教習所でのこの体験は辛いものであったが、少しばかり自分を強くした気がする。失敗してもあきらめなければ、いつかは前に進むことが出来る。そんな考えが僕に生まれた。■

Ⅲ　初年次教育

振り返りコメント（第1クール）

- 本クールの設定字数は1,000文字程度であったが，文章を書くことに3～4年のブランクがあり，書けるのか心配であった。最初の題材はインパクトのあるものにしようと決めていた。その結果，先の内容で書くことにした。教員サンプルなどをみて，どんなテーマで書いても大丈夫だろうと感じたからこそ書けたのだと思う。教員にこのテーマを提示した時，受け入れてくれたことも大きい。
- 自分としては悪い思い出である。しかし，それを消すことはできないし，ならば表に出してしまった方が楽になるかもしれないと思った。他者に伝えるというよりは自分の中の考えを原稿にぶつけて吐き出した感じである。
- 第1クールは私にとって題材探しとその整理が中心であった。ワークシート作業では，高専時代の「自分の居た場所」を苦し紛れに沢山羅列しようとしていた。そのうち高専時代は「トイレ」が自分の居た場所だったことを思い返し，あらためて高専での約2年半が自分にとってどのような体験だったのかを思い出すことになった。
- この作品の文章は人に伝えるというより，自分を振り返り，自分に読ませる文章であった。今の自分がその頃に比べ，どんなに人に恵まれているかも考えた。そんなことを文章中に書いていればまた違う文になったかもしれない。

振り返りコメント（第2クール）

- 第2クールを書くにあたり，ワークシートに今まで自分が関わってきた人々の名前を連ねたが，これを書く1年前にあった友人の死は大きいものであった。それは自分にとって衝撃的なものであり，このテーマで書くしかないと思った。そのためテーマは前回に比べれば早くに決まった。
- 比較的新しい出来事であったため思い返す事はできたものの，その時の自分の気持ち，周囲の人たちの様子などは思い出す事は出来ても文章化することが難しかった。なぜ，自分がその場でそのような感情を抱いたのか。読み手に伝わるように書くにはどうすればよいか。そのためにはそれまでにあった自分の変化について書かなくてはならなかった。また自分を見つめ直すということを迫られた。
- 1クール目のテーマは高専時代の出来事であったためその頃のことだけを思い出せばよかったものの，今回の場合は，小学校の頃からの自分を振り返る必要があった。どこで何があり，どこで躓き，そして現在に至るのか。長く付き合った友人との関係を通し，自分のこれまでを見つめ直すこととなった。
- そして，彼の存在は自分の小中学校時代において特に大きなものであったと再認識する。彼を通して他者と繋がっていた部分も大きいと気づく。自分と他の人との関係性，今までの友人の

作り方なども今回の文章とは直接的には関係ないが思い返すことになった。
- 佳作に選ばれ，多くに人の前で読むことになる。読むこと自体に不安はなかったものの，それを皆がどう受け入れてくれるのかには不安があった。しかし，朗読後の質問の場と感想メモによって自分のこのような文章を受け入れて考えてくれる人がいるということが分かり，嬉しかったし文章を書くことへの自信にもつながった。
- このテーマについてはもう一度，彼のことで書いてみたいと思う。この文章を書いた時とは状況が変化しているため違った文章になるだろう。自分の考え方も変化しているのでもう一度それを整理してみたいと思う。

振り返りコメント（第3クール）

- テーマ自体に悩むことはあまりなかった。第2クールで自分を見つめ直すということをおこない，それがこのクールでは活かせたと思っている。
- 理解していると思っていた自分の性格であるが，じつは抽象的でひどくぼんやりとしたものであった。しかし，自分の感情が良く動いた最近の出来事を振り返ると自分という人間が少しは見えてきた気がする。
- 前の2クールでは，どちらかというとひたすら自分のマイナスな面を書いているように思う。しかし今回のクールでは，辛いこともあったが何とか乗り越えることが出来た自分というものも振り返ることになった。これは自分を良い意味で再確認することになった。
- この自己認識は，2年次になっても「キャリアデザイン」の授業で自分の長所を書くPR文作成に活かす事が出来た。
- 前回と同じく下書きに時間を費やしたように思う。しかし，ワンステップ先の推敲にも前2つの作品よりは時間を割くことが出来た（まだ，かなり不十分ではあるが）。
- 最初は試験に落ちた時の失敗を多く書くつもりであった。結果的には，合格した試験の時のことを半分ほど使用して書くこととなる。しかし，これで良かったと思う。このように他者との関わりがあった「6回目の試験」を書くことになったのには，前2作品の影響もあった。1回目よりも「人との関わり」を書いた2回目の方が良く書けていたと思っていたことが反映したに違いない。

Ⅳ　学士課程を通じたライティング指導

第6章　専門教育・卒業論文につなげる初年次教育
―― ピア・サポートの取り組み

関西学院大学

土井健司・小田秀邦

1　初年次教育の課題

　すでにユニバーサル段階を迎えた今日の大学において，大学生はかならずしもエリートではなくなった。それにともなって，学士課程を通じて学生がいかに育ったか，すなわちラーニング・アウトカムズ（学修成果）を明確にした，教育における質の保証が求められている。

　とりわけ2008年12月に中央教育審議会がまとめた『学士課程教育の構築に向けて（答申）』では，課程共通のアウトカムズ（学習［学修］成果）として「学士力」を定義した。その一つの要素である「汎用的技能」（知的活動でも職業生活や社会生活でも必要な技能）において論理的思考力が言及されている。[1]こうした社会および高等教育界で議論される学士課程教育における質の保証を学生それぞれにおいて具体化することは，私たちの教育課題である。そして，それを担う仕組みとしては，各大学あるいは各学部の教育課程（カリキュラム）が柱となるだろう。教育課程は教育の理念・目的をもとにしたディプロマ・ポリシー（学位授与の方針：以下 DP）の下に構築され，カリキュラム・ポリシー（以下 CP）とともに組織的に作成されるものである。[2]

　さて，論理的思考力はジェネリック・スキル（汎用的技能）であると同時に，アカデミック・スキル（学術的技能）である。「大学で学ぶ基礎力の修得」という位置づけにおいて，関西学院大学では（全学）共通教育センターが，2011

年度から「スタディスキルセミナー」プログラムを実施，文章表現や論文作成のクラスを開講している。同時に神学部をはじめとする各学部においても，多くは「基礎演習」のクラスを中心に独自の試みを行っている。

　関西学院大学神学部の取り組みも，大学全体に同調しつつ，着実に実施していくものである。なお神学部の教育は，教会で働く牧師を育成するという意味では特殊で実学的なものではあるが，「神学」（テオロギア）の伝統は古く，深く人文科学の領域に根付いたものとなっている。そのため専門的知識の修得と並んで，論理的思考力の養成を意図したレポートや論文を執筆する能力の獲得がその学士課程教育の親柱の一つとなる。どのようにして主体的にレポートや論文を執筆するのか，その方法，道筋を示し，教える授業が各学年度に配置される必要がある。そこでアカデミック・ライティングのための科目構成をどのように整備したのか，その中で初年次教育をどのように構築するのか，とくに最近の試みとして導入したラーニング・アシスタントの制度を中心に報告したい。

2　近年の主要なカリキュラム改正の軌跡

　まずは2000年度以降の神学部におけるカリキュラム改正の流れを簡潔に紹介しておきたい。なお，ここに記載する改正は，一部全学的な趨勢の中で検討されたものも含まれるが，基本的にはすべて学部独自の取り組みである。

　神学部では従来から伝道者育成をその使命（ミッション）として，原則として修士課程（博士課程前期課程）を含めた6年一貫の教育カリキュラムを構成していた。2004年4月にそのミッションを拡大・展開し，学部4年間の教育を基本としたコースを別途設けて，2つのコースから成る履修コース制を導入した。以降，伝道者育成を主眼とした従来からの「キリスト教伝道者コース」（クリスチャンに限る）に加えて，キリスト教的見地から人間の思想や文化，現代的問題を幅広く考える「キリスト教思想・文化コース」（クリスチャンであるかを問わない）を設置し，現在に至っている。こうしたコース制に伴うカ

Ⅳ　学士課程を通じたライティング指導

リキュラムの改正にあたって，選択科目を大幅に見直すと同時に，初年次教育科目にあたる「基礎演習」を第2学年度まで延長した。第1学年度における「基礎演習A・B（各2単位）」，第2学年度における「基礎演習C・D（各2単位）」である。その理由は，第1学年の春学期を全体的に「高校4年生」と捉えた方が現実的だと考えるからであり，そのため第2学年まで従来の第1学年の教育課程が浸食せざるを得ないと判断したからである。とは言っても第4学年を第3学年の延長と捉えることはかなわず，やはり4年間でカリキュラムを修了するよう構築せねばならないことに変わりはない。一方で「高校4年生」のような第1学年の学生に接しつつ，他方で学士課程の質の保証という課題を4年間のカリキュラムで整備し実現するのは決して容易ではない。初年次教育について第2学年を含めて実施するのは，この課題を克服するための工夫の結果と考えていただきたい。

　また，第3学年度の演習科目として「神学」の各専門分野に特化した通称「分野別演習」を設置した。「旧約聖書学演習A～D」「新約聖書学演習A～D」「キリスト教史学演習A～D」「組織神学演習A～D」「実践神学演習A～D」「キリスト教と文化演習A～D」「キリスト教と思想演習A～D」がこれにあたる。

　2010年4月より実施した改正では，特定科目を履修するための前提条件（先修条件）科目の緩和に着手，学生の履修計画に一層の自由と幅をもたせることを狙うとともに，履修上限単位数を各学年度一学期につき24単位に制限したが，これは履修する授業科目について適正な学修時間を確保するためであった。さらに第4学年度のゼミナールとなる「特殊研究演習」を必修化し，付随する選択科目として「卒業論文」を設置した。神学部では先述のように6年一貫を基本とした教育を意図していたため，学部卒業時には研究発表およびレポートを主とした評価を行っていたが，新しい履修コースのカリキュラムが安定したこの時期に改めて「卒業論文」を導入したものである。これは学士力の質の保証を明確にするためであり，研究演習と卒業論文において自ら考え，文章によって表現する力を養い一定の完成に導くためのものである。

第6章　専門教育・卒業論文につなげる初年次教育

3　演習科目群の構成

　「書く」ということはじつに大変なことであり，これは大学人の多くが経験済みのことであろう。主題についてある程度理解し，基本的なことを調べて数々の先行見解を収集し，咀嚼し，その上で自身の考えを整理しつつレポートや論文を執筆する。主題についての理解，調査・収集，思考，表現の4つが基本になる。神学部ではこの点を考慮し，とくに演習科目の充実を図りカリキュラムを構成している。

　大学教育における演習科目は，学生が主体的に学問と技能を身につけつつ発展することができるように設定されている。本学神学部では，第1学年度と第2学年度において「基礎演習A・B・C・D」を置き，第3学年度においては，さまざまな神学的テーマを設定する「分野別演習」，第4学年度においてはゼミナールである「特殊研究演習A・B」を設けている。その構成は図1のとおりである。

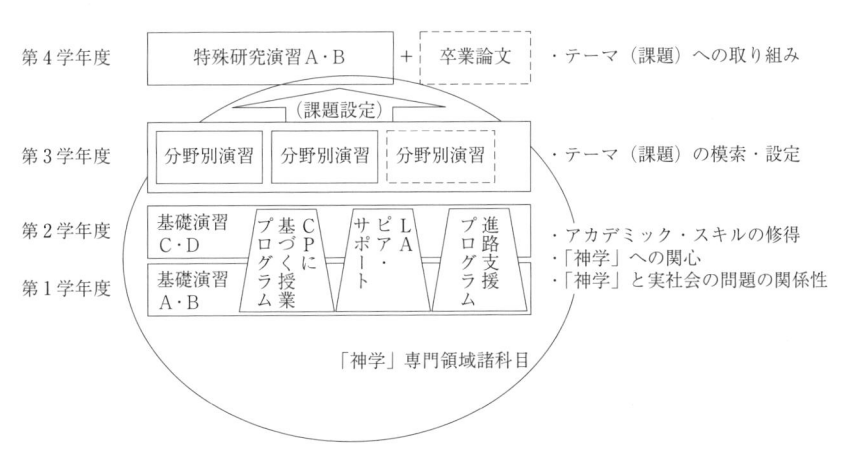

図1　関西学院大学神学部における演習科目構成（イメージ）

Ⅳ 学士課程を通じたライティング指導

（1） 基礎演習

「基礎演習」では大学での勉学の仕方，図書館の使い方およびオンライン・データベースなどの情報検索の方法，キリスト教関係文献の読み方，レポートの書き方などの学問的技能，いわゆるアカデミック・スキルの習得を目指しており，本学神学部のDPに示される「神学を学ぶための基礎力を修得している」ならびに「大学生に相応しい基礎力を修得している」に該当する科目群として位置づけている。科目名称に付くA, B, C, Dは開講時期に即しており，それぞれ第1学年度春学期（前期），秋学期（後期），第2学年度春学期，秋学期の開講となる。その中で「基礎演習A」はCPの一つ「文献検索・講読の基礎力を修得している」に該当し，担当者がその年度ごとにこのポリシーに沿い，工夫した授業を実施している。たとえば2012年度の場合，担当者によるとシラバス記載の到達目標は「この講義を終えたとき，受講者は研究すべき図書を自分で探し出し，研究の目的のためにそれを読みまとめる術を修得することが期待されます」とされている。また「基礎演習B」はCPの「ワープロ，表計算，提案用PCソフトを用いることができる」に該当する。「基礎演習C」はCPの「プレゼンテーションをすることができる」に，「基礎演習D」はCPの「レポートを書くことができる」にそれぞれ該当している。なおCPについて各演習科目に一対一で該当するように記したが，相互に融通するところがあるのは当然であって，他のCPを排除するものではない。つまり基礎演習全体で4つのCPの実現を目指している。こうして第2学年度修了時には理解，調査・収集，思考，表現の4つの基礎力が身に付くように構成している。

（2） 分野別演習と特殊研究演習

神学諸科の専門分野それぞれから構成される分野別演習では，担当教員が自身の学問的問題意識と関わらせながら指導し，学生自らも学問の面白さに触れ，それぞれの分野で自ら研究できるように教育する。こうして分野別演習としては神学分野ごとに演習科目が設定される。しかしいずれの演習もCPでは「キリスト教神学について発展的な知識を得る方法を用いて分析・考察を行うこと

ができる」に該当し，基礎演習を踏まえ，さらに専門領域へと一歩踏み込んだ演習科目となる。なお本学神学部の特徴としては，いわゆるゼミ（特殊研究演習）を第2学年度ないしは第3学年度から開始するのではなく，第3学年度にまず「分野別演習」を置いていることであろう。これは一方で学生自身の研究課題を設定する際に大きな自由度を与えるものであるが，設定した研究課題をさらに深める第4学年度の「特殊研究演習」との間に連続性を構築する工夫が必要になる。つまり，たとえば旧約聖書学を専門的に学ぶといっても，第4学年度の「特殊研究演習」1年間の指導のみでは不足するのは明らかである。そのためできるだけ「分野別演習」との"連続性"を意識した履修を進めていかねばならない。現在，「特殊研究演習」を履修するためには，前提として「分野別演習」科目群から最低計4単位（2科目）を修得することを義務づけ，また登録する「特殊研究演習」は，履修した「分野別演習」の分野のうちから選択することとしているが，さらに履修モデルを提示するなどして，できるだけ連続した履修をするように指導している。これによって第4学年度の一年間の「特殊研究演習」だけでなく，他の演習とともに研究能力の発展を図る仕組みをつくっている。

　「分野別演習」の利点は複数の科目を同時に履修できることである。学生は任意の演習を2科目以上，任意の数だけ履修できる。またその履修は「特殊研究演習」と併行して行うこともでき，複数指導を受けることもできる。こうしてさまざまな専門領域の勉学ができることがこの科目設定の主眼であって，実際の学生の履修状況としても複数テーマに渡る「分野別演習」を履修する傾向が認められる。

　「特殊研究演習」では，大学教育の最終年度としての第4学年度にふさわしく，研究の名に値する成果を生み出すことを目指す。その成果にはプレゼンテーションやレポートなどもあろうが，2010年度入学生からは「卒業論文」としてその成果を仕上げることができる。本演習は一応の専門研究のまとめを課題とするものであって，神学部における勉学の集大成と位置づけられている。そのため，かつて選択科目の一つとして自由化していたものを2010年度入学生よ

り必修化し，学部生全員が何らかの「特殊研究演習」を履修するようにしている。こうして学生は卒業にむけて自身の研究課題を遂行していく。その成果の中でも卒業論文は頂点を形成するものだと言えよう。

4　「基礎演習」における試み——ラーニング・アシスタント制度の導入

（1）　進路支援プログラム

　以上の演習科目群の中で初年次教育に該当するのは「基礎演習A・B・C・D」である。今日の学士課程教育においては，なぜ大学で勉学するのか，何を勉学するのか，まずその動機づけが必要と言われる。もちろん大学における勉学はそれだけで自立したものではあるが，この必要が叫ばれてからすでに久しい。本学神学部では，第1学年度および第2学年度の春学期における「基礎演習」の中で「進路支援プログラム」を実施している。これは学内の大学図書館スタッフ，学生カウンセラーおよびキャリアセンタースタッフなどの協力を得て，学びの土壌となるアカデミック・スキルの習得，あるいは学生自身が自らを振り返り将来を考えることで生活面・精神面の安定化を図るものであるが，同時に「将来の進路（実社会）と神学部での学び」の関係性を意識させるプログラムを盛り込むことにより，まさに修めようとする「神学」がたんに抽象的なものでなく，実社会と関わる学問であることに気づき，現代社会の中で学生個々の研究課題を見出す余地をつくることをも意図している。その意識が第3学年度の「分野別演習」により，より具体的な課題設定につながることを期待する。

（2）　ラーニング・アシスタント（L. A.）によるピア・サポート

　こうしたプログラムの他，神学部では2010年度から「基礎演習」において受講生のピア・サポートを意図したラーニング・アシスタント（以下L. A.）を採用している。文章を書く訓練は個別的に実施すべきであって，けっして一般論に尽きるものではない。学生一人ひとりが自らの能力を磨いていく必要があ

り，演習科目の中で，できるだけ個別指導をすることが望ましいと考えるからである。L. A. は第3学年度以上の学生から選抜し，クラスの開講状況にもよるが，およそ15名の受講生につき1名が割り当てられている。またL. A. は授業担当者と受講学生との橋渡し的な立場から，授業における発表のテーマ設定（課題設定）や資料検索に関する相談をはじめ，ディスカッションの側面的補助やレジュメ作成などの指導を行う。こうした取り組みは，いわゆるアカデミック・ライティングのサポートというにはまだ遠いが，課題の設定からレジュメや資料の作成に至る支援を初年次において行うことが，ライティングの基礎となる「論理的思考力」の育成に重要であることは言うまでもない。

　L. A. となるためには集中科目「論述・提案技能演習」の単位修得が必須となっている。2011年度に開講（2010年度は試験的に準備講座として実施）した「論述・提案技能演習」は4日間の集中科目であるが，この期間に受講生はさまざまな文章を書く訓練（作文型小論文から論文型小論文まで）を重ね，PC（とくにワープロおよびプレゼンテーション・ソフトウェア）の使い方を徹底的にマスターしていくのであって，その中から優秀者をL. A. に起用している。

　L. A. として従事した学生には毎週終了後に報告書の提出を課しており，現状を把握するとともに課題を確認し，次の施策につなげていくようにしている。まだ2年間で8名の採用実績しかないが，指導をしたL. A. の声をアンケートから一部ではあるが紹介しつつその内容を確認したい。

　まずはどのような指導をしたかについて，あるL. A. は次のように書いてくれている。

　「秋学期は，学生たちがそれぞれ興味のあるテーマについて自分で調べてきて，授業内で発表する形だった。授業外の活動としては，学生たちがテーマを絞り込むためのアドバイスをしたり，発表の資料を作るための本の探し方や，パソコン操作について教えたりした。また『発表前に原稿をチェックして欲しい』という人もいたので，その人には原稿を見て，形式や内容についてわかる範囲でアドバイスした」。

　L. A. にとって，授業内の指導補助および授業外での事前指導がその主たる

役割となる。ここに記されているのは，およそすべてのL. A.に共通したものといえる。こうした指導を通して，あるL. A.は今日の受講生の欠点を次のように指摘している。

「第一に，多くの学生に欠如していることは，『実例の参照』と『徹底的な模倣』である。つまりレポートの論理展開や資料の表示方法に著しい不都合や誤りがあるので，どのような資料を参考にしたのか問いただしてみるが，『○○という文章術の本』また『神学部の諸先生の表示方法』などという返答がまったくなかった。それにもかかわらず見たこともないような引用表示や，パワーポイントのアニメーションが使用されている。つまり既存の知識をもたないにもかかわらず，オリジナルにこだわり，その結果『個性』を暴走させていると言える」。

「個性の暴走」という句は今日の学生気質をとてもうまく捉えているように思われた。本学神学部ではレポートを作成する際の参考として『論文・レポートの書き方』という冊子を準備しているが，それもほとんど活用されていないことを含め，私たちがどこから指導をはじめなければならないのかがよく理解できる。個性の尊重は本来，他者の尊重となるが，他者は他者，自分は自分ということで他者から学ばない，学ぶ必要も感じないということか。自己表現も大事であるが，他方で私たちは学問のルールや一般的性格も教えねばならない。また次の報告も啓発的であった。

「L. A.への質問で多かったのは，内容面では『やりたいテーマが見つからない』というものだった。このことについては，学生が興味を持っていることについて，一緒に話をする中でだんだん絞り込むことにした。少し上の学年の，同じ学生同士という立場で一緒に発表について考えることができたので，和やかに話し合いをすすめることができた。最終的に，やりたいことが見つかったようなので，良かったと思う」。

自身で好きなテーマを選んで発表するように求めても，そもそも「やりたいテーマが見つからない」学生が大勢いる。大学で何を学ぶのか，学部で何を探究するのか，目的意識が明確でない学生は珍しくない。ピア・サポートを担う

L. A. には，同じ学生同士ということで率直に話し合えるところが意義深いと思われる。

　私たちは学生一人ひとりの個性を伸ばしたいと思うが，十分な指導の時間が取れない現実に悩む。L. A. が同じ学生という立場から補って指導してくれることを期待するが，これに応えてくれているように思い心強い。

　またこの制度は演習の受講生のみならず，L. A. となった学生自身の文章力向上も狙っており，教えることで違った視点から学ぶことを期待している。

　「私が L. A. というものに興味を感じたのはもともと文章を書くことが好きだったからである。それも小説などではなく，こういったレポートなどに限ったものであるが。だからこそ，この L. A. の活動では大きな期待があった。そして，他人の論文の添削，助言をすることによって自らの力も上がっていることが実感できた。私個人の意見では，（一学期１クラスでなく，通年で）２クラス担当しても良かったくらいで，秋学期だけということが残念でならない。論文を書くスピードも上がり，内容もまた良くなったと思っている。担当生徒の論述能力を向上させることが仕事だが，今回最もその能力が向上したのは自分ではないかと思う部分がある。私にとって L. A. 活動は大学生活における良い経験になったと思う」。

　少なくともこのように実感してくれたことで一定の成果はあったように思う。従来の授業では，講義を受けて知識を身につけ，演習において自身で実際にやってみることまでは可能であるが，指導するという立場から学ぶということはなかった。その意味でこの制度は指導という新しい視点からの学修可能性をひらくことも確認できた。

5　今後の課題と展望

　「書く」すなわち，「自己の考えを論理的に展開し，記述する」ことへの指導は，本学神学部の学士課程教育の中枢に位置づけられる。そのため「基礎演習」から「分野別演習」，さらに「特殊研究演習」・「卒業論文」へと連なる演

習体系を構築してきた。課題はいまだ多いが、当面は各演習のさらなる"連続性"の確保および初年次教育にあたる「基礎演習」、とくにL. A.制度の充実に尽力していきたい。

　本学神学部のL. A.制度は、まだスタートして2年間しか経たないもので、「基礎演習」受講生への指導も試行錯誤の域にある。「書く」ための能力育成は一朝一夕ではすまない。レポート作成の指導を含め、「ともに学ぶ」という新しいパラダイムをかたちにしたこの制度をさらに展開していくことでそれを目指したい。そのために授業担当者のみならず、受講生およびL. A.を担う学生の声をしっかりと制度構築へ結びつけることも必要だろう。すでに本章で紹介したL. A.の声をとりあげ、次回採用からは第1学年度秋学期から第2学年度春学期の、学年を渡った年間採用の形態を取り入れることも決定している。制度としてはまだまだ熟してはいないが、このような試みを実施しつつ、しばらく継続してその成果を確認していきたい。

　ピア・サポートのようなものは、以前なら先輩が後輩の面倒を見るなど正課外で当たり前に見られたものであろう。もちろん現在でもそういう風土・習慣は残っていると思われるが、他方で制度として整える必要も出てきている。「自身で考え、書く力」を学生一人ひとりに身につけさせるべく制度を整備し、環境や条件を整えることで、よい文章が書ける学生を育てていきたい。

〈注〉
(1) 中央教育審議会『学士課程教育の構築に向けて（答申）』2008年12月24日, 12.
(2) 関西学院大学神学部DP・CPについて、次のURLを参照。http://www.kwansei.ac.jp/r/th_policies/

第7章　読書感想文から臨床実習報告書までのライティング指導

大阪河﨑リハビリテーション大学

髙橋　泰子

1　はじめに

　臨床実習の本来の目的は，患者の症状を観察し適切な検査と評価（診断）を行い，それに基づき訓練計画，訓練，再評価ができる力を培うことにある。

　ところが，日誌や報告書を作成する際，稚拙な表現や根拠のない展開，「日本語作法」の未熟さ故に，臨床実習で本来学ぶべき療法士としての技術や対人スキルよりも，日本語作法について指導者から多くの時間を割いて指摘を受けている。帰宅後も症例報告書を作成するために眠る時間がないという学生の訴えさえ珍しくない。

　臨床実習のあり方についてはいろいろ論議されており，徒弟制度のような方法には改革が必要であろうが，その論議は本旨から外れるので述べることは避けたい。本章では，今なお医療・福祉機関で求められるカルテの書き方，症例報告書の書き方が習得できるように，本学全専攻および言語聴覚学専攻で取り組んでいる文章作成能力を向上させるプログラムについて報告する。

2　入学前のライティング指導

　本学は AO（Admissions Office）入学試験を実施している。この入試方法は療法士としてのポテンシャルや適性を評価するため，学力の実態は把握できな

Ⅳ 学士課程を通じたライティング指導

い。また、推薦入学試験も実施しているが、この制度も面接だけや1科目程度の試験であるため学力の実態は把握できない。そのため、AO入学試験および推薦入学試験で合格した学生には、入学するまでの期間、学習する姿勢を低下させないために課題を与えている。

具体的には、以下の3つの課題を与えている。

（1） 読書感想文

課題図書（医療系エッセイ）から2篇を選択して、それぞれについて400〜800字で感想文を作成し提出することを課題としている。

提出する前には、「日本語作法」の体裁が整っているか自己点検することを求めている。自己点検は6項目程度の簡単なもので、敬体と常体が混在していないか、段落分けができているか、誤字・脱字はないか、字数は足りているか、主語―述語のねじれはないか、丁寧な文字か、である。

他者が読むことを前提に、「日本語作法」を習得させることをねらってはいるが、まずは最低限の「日本語作法」を認識することが重要と考えている。

よって、送付されてきた感想文は教員が添削するが、添削の基準は自己点検項目に即して行う。その上で内容に触れてコメントをしている。点検すべき項目が整っていない場合は、再提出を求めている。

（2） 意味調べ

ライティングの直接指導ではないが、上記課題の図書から選択した2篇でわからない語彙があれば抜き出して調べ、提出することを課題にしている。

添削する教員は、（1）と（2）のバランスを見て学生を評価している。

その結果、文章作成能力が低い上に意味調べをしていない学生は、2つのタイプに分けられる。一つは、メタ認知が低い学生。自分は何がわかっていないのかがわからないタイプ。もう一つは、学ぶことに意欲が低い、怠学のタイプである。

この課題は、語彙能力が高ければ列挙しなくてよいが、文章作成能力の高い

学生でまったく語彙を調べてこない学生はいない。よって，文章作成能力が低い学生がこの課題を提出してこない場合は，入学後の指導には配慮を要する可能性が高いことが事前に把握できる。

（3） 漢字学習

　大学で専門的な学習をするにあたり，日常はあまり目に触れないがその分野では頻出するという漢字がある。入学前に，一般的な漢字・熟語（かつての入学試験の小論文で多かった誤字・脱字を抜粋したもの）を50語，専門基礎分野（基礎医学分野）から25語，専門分野（言語聴覚学分野）から25語，計100語の漢字・熟語が書かれたプリントを配布し，入学直後に試験を実施している。9割以上の正答ができなければ，できるまで再試験を繰り返している。

　多くの学生が，大学に入学するという緊張感や期待を胸にしている時期なので，学習意欲は高く，1回の試験で合格する。しかし，1割弱の学生が不合格のため再試験を受験している。再試験を受験することになった学生は，これ以降のすべての科目試験において成績不振であるという実態が追跡調査で判明した。その要因は，学習障害等の発達障害を含む学習能力の問題なのか，学習に対する意欲が低いのか不明であるが，この時期に不合格になって再試験を受けることになっても，再試験の日時・場所を忘れているなど緊張感が低い。

　上記の（1）～（3）の課題において，早期に学習不振，学習意欲の低い学生を見つけることで，今後の大学生活において指導上配慮を要する学生として把握することができる。

3　初年次のライティング指導

（1）　レポートの書き方

　入学時のオリエンテーションでレポートの書き方の指導をしても効果が低いことは経験的にわかっている。そこで，前期の中盤，授業でレポート課題が出されるころ，学生自身が書き方に困惑するので，そのときに指導することにし

た。

「所属，氏名，レポート課題を表紙に書くこと。用紙はA4，黒もしくは青色のボールペン・万年筆を使用。ワープロ書き可，鉛筆書き不可。左上をステープラで綴じること」といった基本様式から指導しなければ，ルーズリーフやノートをちぎって鉛筆書きや緑のボールペンで提出することは珍しくない。ステープラを事務室で借りることも当たり前のように思っているのである。

内容については，調べ物をしたときは引用・参考文献をかならず書くように指導している。とくにインターネットから検索した場合は，そのアドレスを記載することを強く指導して，コピー＆ペーストによる著作権侵害は違法行為であることを強く指導している。

授業中に実験をした結果のレポートは，目的，方法，結果，考察を明確にするように指導している。学生にとっては，事実（結果）と考察を区別することが困難なので，具体的な例を挙げながらそこを理解させる必要がある。

（2）ポートフォリオ

教員一人が，4～6人の学生を担当するSGL（Small Group Learning）が設定されている。SGLは，1週間に2時間（1コマ），学生の自主的な学びをサポートする科目である。学生の学習を習慣づけ，精神的なサポートも迅速に細やかにできるようにポートフォリオが用意されており，学生は1週間の振り返りを記載し，月曜日の朝に担当教員に提出する仕組みになっている。そして，担当教員はコメントを書き加えて返却する。

ここでの指導は，学生の文章作成能力を向上させることよりも，書く習慣，学習習慣を身につけることに重点を置いており，かつ，教員には学生の精神的な異変に早く気づくことが課せられている。

（3）施設見学レポート

初年次の夏期休業期間中には，保育所や障害児の通所施設の見学を言語聴覚学専攻では実施している。まだ専門分野を学んでいないので，専門的な記録の

提出は求めない。しかし，専門を学んでいなくても感じたこと，疑問に思ったこと等は湧き出てくるはず（湧き出てこなくても，努力する必要がある）なので，「どのような場面」で「どのように感じたか・疑問に思ったか」を，段落を区切った感想文として作成するよう課している。

また，冬期休業期間には，本学関連のクリニックを見学する機会を与えている。まだ専門科目の概論を履修しただけではあるが，臨床現場で「見たこと（事実）」と「思ったこと（考察）」を分けて実際の臨床基礎実習で使用する日誌の様式に記載させている。「見たこと」は，患者と言語聴覚士の行動を観察する必要があり，かつ，目的ごとに訓練内容が変わるので，小さな表題を付ける練習もしている。これらの添削は，大学教員とクリニックの言語聴覚士が行い，学生にフィードバックしている。大学教員とは異なる，関連施設の指導者に指摘されることは，学生にとっては緊張感があるようだ。

（4） 臨床基礎実習の日誌・感想レポート・報告会レジュメ

学外の医療・福祉機関で実習指導者から指導を受けながら日誌を書くことと，最終日には感想文を書くことが課題となっている。

この時期の学生は，専門分野を少し学んだだけなので，日誌には専門用語は使用することができないが，訓練内容および患者の様子を平易な文章で記述し，疑問に思ったことを列挙することが求められる。臨床現場では言語療法室にて1日12単位（のべ12人）の訓練とベッドサイドでの訓練を療法士はこなしている。しかし見学した学生たちはすべての症例を記述することは困難であるため，おおむね1日4～7人までの記述にとどまる。まだこの時期の学生は処理速度も遅く，書くことに慣れていない。

1週間の臨床基礎実習を終えたのち，各学生が体験したことを学内報告会で発表することも課題の一つである。その際，症例の診断名と障害名，訓練の内容および目的を整理して報告する。そしてそれをレジュメとしてまとめることが課せられている。訓練の目的が障害名に合致していなければ，学生の理解不足が顕になる。レジュメ作成にあたっては，学内教員が指導している。

4　3年次のライティング指導

3年次の終盤に，言語聴覚学専攻では4週間の臨床評価実習を行っている。この実習では，患者と会話をしたり，障害把握のための検査・評価の一部を行ったりしている。後者は専門的知識と技術を学内で習得すべきものであるが，前者は平素から社会常識を身につけていれば取り立てて学習するべきものではない。しかし，現代の学生にはそれは通用しない。

そこで，ここからは言語聴覚学専攻が行っている指導プログラムを報告する。

（1）　一般常識の学習

患者の多くが学生よりも社会経験が豊富な高齢者である。その方々との自由会話で，学生が無知である故に会話を展開・継続できないことがある。そのため，3年次には一般教養レベルの漢字，歴史・地理・政治経済を学習する。また，ソーシャルコミュニケーションとして，会話の文脈を読み取る力を養うために，文章記述されている会話のトランスクリプトの抜けている箇所を埋めていくことや，そのトランスクリプトを元にロールプレイを行っている。そこでは，医療現場での会話のやり取りだけでなく，患者からの質問に柔軟に対応できるようになるための課題も取り入れている。

（2）　インタヴューを聞き取る練習

録音された聞き手と話し手の会話を聞き，会話に関する設問を解くという練習を行っている。そのとき，必要とする内容をメモに取り，さらには声の抑揚や会話の内容から，話し手の感情を推測することも求められる。また，会話のトピックスに関する意見を言う練習も行っている。

（3）　臨床実習のための記述練習——SOAP

模擬患者から聞き取った事実を整理して書き出す。そしてそこからわかるこ

第7章 読書感想文から臨床実習報告書までのライティング指導

と〈考察〉を記述する練習をする。

具体的には，Weed, L.(1968) が提唱した Problem Oriented System（POS：問題志向型システム）で採用しているカルテ記載法のSOAP（subjective/objective/assessment/plan）に沿って記述する練習である。複雑な病態を整理して把握できることが特徴であるが，初学生にとってはSとOの区別がつきにくいため，「検査結果を患者から聞いた場合はSだが，検査結果用紙を取り寄せた場合はO」といった誤りも少なくない。「Sは主観的情報，Oは客観的所見」という分類では混乱しやすいので，具体的に事例を挙げながら，Sは「導入」「現病歴」「既往歴」「その他」の4つに，Oは「身体所見」と「検査所見」の2つに分けて教えている。また，「AとPの区別が難しいのでまとめて書いている」場合があるが，そこは臨床評価実習で一番重要なところであるので，専門科目において徹底して指導を行っている。

実際の臨床評価実習では，患者の観察，訓練内容を毎日の日誌に記述し，さらには他部署から聞き取った情報や他部署で実施した検査等も総合して評価と今後の方針（訓練計画）を症例報告書にまとめることが最大の課題であり，それを遂行しなければ単位は取得できない。

5　4年次のライティング指導

最終学年の臨床総合実習では，患者を観察→検査→評価（診断）→訓練計画の立案→訓練→再評価→訓練計画の調整→訓練というPDCA（plan-do-check-act）サイクルが行われている。

ここでの日誌や症例報告書の基本的な指導は上述のとおりであるが，より多くの専門用語を使用してSOAPを学術的にも深めていく必要がある。

これらの記述方法・形式は，授業だけでなく，報告会で先輩・同級生の報告に触れることでも学習している。

患者の障害（問題点）を一つにまとめてしまわず，問題点を一つずつ記述していくことにより思考が整理されていくことを体験していくと，卒業研究の実

験デザインを組むにあたっても，目的に沿ったデザインを組むことができるようになる。さらには文献検索の仕方，エビデンスのある論文を作成する努力も臨床実習で身につけていく。

本学のように臨床実習という直接職業に繋がる緊張感の高い体験をする学生には，貪欲に学ぶモチベーションを育てていくことも教員の重要な任務になっている。

6　おわりに

大学全入時代に入り，本学入学者の文章表現力は低下していることは否めない。しかし，医療系の大学では，初年次から医療・福祉現場を体験する早期臨床体験学習（アーリーエクスポージャー）を行っているところが増えている。療法士になる覚悟と関心を早期に高め，その後の学習へ動機付けて，能動的，問題解決的な自己学習態度を身につけさせようとしているのである。療法士が患者やその家族の訴えを聞き，それに対処して症状を改善していく様子を学生が目の当たりにすると，より動機付けは高まる。

本章で報告したのは平成23年度の取り組みである。24年度においては一部の科目で授業内容を授業終了10分前にまとめさせ，それを添削し，そして学生にフィードバックするというライティング指導を試行した。論理的な思考力を向上させることは一朝一夕でできることではないが，最低限の「日本語作法」は1年次の半期間で随分向上したと評価している。まだまだ言語聴覚士は不足している職業であるため，より質の高い言語聴覚士を養成して社会へ輩出することが私たち養成大学教員の使命である。

ライティングのみならず日本語力を向上させるためにどのように指導を展開していくか，現在も試行錯誤しているところである。

〈文　献〉

堀歌子・三井豊子・森松映子（1991）．『インタヴューで学ぶ日本語』凡人社．

大田仁史（2007）.『完本リハビリエッセイ―心にふれる―』荘道社.
佐藤健太（2012）.『「型」が身につくカルテの書き方』医学書院.
Weed, L. L. (1968). Medical records that guide and teach. *New Eng J Med, 278,* 593-9, 652-7.

Ⅴ　卒論・ゼミ指導

第8章　自分のテーマを2年間かけて卒論に仕上げる
―― 学びのコミュニティづくりとグループ学習の技法

獨協大学

北野　収

1　はじめに

　私たち大学教員もかつては学生であった。私たちは学生としてゼミや研究室に所属し卒業論文（以下，卒論）を書き，修士論文や博士論文に取り組んだ経験を持つ。思い返せば，恩師に感謝をしつつも，論文指導，研究指導，さらには，大学での学びに対して，まったく不満がなかったわけではない。大学教員となった今，「勉強の楽しさ」をまだ十分には知らない学生たちに「教えられることはすべて教えてしまおう」と考えたことはないだろうか。

　本章で紹介するのは，現任校（獨協大学外国語学部），前任校（日本大学生物資源科学部）における計10年間の実践である。自分のテーマを2年間かけて卒論に仕上げるゼミ・卒論指導から，書くことを通じて思考し，表現することを学ぶのみならず，それ以上の「何か」も学部生に知ってもらおうと試みた教育実験である。[1]（以下において言及されている就職活動等の時期は本章が執筆された2012年度時点のものである。）

2　学部生が卒論に取り組むことの意味

　人文・社会系では近年，卒論が選択科目化されたり，「自由研究」的なものが卒業研究として単位認定されたりする等，古典的もしくはアカデミックな論

文執筆の機会が学士課程から姿を消しつつある。しかし筆者は，ある程度の学術性を担保した卒論に取り組むということは，通常の授業・演習とは別次元での格好の教育トレーニングの機会となると考えている。

　ここでいう学部レベルでの卒論執筆とは，たんに知らないことを調べてペーパーにまとめることではない，専攻分野に鑑みて，検証可能なオリジナルの「問い」[2]を設定し，妥当な方法により必要な情報を収集し，分析・考察し，何らかの「発見」を見出す一連の営みのことを指す。この活動を個別指導と集団学習の場であるゼミとを有機的に組み合わせて行うことにより，知の獲得の量的側面（専門知識の取得）だけでなく，質的側面ともいうべき多様な便益を享受することが可能になる。試行錯誤の「学び」のプロセスを自分たちでプランニングし，経験することから得られる便益は，学生の知的体力の成長，人間関係やチームワーク，達成感と自信（エンパワーメント）など，多岐にわたる。大学でしか得られない「何か」があるとすれば，それは，実用的な知識や資格ではなく，学びを通じた自己実現に尽きるのではないか。これを学部レベルでの「学問」として定義したい。卒論を書くことの最大の便益は，学生本人も気づいていない自身の「潜在能力」に気づき，「自分にもこれだけのことができた」という自信を得て社会に出ていくことにある。

　些細なことでもよいから，自分自身に内在されている価値や可能性の広がりに気付くという点は，スポーツも，芸術も，学問も同じである。ただし，柔道の師範は柔道という手段を通じて，ピアノの先生は音楽という手段を通じて，そして，研究者は学問という手段を通じてしか，それにアプローチすることはできない。

3　実際の学習プロセス

　開発社会学が専門の筆者は外国語学部で途上国開発，貧困問題等を学ぶゼミを開講している。ゼミは必修科目で3～4年生合同で行う。卒論は選択科目だがゼミ必修としている。定員は1学年15人で30人体制が定着している[3]。

　前後期ともにゼミは週1コマの開講（通称「本ゼミ」）となっているが，そ

V 卒論・ゼミ指導

れ以外にサブゼミの時間を1コマ設けている。本ゼミは，前期は当該分野の基礎文献の輪読，ディスカッションに，後期は学生の個人研究の中間発表のプレゼンテーションと質疑・講評に充てている。サブゼミは，前期はリサーチデザイン・論文作法に関するワークショップに，後期は夏休みゼミ合宿国内フィールド活動の報告書づくり等に充てている。

（1） グループ学習の2つの目的

ゼミ1学期目の本ゼミ（輪読，ディスカッション）では，毎回，課題文献と設問（文献を読むためのヒントと問いかけのリスト）を課す。分量は論文（または本の章）1～2本である。本ゼミの時間は，4年生のリーダーシップにより，グループ・ディスカッションをして理解を深める。グループは沈黙が許されない人数（5～7人）が適当だと思われる。議論の内容は，主に3年生が交代で抄録を作成し，メーリングリストに流して，全員で共有する。これらの活動は，たんに専門知識を身につけるためだけでなく，集団のソーシャルキャピタル育成を通じた学びのコミュニティづくりの側面がある。[4]

（2） 学生の人となりを知り，二人三脚を始める（1学期目）

ゼミの時間以外に，3年生は前期中に最低2回，教員との個別面談を義務付けている。4月後半～5月に行う最初の面談は互いを知ることを重視する。趣味，インターン，ボランティア，サークル・部活動，アルバイト，進路について考えていることを教えてもらう。

事前に，卒論を想定して興味が持てそうな事柄をキーワードで3つ以上，5つ以下考えてきてもらう。この時点では，キーワードは漠然としたもの，抽象的なものがよい。それぞれのキーワードごとに，なぜそのキーワードなのか，実体験を踏まえて語らせる。自分の中での各キーワードのプライオリティも省察してもらう。本人にとって，必然性のあるキーワードであればよし，泥縄的，とってつけたようなものは却下する。面談の趣旨を理解せずに，最初から，「アフリカの開発について」「グローバリゼーションについて」「日本の食料問

題について」「インドの伝統文化について」という一見，具体的かつ壮大なテーマを持ってくる学生も多いが，受け付けない。所詮，既存の本を1～2冊読み，それを「切り張り」するだけの作業に終わることは目に見えている。壮大なテーマを持ってくる学生に対してはwhatでなく，ひたすらwhyを問い続ける。「何に興味があるのか」ではなく，「なぜ（それに）興味があるのか」という自省を伴った掘り下げを促すのである。

　一般的な傾向として，学生は可視的かつ即物的な事象ベースで話をしてくる。しかし研究とは一段掘り下げ，絞り込まねばならない。就活期間を除外すると実質的な作業期間に6～8か月程度しか割けない学部生の卒論で，多少なりともオリジナリティがあるインプリケーションに到達するには，題材の選定と問うべき問いは，最終的には相当絞り込んだささやかなものでなければならない。このことは，研究者なら誰でもわかることである。それを承知で「自由にやってよい」と言うのは，指導の放棄につながりかねない。

　5月後半～6月に行う2回目の面談では，複数のキーワードに関し，より具体的な題材の選択肢，事例（調査対象，調査先）へのつての有無を考えてきてもらう。教員につてがあればどんどん紹介する。とにかく卒業までにかならずやり遂げ（られ）ることを前提に，3年生の夏休み～12月末までに何をすべきか詰めていく。この時点で，かなりの学生が，題材（サブジェクト）[5]または切り口（イシュー）[6]のどちらかを暫定的に確定する。2回の面談でここまで到達しなかった者は，3回目，4回目の面談に応じる。

（3）テーマを模索している段階での本との付き合い方

　この時期，とくに1回目の面談に臨む際は，学生に文献を読むことは勧めない。むしろ読まないほうがよい。自分が喜び，怒りを感じ，熱くなれることは何か，それはなぜか，自分に自問し，テーマとして認識することが先である。教員はそれを引き出す手伝いをする。最初から本を読むと，本に呑まれてしまい，一時的に著者の立場に染まることで，何かわかったような気になってしまう。本を利用することで「好奇心の芽」をより明確に意識できるようになると

V 卒論・ゼミ指導

思われる場合のみ，本を使うことが望ましい。少なくとも，題材か切り口のどちらかが決まってからである。

　学生は本，というよりそこに書かれているテクストと対話をしながら向き合うということを知らない。すると，本は「一方的にしゃべりまくる先生」になってしまい，「ディスカッションの相手」にはなってくれない。だが，学部生にテクストと対話をするように読みなさい，と言うのは酷である。では，どうすれば最初の一歩を踏み出せるか。それは，読み手である学生に，本人に必要なストライクゾーンを持たせることである。あらかじめ，自分のキーワードに照らして，自分が知りたいこと，必要な情報は何かを設定して読む。すでに1～2回の面談を済ませていれば，教員は学生本人よりも先に，その学生が求めているであろうストライクゾーン（彼・彼女の関心のベクトル）について，おおよそ（というより，かなり明確に）察しがつく。研究者としての専門性（経験と勘を含む）はやはり重要である。だから以降の面談で，参考にすべき文献を紹介するにも，「とくに，○○○を意識して読みなさい」「△△△があったら線を引いておいた方がよい」「××の定義を拾い読みして，一覧表に整理してみたらどうだろう」と，具体的なアドバイスをすることができる。

（4）　研究テーマの練り上げには徹底的に介入する

　筆者の専門分野の場合，すでにインターンやボランティア，サークル活動で関わった「現場」を持つ学生には，できるだけそれを活かすように勧める。現場から得られる知見に勝るものはない。[7] 地方出身で卒業後地元に就職を希望する者は地元に関係したこと，公務員試験を目指すものは，その動機付けになるようなこと（例：「○○白書にみる記述の変遷」など），留学予定者はそれを生かせるような題材を選ぶ。本人にとって有益で意味があること，動機付けになること，頑張る気になれることを一緒に探す。[8] しかし実際には，この時期は，「先生にやらされている」感からまだ脱していない者が多い。

　題材としての事例・事象が決まったとしても，それをどのような切り口でいかに「調理」できるかはわからない。だから，キーワードの掘り下げは続けな

第8章　自分のテーマを2年間かけて卒論に仕上げる

くてはならない。それを通じて，題材と切り口の違い，両者が揃ってはじめて「本当の研究テーマ」に到達できることを知る。暫定的に，「題材」か「切り口」のどちらかに到達すれば，その後の変更の可能性はあったとしても，とりあえず，全工（行）程の30%はクリアしたといってもよい。筆者のゼミの場合，原則として，問いを具体的な事例を通じて実証するタイプの研究を推奨する。実際には，個々の学生の適性や事情にフレキシブルに合わせて，「事例→教訓」型，「理論→事例検証」型のどちらかを適用する。

　最終的な「テーマ（＝題材×切り口）」にたどり着くのは，1年後の4年生の夏休み前を想定している。3年生前期は，本人の能力と適性，テーマの適切性，進路希望との兼ね合いを勘案して，最終的に本人の「成功体験」（曲がりなりにも，学生生活の集大成と胸を張れる「作品」を仕上げることから得られる達成感や自信）に結びつく可能性があると判断されるまでOKのサインは出さない。しかし学生の方も，たとえやんわりとでも，ずっと拒絶され続ければ，やる気は萎えてしまう。基本的には，夏合宿までには，助け舟を出し，暫定的な道程だけは整える。

　前期定期試験終了後もしくは後期最初のゼミを期限として，1枚程度の暫定研究計画書（問題意識，題材，方法論，3年生の間に何の作業をどこまでを行うか）を提出してもらう。自分で自分に課す約束である。少数だが，3年生の夏休みに予備調査を兼ねてフィールドワークに行く者もいるが，これは強制ではない。

（5）　執筆しながら思考する，いきなりパワポは不可（2学期目）

　上述のとおり，3年生後期は本ゼミの時間を研究の発表会に充てている。ここで着目してもらいたいのは，発表のためのパワーポイント（パワポ）を作成する前に，論文の章にあたるペーパーをいきなり執筆することである。後期に3年生一人につき2回発表するローテションで運用しているので，最低，卒論2章分相当のペーパーを書き下ろすことになる。

　いきなり執筆してもらう理由は2つある。第一に，目で見て，頭では理解し

た気になっても，思考しながら文章や図表として表現できなければ物事を本当に理解しているとはいえない。第二に，実際に書き下ろしたものを先輩や教員に直されて初めて，段落構成，引用ルール，文献リスト，図表作成の作法がわかる。(9) 教則本を読んだだけではピアノは弾けないし，サッカーもできない。基礎練習でよいから，手足を動かすべきである。

　パワポは手軽で便利だが，思考や発見の道具にはならない。論文の章の執筆が自分で料理を一品こしらえることだとすれば，パワポを作成することは，実際に食材を吟味して一品を調理すること（コンテンツ制作）でなく，すでにある一品の特徴を効率的に大勢の客に知らせる写真入りメニューやチラシを作成すること（情報伝達）に相当する。伝えるべきコンテンツを持たない者が，伝達手段だけを磨いても意味はない。体裁を綺麗に整えただけの10枚のパワポよりも，自分で作り上げたコンテンツをルールを守って書き下ろした1頁の原稿の方が本人のためになる。(10) いきなり執筆するのは学生にとっては大きなチャレンジである。執筆中にわからないことや不安に思うことがあれば，随時，質問を受け付け，面談やメールでアドバイスをしている。

　具体的な題材が決まっているが，その分析の切り口が決まっていない学生は，とにかく題材（事例）の調査を進め，その結果を報告する。切り口は，題材の全体像が一通り見えたとき，4年生になってから，あらためて相談する。抽象的なイシューが決まっているが，具体的な題材が決まってない者もいる。この場合，理論文献や基礎概念の定義に関する文献を2つほど選定し，それを整理したものを執筆してもらう。書いたものは，いずれ論文の前半部分の理論や定義の説明の章として使う。要は，3年生後期の時間を，最終的な問いを立てるための勉強と情報収集に充てるのもよし，すぐには問いが見つかりそうもないので地域や事例に関する情報収集を先に行なった後で，どのような問いなら設定できるかを考えるのもよし，ということになる。先にレシピを決めてそれから食材を調達するか，とりあえず食材の調達を行い，その結果をみてレシピを考えるのか，ということである。

　司会1名，コメント役2名，タイムキーパー1名を当番制にして，学会発表

第8章　自分のテーマを2年間かけて卒論に仕上げる

を真似たやり方を採る。原稿を発表の2日前にメーリングリストで全員に配布し，あらかじめ質問を考えてきてもらう。質問をすることは友人を助けることになる。自分が不勉強でわからないから質問するのではなく，質問することによって，相手の背中を押して，研究を前進させられるような質問を考えてくることを促している。15人で15種類の研究をしているという意識を持つことが重要である。指導役の4年生には，引用ルール，脚注様式，論文の型などについても指摘してもらう。教員や先輩からの指摘事項のうち必要なものは，次回の発表までに，加筆修正をして反映してもらう。

（6）　手作り図表の意味とその価値

　論文の章を書き下ろすことを重視すると書いたが，実際には，先に図表にまとめさせることも多い。図表はネットや文献から「拝借する」ものではなく，情報を集め，コンセプトを練り上げて，自分で作り上げることを原則（手作り図表）とする。

　だらだらと文章にすれば，数ページになることを1枚の絵（フローチャート，コンセプトマップ，あるいは，年表）としてまとめ，その後で図表の説明を簡潔に書き下ろす。自分で調査をした事柄を「1枚の絵」に描くことができなければ，文章や口頭で他人にその意味をきちんと伝達することはできない。伝える情報が同じなら，文字数は少なければ少ないほどよい。文芸作品ではないから，文章に贅肉はいらない。

（7）　学生同士の働きかけを効果的に活用する

　意識が高い学生は，言われずとも，発表の前に，自主的にアポイントメントを取り，「次回の発表分はこういう流れで執筆したいが，先生はどう思いますか」と自分の案を用意した上で意見を求めてくる。こういうことは，研究のためでなく，社会に出てから重要となる。できるだけ，そうあるよう面談を通じて促している。

　しかし，学生間のやる気のばらつきは大きい。足並みを揃えるには，教員や

先輩からのトップダウンよりも，同期生同士の横の励ましと相互の監視が効果的である。3年生の中で比較的動機付けがしっかりしており，進捗状況の芳しい学生2～3人に重点的に働きかけ，学生同士の注意喚起を促し，自分たちでルールを考えるよう仕向けている。

3年生12月末に，就職活動，公務員・教員試験に専念してもらうため，卒論禁止令を出す。ただし大学院進学，留学組はこの限りではない。

(8) 就活明け4年生の主体的活動（3学期目，4学期目）

進路決定時期には差がでる。早い者は春休み中に内定をもらうし，地方公務員は年末まで内定がでないところもある。民間企業の場合，4年生の5～6月までには就職先が決定する者が多いので，ここでは，それを前提として説明する。

学生にとって就職活動は過酷でストレスが溜まる行事である。内定後2～3週間は卒論の話はせず，休養してもらう。就活明けの面談では，3年生時に積み上げてきた作業を確認し，卒論全体ドラフトの締め切り（冬期休暇前）までに，どの作業をどのタイミングと順序で取り組み，取りまとめるかを考えてもらう。とりあえず，夏休みまでに書き進められる章の作業を再開する。正規のゼミの時間は，ディスカッションリーダーとして3年生の指導をしてもらう。

4年生には前期の定期試験後に，卒論全体の目次と執筆の綿密な工程表を提出してもらう。提出期限までの章単位，月または週単位の作業計画である（日付入り目次）。夏休み中にフィールドワークやアンケートを行う者もいる。インタビューやアンケートの方法については，あらかじめ基礎文献を示した上で，必要に応じて個別指導する。調査先にはかならず手書きの礼状を出すよう指導する。

前任校では，4年生の書き下ろしの原稿のうち，各人1章分だけ，本人と一緒に添削の実演（パソコンモニターを用いる）を行っていた。「てにをは」の直し，説得力のある文章へのブラッシュアップ，引用ルールの復習等である。飲み込みの早い学生は，次の書き下ろし文から，かなり洗練されたものを出すよ

第8章　自分のテーマを2年間かけて卒論に仕上げる

うになる。

　4年生後期は，学生同士のソーシャルキャピタルが大事である。順番を決め，書き下ろした章，新規に作成した図表や分析結果を4年生だけの自主ゼミ（みんなで卒論を仕上げようゼミ）にかける。パワポは使用せず，車座になってみなで原稿を読み込み，誤りを指摘し，講評しあう。運営の主体は教員ではなく，4年生である。ひと通り学生同士でコメントが出た後，どこをどのように修正すべきか教員が最終的な指示を出す。「発表→講評→修正稿提出」という具合に，各自，1章1章を確実に仕上げていく。

　こうした水平的コミュニケーションを重ねると学生の目の色が変わってくる。4年生後期は基本的にゼミと卒論だけの学生が多い。就活を経て少し「大人」になったこの時期の学生には「化ける」者が多い。女子に比べてやや不真面目だった男子に「化ける」ケースが多くみられる。個別指導：集団活動の比率が逆転し，学びのコミュニティでの学び合いの相乗効果が最大化する時期である。

（9）　仕上げに向けた最終チェックと論文集の編さん

　完成した卒論の正式提出は2月上旬である。ドラフト提出後，4年生は1～2回集まり，手分けをして全員の原稿の読み込みを行う。教員は付き合わない。これ以上の修正はないといえるものを提出させ，単位認定する。その後，卒論集の印刷・製本をする。この仕事は学生の文集係が統括する。

　翌年度の4月に分厚いゼミ論集を配布された新入ゼミ生には，「自分にはとても無理」と弱気になる者もいる。そういう学生には，「かならずマジックがかかるから大丈夫」と言うことにしている。

4　確認すべきいくつかのポイント

（1）　問いにたどり着くまでの対話と問答

　足かけ2年間，一つの卒論研究に打ち込むことは，学生には大きな試練である。とってつけたような借り物の「テーマ」では，途中で飽きるか挫折する。

たんなる調べ物でなく，多少稚拙でもオリジナルの問いを伴い，それにアプローチする試行錯誤のプロセスを経験することは，本来大学がなし得る教育的貢献の一つではないか。だが，これまでレポート（たんに自分が知らない既知の情報を調べて，整理したペーパーの意）しか書いたことがない学生に，研究テーマとその根底にある問いの意味を理解させることは容易ではない。

学生が（あるいは院生ですら）自力で問いを見出すことは困難である。自分自身の経験からいっても，本当の問いは本やネットの中にあるのではなく，自分の中にある漠然とした違和感や問題意識にあることが多い。なぜそれに関心を抱き，喜び，怒りを感じたのか，自己分析をすることが問いに向きあうことだと考える。問いとは新たに作り出すものではなく，多くの場合，自分の中にすでに存在しており，学生はそのことに気づいていないだけなのである。

教員は対話や問答を通じて靄を薄める手助けをする存在である。突き放さないこと，一緒に考える姿勢で接することが，この産みの苦しみの段階を無事に乗り越えるための要諦だと思う。教員は最終的な着地点，落としどころについても，いくつか案を用意しておかねばならない。成功体験を「演出」するには，教員自身が優れた研究者でなくてはならないというのが筆者の持論である。

（２） 書くことの重要性と型の重視

今の学生は，パワポに情報や画像を要領よく綺麗にレイアウトするデザインの能力は総じて高い。だが，パワポで上手にまとめることと，知のコンテンツを作りだすことは，異なる作業であることに，多くの教員が気づいていない。[17]

多くの学生にとって，主体的に執筆＝思考するという作業は，未体験ゾーンである。大学に入った途端，「大学生だから主体的に勉強せよ」と言われる。だが，学生たちは「いかに主体的になるか」を知らない。ネット情報のコピペは論外として，健気で真面目な学生でも，せいぜい図書館で本を借りてそれを自分でまとめることが主体的な勉強だという理解にとどまる。未体験ゾーンを知ってもらうには，理論や理屈ではなく，体験しかない。だからこそゼミ２学期目から，いきなり執筆してもらうのである。

その段階に入る前に、最低限教えておかねばならないことはある。自分で「書くこと」の意味とその作法である。いわゆるアカデミック・ライティングのイロハだが、現実には「自分で調べなさい」と言って突き放したり、学部生に教えても無駄と考えて何もしなかったりという対応が少なくないように見受けられる。筆者は、学生が自分で調べて会得することはハードルが高すぎるが、教えることは無駄ではないと考える。ただし、効率性（教員の労力の低減）と効果的な学習の観点から、工夫が必要である。

まず、型の重視である。各章の中のパラグラフ構成についても、基本的な型を示し、それに当てはめて、自分の文章を綴れるようにする。「問い→情報収集→分析・考察→結論」という型の徹底である。自己流の余地はない。論文は漫然と自分の「意見」を書くものではない。次に、「論文作法」「ルール」の徹底である。「教えても無駄」ではなく、教えられることはすべて教えてしまう。これには、ゼミという学びのコミュニティを活用した学習が効果的である（技法は後段で示す）。

（3）学びのコミュニティづくり

ゼミという学びのコミュニティは個人指導の領域に分類されがちな卒論指導においても、強力な役割を果たす。筆者が理想とするのは、2年間の時限付のラーニング・コミュニティの開設である。そこでの学びはプロセスオリエンテッドであり、教員はファシリテーターに徹する。学生は単位のために学ぶのではなく、自分のために学ぶ。

この有効性は個々の学生の効果的な動機づけ（learning effectively）、限られた時間の中で必要なスキルを会得する集団学習（learning efficiently）の両面から指摘できる。個別指導という単独の情報伝達経路に頼るよりも、意欲に富んだ学生（先発隊）から仲間へ、先輩から後輩へ、という学生間の教え合いを活用した方が、労力が節約できるだけでなく、「私もきちんとやらなくては」という主体性への動機づけの点からも効果的である。個人指導と集団活動の相補性とバランスが重要である。

（4） 行程管理とモチベーションのサポート

　究極の目的は質の高いアウトプット（研究成果）を出すことではない。「私にもこれだけできた」「僕は学生生活の最後にこれだけ頑張れた」という成功体験の演出，エンパワーメントが目的である。だからこそ，長期化する就職活動，公務員・教員試験に配慮した現実的なスケジュールが求められる。そして就活明けに，最後の半年間の厳密な工程管理と執筆計画を学生本人が作成する。[20] 現実的な工程管理は，それ自体が学生のモチベーションの支えになる。

　モチベーション・サポートは他にもある。まず，教員との対話を通じた学習プロセスである。本章では問いにたどり着くまでのやりとりに限定したが，この面談と対話は（メールでのやりとりも含めて）4学期間継続される。何があっても教員が絶対にサポートしてくれるという安心感は，それ自体がモチベーション・サポートになる。甘やかしではなく，信頼関係に基づくサポートだと考えたい。そして，学生間のインタラクションこそが最大のモチベーション・サポートである。

5　リサーチデザイン・論文作法のためのワークショップ技法

　以下においては，筆者が実際に行ってきたリサーチデザインや論文作法のためのワークショップ技法の例を紹介する。「問い」への導きは教員との個別の対話を通じた二人三脚で行う一方，こうした事柄については，集団学習で効率的に，また，学生同士のやりとりから効果的に学ぶことが望ましいと考えられる。

（1）「過去の卒論に学ぶ」ワークショップ
　ねらい：未体験ゾーンへのいざない。
- ●過去の論文のサンプルを数点用意し，コピーを配布する。または卒論集を持参させる。
- ●アンケート調査（定量研究），インタビュー調査（定性研究），文献調査（解釈研究），複数事例比較，単一事例掘り下げなど，方法論や対象が異なるも

のを複数指定。
●事前に目を通してくるよう指示。質問を考えておいてもらう。
○グループで話し合い，気づいたこと（共通点，相違点，構造・型，書式，引用など）や疑問点を出してもらう。グループ代表が話し合ったことを発表する。
●教員が説明する（論文とレポートの違い，引用ルールの存在，論文の構造と型，これからの段取りなど）。

（2）「目次から論文の構成・構造を知る」ワークショップ
　ねらい：論文の構造，その類型，執筆順序を知る。
●複数（20本程度）の過去の卒論の目次を人数分コピーしておく。
●ゼミ当日に全員に配布する。
○グループごとに，各目次に共通して見とれること，分類・類型化できることについて話し合ってもらう。
○タイプの異なるものを数点選定し，以下を話し合いで確認してもらう。①問題の所在（前菜），②概念・定義・研究動向の整理，地域・団体概要・歴史的背景などの文献サーベイ（スープ），③調査に基づく主たる分析とその考察（メインデッシュ），④結論（デザート，コーヒー・紅茶）。それらがどういう順番で調査，執筆されたかを予想し，目次の章・節の脇に番号を振ってもらう。
○分類結果，執筆順番予想，理由をグループ代表にそれぞれ発表してもらう。
●分類結果に解説を加える。教員（または各グループの4年生）が執筆順番の正解を示す。実際には，②③④①パターン（事例の下調べをしてからインタビュー），③②④①パターン（フィールド実体験が先にあってその後文献調査で補足）というように，メインデッシュの内容・収集法によって，作業の順番が変わり得ること，研究はかならずしも「前菜」から着手しないことを話す。問題の所在，問い，方法論，事例の記述，分析，考察，結論など論文の構造と意味，想定される構造バリエーションを説明する。就職活動を念頭におけば，どのようなスケジューリングが求められるか考えるよう促す。

写真1　色塗りで論文作法を確認
（注）　この日は五月晴れだったので屋外でゼミを行った

（3）「色塗り」ワークショップ

ねらい：引用表記の意味と必要性，段落構造と使用される情報の関係を知る。

- 課題文献をコピー配布する。課題文献の条件は，文献引用表記がきちんとなされており，内容は比較的平易で極端に専門的でなく，あまり長くないもの。
- 事前の宿題として，文献のすべての段落・文章を4色に塗り分けてくるよう指示する。
    - ・他人の文章を直接引用した箇所（直接引用）→赤マーカー
    - ・他人の文章の特定箇所を著者の言葉で書き換えた箇所（パラフレージング）→青マーカー
    - ・既存の研究成果，文献の所在等について言及しただけの箇所（レファレンス）→緑マーカー
    - ・著者自身の文章→黒のアンダーライン
- ○色塗りの感想，色の分布状況と気付いたこと，色塗りに耐え得る文章を自分で書くために何をすればよいかを，グループで話し合う。教員への質問も考えてもらう（写真1）。
- ○本文・図表中の文献表記を拾って，論文末の「引用文献リスト」と照合，対応状況を確認してもらう。
- ○話し合ったこと，でてきた質問をグループ代表にそれぞれ発表してもらう。
- 質問への返答，解説をする。科学論文では根拠のないことは書けないこと，すべての情報に根拠を示す必要があること（読者がオリジナル文献の該当箇所にアクセスする道筋の確保），分担執筆や雑誌論文の著者表記の仕方，剽窃と著作権について話す。色塗り作業をする前にもっていた「自分の意見を書く」ことについての考えが，どう変わったか尋ねる。

（4）「図表とは何か」ワークショップ

ねらい：それぞれの図表は論文の中でどういう役割が与えられているか，その類型を手掛かりに，どのような情報を何のために，どのように整理加工したのかについて考える（図表の作り方の学習ではない）。

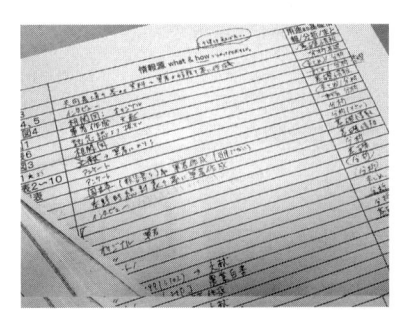

写真2　図表分類シート

- 過去の卒論から手作り図表の抜粋コピー20数点を人数分コピーして配布。グラフ，地図，コンセプトマップ（ポンチ絵），数値の表，文字の表，年表など。
- 図表分類シート（写真2）を配布，グループワークを指示する。
○グループで以下のことを話し合う（作業をする）。
　①配布された図表をざっとみて気づいたことは何か（グラフの種類，用途・目的，形式上の特徴や工夫など）。
　②図表分類シートを，皆で話し合って，あるいは手分けして埋める。
　③とくに興味深い図表を各班で3つ（異なるタイプ）選び，理由も言う。
　④あらためて，図表について思ったことは何か。
　⑤教員への質問を考える。
○分類シートに含まれる分類の例：①基礎情報としての図表，②分析としての図表（(a)定量的情報，(b)定性的情報），③全体のまとめとしての図表。
○分類結果，出された質問をグループ代表にそれぞれ発表してもらう。
- 質問への返答と講評をする。図表は本やネットから引用するものではなく，自分で素材を収集してそれを使って「描き上げる」ものということを伝える。数値の単位，年月（いつ時点の情報か示す表記），出典表記についても説明する。

Ⅴ 卒論・ゼミ指導

写真3 文献の山

（5）「文献の種類を知る」ワークショップ

ねらい：情報源としてのさまざまな文献の特徴を知る。

●異なるカテゴリーの文献（現物）のセットをグループの数用意する。研究室で調達できるものは教員が用意し，一般雑誌等研究室で調達できないものは図書館で借りてくるよう事前に学生に指示しておく。

●1グループあたり十数点の文献の山（写真3）を割り当てる。

●黒板に文献のカテゴリーを板書する。以下は例。

大まかな区分：①単行本，②雑誌，③政府等刊行物（白書など），④委託調査等報告書，⑤ネット情報（現物なし）

詳細区分：❶単行本（一般書，学術書（啓蒙的なもの），研究書（学位論文を出版したもの，学術論文集など），❷雑誌：一般誌，業界誌，学術誌（学会誌，紀要など），❸政府等刊行物，❹報告書）

○グループで話し合いながら山の分類をしてもらう（山分け作業）。

○分類結果をグループ代表にそれぞれ発表してもらう。

●教員が講評する。学生には馴染みがない学会誌や紀要も有益な情報源であること，研究成果（研究書，学会誌，紀要など）とそれ以外の書物（評論，概説，ジャーナリズムなど）の違い，査読の有無と役割，さらには，事実と意見の違いなどについても言及する。各情報源の長所・短所，情報の鮮度，学術情報としての信頼度について

写真4 講評時の板書

第8章　自分のテーマを2年間かけて卒論に仕上げる

も触れ，一般書，ジャーナリズム等の本やネット情報を卒論の情報源として利用する際の注意点も話す（写真4）。

例：単行本→情報が古い（研究書だと出版までに10年前の情報になることも）
　　雑誌論文→単行本に比べて新しい情報
　　ジャーナリズム→「この新聞はこう言っている」という接し方が必要

（6）「**文献の探し方**」ワークショップ

ねらい：大学図書館を活用すればおよそ全ての文献にアクセスできることを知る。

〇図書館やパソコン教室で，GeNii や CiNii 等のデータベースを実際に使ってみる。

〇単行本だけでなく，学会誌論文，紀要論文，一般誌の記事などの検索ができることを知る。

●本や論文の引用文献・参考文献リストでその分野の主要な著者，文献がだいたいわかるので，検索キーワードの組み合わせもいろいろ試してみるよう話す。

●他大学との相互利用サービスにより，大学図書館未所蔵の文献もすべて取り寄せ可能だということを教える。

（7）「**添削**」ワークショップ

ねらい：論理的な文章作成スキルの向上，学習してきた作法の確認。

●モニターがある教室で行う。ノートPCとモニターをセットする（写真5）。

〇学生が添削してもらいたい書下し原稿（章単位：章の中の節・段落の構造を学ぶため）のファイルをPCに

写真5　添削指導は大型モニターに映しながら

165

セットする。

- ●教員がPCを操作し，画面を見て，講評したり，質問に答えたりしながら添削をしていく。以下はやりとりの例。
- ・最初に，この章（節）の目的は何か，学生に一言で説明してもらう（章（節）の目的(C)の明確化）。
- ・各パラグラフ単位に，要は何を言っているのか，一言で言ってもらう（各段落の機能（Pn）を意識させる）。
- ・文章単位で，説明，結果，補足情報等，センテンスの役割ごとにマーカーで色分けし，色のばらつき・分布状況を確認させる。
- ・段落単位，文章単位で「贅肉」（不要な情報，単語）はないか確認・修正する。
- ・P1＋P2＋P3＋…Pn＝Cとなっているか，論理的な流れに破綻がないか確認・修正する。
- ・意味不明の文章（実際かなり多い）の真意を説明させ，目の前で修文する。
- ・文献引用の表記，脚注の使い方などを実演する。
- ・てにをは等は適宜修正する。
- ・次に書き下ろす章は，完璧とはいわないまでも，できるだけ今回知ったことを反映させるよう促す。

6　おわりに

　自分のテーマの発見というもっともハードルが高い部分は教員との二人三脚（個別指導），文章法，引用ルール，論文の型等の技術的な部分は集団学習が主体となる。一番重要なのは，やる気になる環境を創りだすこと（コミュニティづくり）である。

　素直な実感として，中堅私立文系学生の潜在的な能力は，悲観するほど低くないと思う。紹介した実践は「引き出し方」の一例である。この経験から学んだことは正直かなり多い。それには教師としての経験値を上げることだけでなく，純粋にアカデミックなインプットやフィードバックも含まれる[21]。誤解を恐

れずに言えば，末席に身を置く者ながら，筆者は教師である前に研究者でありたいと考える類の人間である。だからこそ，研究者にしかできない教育指導のあり方にこだわってきたともいえる。ゼミ・卒論指導を通じて，学生本人が「学生生活の集大成」と多少なりとも胸を張って言える「作品」に出会い，創る喜びと充実感の片鱗でも体感することができたとすれば，このこと自体がこれから社会に出る学生への意味のある貢献となるのではないか。

〈注〉

(1) 本章は筆者の前任校でのゼミ・卒論指導の包括的記録である拙著『共生時代の地域づくり論』(北野編，2008) の内容を抜粋，再構成したものを，現任校でのゼミ・卒論指導の情報でアップデートしたものである。学生論文のサンプル，論文執筆プロセスの詳しい情報については，拙著を参照されたい。

(2) 本書の読者はおもに大学教員を想定するので問い (research question) の説明は省く。

(3) 前任校は理系学部の中の文理併置学科。ゼミは選択科目だが，卒論が必修だったため事実上ほぼ全員がゼミに入っていた。3〜4年生合同で20人程度で定着していた。ゼミ運営・卒論指導のプロセスは現任校とほぼ同じである。

(4) 集団や共同体の発展や地域の社会発展の基盤となる信頼，規範，ネットワークの3つの要素のこと。

(5) 調査・研究の対象にする素材としての問題領域や事例（国・地域，団体など）。

(6) 問いを検証可能なものにする方法，仕掛けのこと。

(7) 実証系社会科学の場合，「現場」を持つ学生は，早い時期から「動機付け」がなされ，しっかりと取り組む心の準備ができる。就職面接においてかならず質問されるであろう「学生時代に何に打ち込んだか？」という問いに，ゼミでの学習と学外活動の経験を有機的に関連付け，説得力のある内容として「語れる」材料づくりにもなる。

(8) 公務員・教職組は卒論に割ける時間が限られているので，そのことを考慮した題材のみ許可している。

(9) 卒業生が残した卒論集は，とくにこの時期に，論文作法を知るための教科書として活用される。

(10) 論文とはオリジナルのコース料理と同じで，前菜，スープ，主菜，デザートの

一連の流れの最後で食べる人（読み手）を納得させなければならない。自分でフィールドワークを行うのは，野山で自分で直接食材を調達すること。2次情報を加工して使用するのは，スーパーで買った肉や魚を調理すること。インターネットや他人の文献の丸写しをすることは，冷凍食品を電子レンジで「チン」して，皿に美しく盛り付け，「私のオリジナル料理です。さあ召し上がれ」と振舞うのと同じである。

(11) 筆者のゼミでは定性研究が大半だが，定性研究だからこそ分析的でありたい。

(12) 筆者自身は日本における就職活動，企業と大学の関係のあり方に疑問を感じている。しかし現実論として，教育指導の現場では就活と一定の質とプロセスを伴った卒論研究の同時進行・両立は不可能であると思われる。

(13) 進路の決定が遅れる者は，本人と相談の上，4年生夏合宿の中間発表は行った上で，遅くとも4年生10月からは，決定の有無に関わらず，論文の執筆を再開してもらう。この場合，内容の縮小，テーマの変更を検討してもらう。

(14) 前任校では，週一度「先発隊」同士のサブゼミを行い，原稿の相互チェックとアドバイスの交換をしていた。内定組が増えるにつれ，順次，サブゼミへの参加者が増えることになる。現任校ではこのプロセスは個人ベースの作業にしている。

(15) 取り組みへの真面目さの度合におけるジェンダー差は現任校ゼミではみられない。

(16) 内容や情報の質から判断して，教員が一定の加筆修正をすれば，学会誌や学内紀要の査読に耐えられると思われる卒論が毎年いくつかある。加筆修正は，先行研究，理論部分の補強，分析の精緻化等である。本人および調査先の了解を経て投稿したこともあった。拙著（北野編，2008）に収録された論文の多くがこれに該当する。

(17) 極端に言えば，カラオケレベルでの歌唱スキルの鍛錬がパワポの次元だとすれば，リサーチデザイン〜論文執筆が想定するのは作詞法，作曲法の勉強，すなわち，「コンテンツ作り」をプロセス＝経験から学ぶということである。パワポ作成よりも先に，「書くこと」「執筆すること」を学ぶべき理由はそこにある。

(18) モデルとなったのは，前任校でのゼミ・卒論指導の実践と並行して進めてきたメキシコのローカルNGOに関する個人研究で調査したオアハカ市にある「地球大学」というNGOである。詳細は北野（2008）を参照のこと。

(19) この表現は農業・農村開発論における学習過程アプローチに着想を得た。詳細は北野編（2008）の3章を参照せよ。

⑳　公務員・教員志望の学生は，3年生夏の時点で，残りの1年半の厳密な工程管理に向きあってもらう。
㉑　拙著（北野編，2008）を参照。

〈文　献〉

北野収（2008）．『南部メキシコの内発的発展とNGO』勁草書房．
北野収（編）（2008）．『共生時代の地域づくり論』農林統計出版．

Ⅵ　理系のライティング指導

第9章　論文作成のための科学的和文作文法指導

滋賀県立大学

倉茂　好匡

1　はじめに

　滋賀県立大学環境科学部環境生態学科では，2000年度より毎年12月末あるいは1月初旬に科学的和文作文法の勉強会を開催している。筆者がボランティア的に開催している勉強会である。対象者は論文執筆予定の大学4年生あるいは大学院生である。当初は3日間かけて行っていたが，最近では学年暦との関係で2日間の時間しか取れずにいる。このため，最近4年間は2日間の集中演習形式での勉強会になっている。例年30～70名の学生が参加している。

　回を重ねるごとに，参加学生に対して実際に論文指導している先生方から高い評価を得るようになった。「勉強会で勉強した後には，学生の書く日本語がかなりまともになる」のを実感されたそうである。そのような先生方は，自分の指導している学生に対し「倉茂作文塾に必ず出席せよ」との御指導までしてくださるようになった。

　この勉強会のテキストには，私がこれまでに集めた「かつて指導していた学生が書いた出来の悪い文章」が使用されている。ただし，ただの例文集にならないようにするため，なぜそれが悪い文章なのかの解説を加えるとともに，それを改善する具体策を示してある。そしてこのテキストは，倉茂（2011）として出版された。したがって，2011年度からは出版されたテキストを使用して勉強会を進めている。

　本章では，まず倉茂（2011）の特徴について解説する。そのうえで，これを

表1　倉茂（2011）の章構成

	章タイトル	扱っているエラーのタイプ
1	はじめの問題	
2	「章」とはなにか，「章」で述べることはなにか	タイプOのエラー
3	「段落」とはなにか，「段落」で述べることはなにか	タイプAのエラー
4	段落間の論理関係	〃
5	段落内の論理関係①―文をシンプルに―	タイプBのエラー
6	段落内の論理関係②―論理の流れ―	〃
7	タイプCエラーの克服①―修飾関係をはっきりさせること―	タイプCのエラー
8	タイプCエラーの克服②―必要な修飾語や被修飾語を補うこと―	〃
9	タイプCエラーの克服③―主語に適切な述語をつなげる―	〃
10	タイプCエラーの克服④―主語の明確化―	〃
11	おわりに	

テキストとして利用して授業展開するときの実際について，とくに2日間勉強会を事例としてなるべく具体例を交えて紹介したい。

2　使用テキストの特徴

（1）テキストの全体構成

　倉茂（2011）の章構成を表1に示す。第1章の「はじめの問題」では，筆者が1994年当時に前任校で指導していた大学院博士後期課程学生が書いた「投稿論文第1ドラフト」の「緒言」の部分が引用されている。その後，学生や大学院生が科学的作文を行うときに起こしがちなエラーを4つのタイプに分類している。すなわち，章の中で書くべきことと書いてはいけないことの区別ができていない「タイプOのエラー」，段落間の論理に問題がある「タイプAのエラー」，段落内の論理に問題がある「タイプBのエラー」，そして一文の中に見られる「タイプCのエラー」（主に文法的なエラー）である。そして，第2章ではタイプOのエラーについて，第3～4章でタイプAのエラーについて述べ，さらに第5～6章でタイプBのエラーを，また第7～10章でタイプCのエラーについて解説している。どの章でも，基本的に「かつて指導した学生が書いた悪例」を例文として取り上げ，それがなぜダメであるかを解説し，さ

らにそれを改善する方策について述べている。このため，各章内には多くの「例文」や「例題」が存在している。

（2） 何回も使用される「はじめの問題」

第1章に掲載されている「はじめの問題」とは以下のものである。実際の授業展開でも使用するため，ここにあえて引用する。

事例1：院生の書いた緒言（修正前）

> 次の文章は，ある大学院生が書いた論文第1ドラフトの「緒言（イントロダクション）」の部分である。科学的論文であることを念頭におき，この文章の問題点を5点以上あげよ。ただし，引用文献については省略してある。
>
> 近年，湿原における多様な生態系の存在が認識されはじめ，保全が叫ばれるようになった。しかしその保全方法は，いまだに確立されていないのが現状である。
> サロベツ湿原においても，乾燥化にともない，湿原の植生にかわりササの侵入がみられ，その対策を模索，試行中である。今後，有効かつ経済的な保全対策を施すためにも，さらに詳細に湿原の水循環を把握することが急務である。
> 湿原では一般に地下水位が高く，地下水位の連続観測は，地下水の流入，流出特性や大まかな蒸発散量など，さまざまな水文（すいもん）状況をあたえるため，古くから行われてきた。
> しかし，不飽和帯の土壌水分となると，野外で観測された例はほとんどない。土壌水分を量ることは，泥炭地の表層の乾燥過程や保水性などを知る上で非常に重要であるが，そのほとんどが室内実験により水分特性曲線を求めるにとどまっている。
> 本研究では，サロベツ湿原において，不飽和および飽和帯の，深さ毎の土壌水分量の，日変化を連続観測した。同時に，直接秤量式のライシメータによる蒸発散量や圧力水頭の連続観測をおこない，比較検討した。

上記の「はじめの問題」に使用した例文は，科学論文を書きなれている研究者が見たなら，明らかに箸にも棒にもひっかからないほどひどい文章である。しかし，多くの学生諸君に作文指導せずに科学的な文章を書かせてみると，良くても例文程度のレベルの文章しか書けない。学生によっては，これよりもっ

とひどい文章（なにを述べているのか，その意味を読み手がまったくキャッチできない程度の文章）を書いてくる。したがって多くの学生たちにとっては，この例文は「特段の問題を感じない」文章である。したがってこの「はじめの問題」は，これを元に学生たちが「自らが文章を書くときの思考の足りなさ」をジワジワと理解していくために好適である。

（3） 授業でのテキストの位置づけ

倉茂（2011）は，このテキストで学生が自習しても効果が出るように構成されている。そのうえ，例文や例題には「その文章がなぜダメか」「それを改善するにはどうすればよいか」が相当に詳しく説明されている。したがって，このテキストを授業で逐条的に使用したなら，学生にとっては「テキストに書かれていることをそのまま音で聴いている」のに近い状態になってしまうだろう。

そこで勉強会では，出席している学生に卒業論文等の一部を実際に書かせ，彼らが書いたものを教材にして授業を展開している。その際に，必要に応じてテキストの一部を引用している。

このため，2日間勉強会の場合でも3日間勉強会の場合でも，1日目の最後に「自室に戻ったら，まずこのテキストを3〜4時間かけて通読せよ。」という指示をする。すなわち，テキストは授業の中途で学生に一通り自習させるための教材であるとともに，必要に応じて授業中に参照するためのものである。

それでは，実際の授業展開について，2日間勉強会を事例として次節で紹介してみたい。

3　実際の授業展開

（1）　1日目午前9時〜正午：間違いに気づくステージ

勉強会受講前にテキストを予習すべしとの指示は出していない。また，自主的にテキストを読んでから受講する者はほとんどいない。それどころか，テキストを購入せずに受講しようとする学生も相当数に上る。そこで，前節の

（2）で紹介した「はじめの問題」の写しを10枚程度準備しておく。なお、テキスト未購入の学生には、その日の昼休みにテキストを購入させている。

　この時間帯の授業では、まず「はじめの問題」を読ませ、各自に修正点を少なくとも5か所あげさせる。この作業に5分ほどの時間を与える。作業終了後、受講生が発見した「修正すべき点」を黒板に書きだしていく。

　ところが、この段階では、不思議なくらい学生は修正すべき点を見つけ出せない。しばらくすると、次のような答えはなんとか返ってくる。

・第5段落の「不飽和および飽和帯の、深さ毎の土壌水分量の、日変化を連続観測した。」の部分は読み取りにくい。「の」が多用されているのがおかしい。

　たしかにこの文は読み取りにくい。それを分析するために、まず助詞「の」について復習する。学生たちは中学校の国語で「『の』には4種類の働きがある。」と習っている。実際の科学的和文ではそのうちの3種類がよく使用されるので、ここでは「連体修飾格」「主格」「準体格」の「の」について復習する。

　そのうえで、指摘された部分の「の」がすべて連体修飾格であること、したがってその後にくる名詞を修飾できることを確認する。そして、たとえば「深さ毎の」という文節が「深さ毎の土壌水分量」「深さ毎の日変化」の2通りに読み取れてしまうことに気付かせる。

　いまここにあげた例は、倉茂（2011）が「タイプCのエラー」に分類したものである。そして、学生が真っ先に気付くのはこの種のエラーである。そこで、タイプCのエラーが5個から10個程度指摘されたところで、次のように解説する。「いままで君たちが指摘したものは、エラーの種類でいうなら小物のエラーばかりである。まともな科学的論文を書く場合には、もっと大事な、そして今の君たちが一番気づきにくい、大物のエラーがある」。その上で、倉茂（2011）の92〜94ページに掲載されている「実際にジャーナルに掲載された文章」を読ませ、何が違うのかを考えさせる。とくに「論理のつながり」という観点で両者を比較するように誘導する。すると、やっと次のような指摘がなされる。

・第4段落で「湿原の不飽和帯の土壌水分を野外観測した事例はない」と指摘

しているのに，第5段落では「サロベツ湿原で不飽和帯と飽和帯の土壌水分量を測定した」と述べている。なぜ飽和帯の土壌水分をサロベツ湿原で計測しなくてはいけないのか，その理由が不明である。
・第4段落の2番目の文で「土壌水分を量ることは重要であるが，そのほとんどが室内実験で水分特性曲線を求めるだけである」ということが書かれている。「土壌水分を量る」ことと「室内実験で水分特性曲線を求める」ことの関係がよくわからない。

　これらを板書したうえで「いま板書したエラーは，以前に諸君が指摘したエラーと質が異なる。前のものに比べると，非常に大事な大物のエラーだ」と説明し，これらの論理関係の問題点について解説する。

　この段階で，多くの受講生ははじめて「段落間の論理展開」や「段落内の論理展開」の重要性に気づく。パラグラフ・ライティングの大原則についても，ここではじめて気づく学生が多い。

　残りの時間では，徹底的に「はじめの問題」の修正すべき点を探し出させる。そして，受講生が指摘した問題点についてエラータイプごとに分類して板書するとともに，「なぜダメか」の解説をつけていく。「はじめの問題」には修正すべき点があまりにも多いため，この作業だけで3時間程度はあっというまに過ぎていく。そして受講生たちは，「エラーには，それがなぜダメなのか歴然とした理由がある」ことを自覚していく。

（2）　1日目午後1時〜3時：緒言の設計図を作成してみるステージ

　まず，テキストの第3章を用いて「段落間の論理関係とはどういうものか」の解説を行う。とくに「各段落の主題文を書きだしていく」「主題文と主題文の間が，接続詞などの適切な論理関係語で接続できることを確認する」「もし接続関係が不明確なら，その段落構成は論理的な問題を抱えている」ことを具体的に理解させる。

　この指導には30〜40分を必要とする。その後，「各自の論文の第1章（すなわち，緒言に相当する部分）の『設計図』を書け」という指示を出す。すなわ

ち，各段落に書こうとしているトピックを明確にし，そのトピックを交えた主題文を箇条書きさせていく。なお，「主題文はかならずしも一文である必要はない。二つくらいの文になってもよい」と指示する。学生にとっては，このような作業を行うのは初めての経験であることがほとんどなので，まず10分程度の時間を与えて書かせてみる。

ところが，「段落間の論理関係」を自力で考えること自体が初体験である学生達がほとんどであるから，各段落で書くべきトピックを選び，さらに主題文を書こうとしても，まったく筆の進まない学生も多く出現する。そんな学生でも，とりあえずなにかをノートに書いているから，この段階からは「学生が書いたもの」を具体的な教材として授業を進めていく。ただし，学生がどうしても自分の文章を教材として提供することを拒んだときは，その意思を尊重するように配慮している。

この段階では，その学生の研究目的すら明確に文章化されていないケースが多い。そこで，必要な情報をインタビュー形式で聞きだしていく。その際，けっして個人指導にならないよう，受講生全体に聞こえるようにインタビューする。またその学生の返答に対しては，かならず私なりに咀嚼したうえで受講生全体に聞こえるように復唱する。

インタビューした内容に基づいて，私なりに「段落の主題文」を箇条書きにしてみる。そして，私がテンタティブに書いたものと，学生がノートに書いていたものとを受講生に比較させる。そのうえで「段落間の論理関係とはどのようなものか」を理解させていく。

この指導の具体例をお見せしよう。以下の例は，ある大学院生が自力で作成した「設計図」の第1次案である。

事例2：段落間の論理関係（修正前）

①水辺移行帯などの増水時に冠水する場所は一時的水域と呼ばれ，さまざまな魚類に利用されている。
②1970年代から行われてきた圃場整備により水田は魚類にとって侵入しにくい場所となった。

> ③近年，水田を繁殖場所として利用する魚類の生態について研究がなされ，ナマズについてもいくつかの報告がある。

　これでは第1段落と第2段落の間も，第2段落と第3段落の間も，なんらかの「論理関係語」で接続することができない。しかも，「自分の研究目的」も明確になっていない。そこで，「貴方の研究目的は何ですか？」と尋ねたところ，「彦根市内の水路で，ナマズに個体識別を施して観察調査し，繁殖生態の詳細を知ることです」との答えが返ってきた。さらに「なぜ，彦根市内にこだわったのですか？」とたたみかけると，「同様の調査は，これまでに琵琶湖の西岸でしか行われていないからです」とのことであった。

　つまり，この学生の「緒言」の最後の2段落では「ナマズの繁殖行動の詳細な調査は，これまで琵琶湖西岸の河川でしか行われていない。」「本研究では，琵琶湖東岸に位置する彦根市近辺の河川を対象として，ナマズの繁殖行動の詳細を明らかにする。」という情報が並ばなくてはいけないことがわかった。

　第1段落の「水辺移行帯」のテーマと第2段落の「水田」のテーマの間の論理も不明である。そこでこの学生に聞き取ると，「水田は，自然一時的水域の代替地として魚類に利用される」「ところが1970年代から行われた圃場整備により，魚類が水田に侵入しにくくなった」という関係があるという。

　このような聞き取りを繰り返し，必要な情報を補完していった結果，やっと次のような設計図にたどり着いた。

事例2：段落間の論理関係（修正後）

> ①魚類は一時的水域を産卵等に利用する。
> ②自然環境下での一時的水域が圃場として人間に利用されるようになった。すると，魚類は水田を一時的水域の代替地として利用するようになった。このような魚類を水田魚類という。
> ③1970年代から行われてきた圃場整備により水田魚類が水田に侵入しにくくなった。
> ④圃場整備後の水田魚類の繁殖生態については十分な知見が得られていない。

> ⑤ナマズも水田魚類の一種である。しかし，圃場整備後のナマズの繁殖行動についての研究例は他の水田魚類に比べてとくに少ない。
> ⑥水田整備後のナマズの繁殖行動について研究した事例は琵琶湖西岸域で行われたもののみである。しかもこの研究で，ナマズの繁殖行動には地域差が存在する可能性が指摘された。
> ⑦本研究では琵琶湖東岸地域でナマズの繁殖行動調査を行った。特に地域差に着目するため，各地域で捕獲したナマズに個体識別をし，その行動を詳細に追跡した。

　まだまだ手を入れたい部分はあるが，最初のものより格段に改善されたことはおわかりいただけるだろう。しかもこの修正例の場合，各主題文の間に接続詞を入れることが容易になっている。

　この作業を2～3人分行っていくと，聡明な学生ほど「自分の文章を提供したほうが絶対に有利である」ことに気付く。したがって，この段階では「私の文章を使ってもらえませんか」という申し出が多くなる。そこで，残りの時間は，学生が提供してくれた文章を板書し，それに対して私なりに改善案を示すスタイルで進めていく。この繰り返しでも，各学生の作ったものが多様であるため，学生が退屈することはほとんどない。あっという間に時間が過ぎていく。

　そして，この日の授業の最後に以下の宿題を課す。すなわち，倉茂（2011）を一通り自習させ，その知識を元にして翌朝までに各自の卒業論文の第1章（緒言に相当する部分）を書かせている。

（3）　2日目午前9時～正午：段落内論理に気付くステージ

　ここでは「段落内の論理関係」に焦点をあてる。とくに，各文が単純な構造の文になるように（換言すれば，複雑な複文になっていないように）することに注意を払う。そのため，テキストの例文を用い，「文節に区切る」「文節相互の構造を考える」「主語と述語の関係をはっきりさせる」ことを学ぶ。

　前日夕方に全員がテキストを一通り学習しているのだが，不思議なほど自習した知識は定着していない。だから，テキストに書かれていることをすこし丁寧に説明するだけでも，受講生は「なるほどなあ」という顔つきをしている。

一通りの解説のあと，受講生が書いてきた「自分の論文の緒言」を提供させる。昨日の経験があるためか，比較的容易に提供してくれる。これを見ると，「見事にひねくれた複文」が含まれていることが多い。それどころか，論理上の大問題を抱えている場合も結構ある。そこで，それを板書して分析して見せる。すなわち，テキストの第5章に述べられている内容を用いて，受講生の文章の改善を実際にやって見せることになる。また，必要に応じてテキスト第6章の「論理のつながり」にも意識させていく。

実例を見てみよう。以下の文は，ある大学4年生が作成した「緒言」のある段落に書かれていたものである。

事例3：段落内の論理関係（修正前）

> ・琵琶湖北湖周辺河川については，天野川河口付近の湧水より環境基準を超える濃度のヒ素が検出されることが判明しているため，天野川を中心にその地質と異なる犬上川と宇曽川に着目した。

3行にわたる長い文である。そしてこの文には，文法的問題よりももっと深刻な論理上の問題がある。この文で学生が述べたいことを箇条書きしてみると，
・琵琶湖北湖に流入する河川のうち，3河川に着目した。
・これらの3河川は，天野川，犬上川および宇曽川である。
・これら3河川流域の地質はそれぞれ異なっている。
・天野川河口付近の湧水から，環境基準を超える濃度のヒ素が検出されている。
この学生は，琵琶湖北湖の水中および琵琶湖北湖に流入する河川水に含まれるヒ素の濃度について研究している。そしてこの文は，琵琶湖北湖に流入する河川のうち，その学生がどのような河川を研究対象としようとしているかを述べる段落に書かれていた。すなわち，この段落は「琵琶湖北湖に流入する河川の特性」について述べる段落である。そのように考えると，箇条書きにしたもののうちの最後にある「天野川河口付近の湧水から高濃度のヒ素が検出された」という話題は，この段落の述べるべきトピックから逸脱している。すなわち，この内容はこの段落に書くべきものではない。

Ⅵ　理系のライティング指導

　それでは，残りの3つの情報を整理して並べ直してみよう。いきなり特定の河川名が出てきているが，それらは「地質の異なる流域をもつ河川」として認識されている。ところが，その「地質の違い」についての記述が完全に抜けているので，それを加えたうえで箇条書きにしてみると，以下のようになる。

・琵琶湖北湖に流入する河川の流域の地質は3種類に分類される。
・それらは，〇〇岩を主体とした流域，××岩を主体とした流域および△△岩を主体とした流域である。
・一般に河川水中の化学物質濃度は，その河川流域の地質により大きく異なることが知られている。
・したがって，河川水中のヒ素濃度を測定する場合も，これら各地質の流域を代表する河川で河川水を採取する必要がある。
・そこで，〇〇岩，××岩および△△岩を流域にもつ河川として，それぞれ天野川，犬上川および宇曽川を選んだ。

　しかし，いま書こうとしている文章は，論文の「緒言」に入れるものである。具体的に河川水を採取した河川の名称は「研究地域」あるいは「方法」の章で述べれば十分だろう。そのように考えると，上記の5つの項目のうち最終項目はここでは削除することになる。そして，残りの4つを利用して作文してみると，たとえば次のようになるだろう。

事例3：段落内の論理関係（修正後）

> ・一般に河川水中の化学物質濃度は，その河川流域の地質により大きく異なる。したがって琵琶湖流入河川の河川水中のヒ素濃度を計測する場合にも，流域地質を代表する河川を選択しなくてはならない。一方，琵琶湖北湖に流入する河川の流域の地質には，〇〇岩を主体とするもの，××岩を主体とするものおよび△△岩を主体とするものがある。このため，これら3種類の流域地質をもつ河川を選択する必要がある。

　このような修正を数名分行ったところで，次の指示をする。「いままで見てきたように，もし一文が数行にわたっているような状態であったら，その多く

はねじれた文になっていたり，論理関係に問題を抱えていたりすることが多い。こういう観点で自分の文章を見直し，長い文を改善してみよう」。

ところが，受講生はまだ「自力で直せる」だけの力はついていない。だから，直そうと思ってもなかなか直せず，途方に暮れる者も結構いる。そのような者を見つけ次第，「どうしたの？ 直し方がわからないかい？ じゃあ，教材にしてみていいかい？」と水を向ける。そして，本人が直せずに困っている部分を黒板に書きだし，「なぜおかしいか」「どう直せばよいか」を具体的に指摘していく。この過程で，受講生は「自分の書いている文章がいかにダメか」を痛感する。したがって，この3時間は「各自が自分の文章力のなさに気付く時間」であり，「それを直す力をつけるためには相当の修行が必要であることを自覚する時間」になる。だから，この3時間も非常に内容の濃い時間になる。

（4） 2日目午後1時～午後3時：文法的エラーに気付くステージ

いよいよ，一つひとつの文が「わかりやすい文」になっているかどうかを確かめる段階に進む。そのため，この時間ではテキストの7～10章に書かれていることを具体的に解説していく。ただし，テキストの例文をそのまま使うのみならず，「典型的なエラー」の交じった例文を10個程度別に準備し，これをプリントして配布する。

学生たちは前日にテキストを一通り学習してきている。しかし現実には，この段階で理路整然と「なぜ悪いか」を解説できる学生はきわめて稀である。そこで，板書した例文を文節に切り，主語─述語の関係や修飾─被修飾関係を分析していく。そのうえで「どこが悪いか」を明示し，その改善案を示していく。

実際に彼らに検討させる文の一例を示してみよう。最近の学生たちは平然と次のような文を書いてくる。

事例4：一文内の修飾関係（修正前）

> ・A川は，B橋から下流側で水田地帯を流れている。

問題は「B橋から」という文節にある。学生に「から」の品詞は何かを問う

と，さすがにこれには「助詞です」という答えが返ってくる。ところが，「から」という格助詞が連用修飾語を作る働きを持っていることを認識している学生はきわめて少ない。

こういうときのために，この段階では私は中学生向けの国文法の参考書を教室に持ち込んでいる。そして，「から」が連用修飾語を作る格助詞であることを確認する。つまり，文法的に考えると，「B橋から」という文節は連用修飾語なので，その後にくる用言（動詞，形容詞，形容動詞）しか修飾できない。そしてこの例文の場合，「B橋から」よりも後ろにある用言は「流れている」の部分にしか存在しない。つまり「A川は，B橋から流れている。」という意味になってしまう。でも，実際には「A川はB橋のずっと上流から流れてきている」はずである。そうでなければ，B橋などという橋は必要ない。

中学国文法によれば，格助詞のうち連体修飾語を作るものは「の」だけである。だから，「から」を「の」に置き換えるだけで意味がはっきりとする。

事例4：一文内の修飾関係（修正例1）

・A川は，B橋の下流側で水田地帯を流れている。

さらに，この文には抜けている情報を付け加えたうえで，次のように修正するとより良くなる。

事例4：一文内の修飾関係（修正例2）

・A川は，山地部を流れてB橋に達する。そしてB橋の下流側で水田地帯を流れる。

このように，プリントの例文に対して「なぜ間違っているか」「どうしたら間違いに気づくか」「どうしたら修正できるか」を具体的に指摘していく。プリントの例文10個程度に対して丹念に解説を加え，さらにこれを修正する演習も交えると，それだけで2時間はまたたくまに過ぎてしまう。

（5） 2日目午後3時半〜午後5時：学生が力量不足を痛感するステージ

午後3時までの授業で学生の頭脳は相当に疲労しているので，ここで長めの

休憩をとり，いよいよ最後の部分に入る。受講後に学生たちに感想を聞くと，これからの時間帯が「もっとも恐ろしい時間帯」なのだそうだ。

この時間帯では，「諸君には一通り科学的作文法を伝授した。各自が書いてきた文章を改めて見直しなさい。そのうえで必要な修正をただちに行いなさい。」と作業指示をする。学生たちはこの段階までの学習で「どこがダメか」は認識できるようになっている。ただし，それを実際に修正できる力量はまだない。したがって学生の手元には「自力では直すことができない文」がたくさんある。

そこで，学生から「直せない」と申し出のあった文あるいは文章を板書し，これまでの学習内容にしたがってエラーを指摘する。そのうえで，実際に修正してみせる。往々にして「情報不足の文章」であることがあるので，文章を提供してくれた学生にインタビューして不足情報を付け加え，改善をしていく。

実際にこの段階での指導例を見てみよう。

事例5：一文内の情報の欠落（修正前）

・A川は水田地点を流れ，直角に曲がった後，B川に流入する。

主語は「A川は」，それに対して述語は「流れ」「曲がった後」「流入する」の3つある。形としては「3つの文が並列している」状態，すなわち「3重文」になっている。ところが，この文を一読しても，なにを述べようとしているのか判然としない。最大の問題は「直角に曲がった」の部分にある。A川は，いったいどこで「直角に曲がっている」のであろうか？　水田地帯の真ん中であろうか？　それとも，水田地帯の末端なのだろうか？　また，「直角に曲がる」といっても実際にはどういう方向へ曲がるのか？　これらの情報が完全に不足している。

そこで，必要な情報を付け足して書き直したものが，次の例である。

事例5：一文内の情報の欠落（修正後）

・A川は水田地帯を北西方向へ流下する。そして，水田地帯の末端で南西方向へとほぼ直角に屈曲し，その100m下流でB川と合流する。

このように，書いている本人にとっては自明になっている事柄が文章化されていない事例は非常に多い。そしてそのような場合に，不自然な3重文になったり，ひねくれた複文になったりしているケースが多い。その意味でも，自分の書いた文がどういう構造になっているのか，主語述語関係や修飾関係がはっきりしているか，いちいち確認していかなくてはならない。

学生にとっては，この経験が非常に印象深いようだ。この段階になると，学生は「どれがダメな文章か」を見分ける力をつけている。ところが，それを具体的に直すだけの知恵をいまだ持ち合わせていない。それを教師が板書してたちどころに改善していくのを目の当たりにする。直されたものを見ると「なるほどなあ」と感じるが，それと同時に「自分の力のなさ」を思い知る。でも，教師が明確に「修正案」を示してくれているのだから，「それに従っていけば，きっと自力で書けるようになる」という希望を持つことができる。だから，学生たちにとっては，自分の至らなさを思い知らされる「恐ろしい時間帯」であるとともに，どうすれば改善できるかを見通せる「希望を見出す時間帯」でもある。だからだろうか，授業終了時には，普段の授業では聞くことのない言葉が学生たちから発せられる。「先生，ありがとうございました！」

4　勉強会の効果

この勉強会に出席して学ぶだけで学生たちは科学的論文を書けるようになるのだろうか？　その答えは，明確に「否」である。この勉強会が終了した2週間後ぐらいには学生たちは卒業論文の第1ドラフトを提出する。それを私が赤ペン添削すると，それこそ紙面が赤く見えるほど真っ赤になる。この段階では，とても人様にお見せできるような文章にはなっていない。

それでも，先生方は自分の指導している学生達を私の勉強会に送りこんでくださる。先生によっては「倉茂塾のおかげで学生の文章がましになった」とおっしゃってくださる。学生が，まだ人様にお見せすることができない文章を書いているのにも関わらず，である。いったいなぜであろうか？

第9章 論文作成のための科学的和文作文法指導

　勉強会に参加した学生の作成したドラフトと，参加しなかった学生のドラフトを比較してみると，その答えが見つかる。勉強会に参加しなかった学生が持ってくるドラフトは，私が一瞥しても「いったいどこから手をつけてよいかわからない」状態である。しかも，勉強会で説明した例文等を使用して「なぜダメか」を解説しても，「倉茂先生はそんなことを言うけれど，僕はこれで良いと思っています」という反応が返ってくることもしばしばである。それに対し，勉強会に参加した学生のドラフトは「どこをどう直すべきか」を教員が見通せる程度のダメさ加減である。しかも，勉強会で「自分に文章力が足りないこと」を痛感しているうえ，「自分のダメさに気付きつつ，それを自力で直せないもどかしさ」の中でドラフトを作成しているのであるから，教師の指導にも素直に従う。だから，教師の修正案を見せたあと，その学生と話をすると，次のような言葉がよく返ってくる。「指摘されれば，なるほどなあと思う。でも，自分でそれを書けといわれても，自力では書けない。そんな自分が情けない。まだまだ修行が必要だ」。

　このような指導を繰り返しながら第2ドラフト，第3ドラフトと書き進めさせていくと，学生は徐々にではあるが「自力でまともな文章を書ける」ようになっていく。中にはこの段階になっても「自力では書けない」者も存在するが，この段階では「すこしは書けるようになった」友人がサポートしている様子をよく見かける。つまり，学生全体としては明らかにスキルアップしている。

　したがって，このような作文指導のタイミングとしては，学生が卒業論文や修士論文を書き始めるころがベストである。その直後に実際の論文指導がなされ，それと連動して実際に作文力が伸びていくからである。これより前に学習させても，自らのことのようには思い知ることができない。「なるほどねえ，ふ〜ん」程度の反応で終わってしまいかねない。

　また，指導教員がみっちりと論文執筆指導しない場合にも効果はあまり期待できない。勉強会終了段階では，学生は「自らのダメさ加減に気付く」レベルにしか達していない。これを実際に応用し，自らのこととして「書ける」ようになるためには，指導教員による徹底した赤ペン添削がどうしても必要である。

そして，指導教員から徹底した赤ペン添削を受けつつ論文を完成させた学生には，確実に作文力がついている。私の勉強会に参加してコンサルタント系の会社に就職した卒業生は，よく次のような話をしてくれる。「報告書などの文章を書くとき，作文法勉強会で学んだテクニックがものすごく役に立っている」。教師としてこれほどうれしいことはない。

〈文　献〉

　倉茂好匡（2011）．『環境科学を学ぶ学生のための科学的和文作文法入門』サンライズ出版．

コラム2　大講義で書くことを通じて学ばせる

大阪工業大学

矢野浩二朗

1　実践を行うにいたった経緯と背景

（1）　前任校（ケンブリッジ大学）での経験

筆者は，2006～2011年にかけて，ケンブリッジ大学（イギリス）の senior research fellow（上級博士研究員）として医学部1，2年生の生物学教育に従事していた。ケンブリッジ大学の教育の特徴として，各講義科目に対して毎週1時間 supervision というグループ学習（学生3，4人に教員一人）の時間があり，その中で講義内容の復習や発展学習を行っていた。とくに生物学では，教員は学生に頻繁にエッセイを課し，学習内容の整理や科学的文章の作成の練習ができるようにしていた。この supervision は，学生の科学的思考力を養う上で非常に重要とされており，ケンブリッジ大学が教育面で国際的に高い評価を受ける理由の一つとなっている。

（2）　現勤務校での状況

筆者は2011年にケンブリッジでの仕事を終え，現勤務校である大阪工業大学情報科学部に共通教育の生物学担当の教員として着任した。ここでは教員一人が担当する学生の数が400人を超えるため，ケンブリッジ大学と同じ形でチュートリアルをしたり，エッセイを課したりすることは現実的ではない。しかし科学的文書作成は，卒業論文の作成や就職試験での小論文作成を行う上でも要求される，学生にとって基本的な能力である。そこで，ケンブリッジで成果を上げていたエッセイ・ライティングによる生物学教育を，何か別の形で行う方法を考えることにした。

2　大講義におけるライティング指導の実際

（1）　講義の流れ（表1，表2）

　筆者は，講義中の記述問題と各「セクション」終了時の小テスト，の二本立てで学生にライティングを課している。具体的には，当学部の生物学の講義は1クラスが100人程度の学生で構成され，筆者はこれを週4クラス教えている。各科目は15回の講義で構成され，筆者はこれを5回毎に3つのセクションに分け，各々のセクションで「細胞」「タンパク質」「遺伝」といったテーマについて講義を行う。各セクションの最終回には，それまでの講義内容のまとめと記述式の小テスト（各テスト40分2問で100点満点，一問あたりA4半ページ程度で解答）を行い，3回の小テストの成績の平均を最終成績としている。

　加えて各講義では，前の講義の復習（10分）と本論（60分）の後に講義内容に関する記述問題を1問出題し，A4半ページ程度の分量を20分で解答，提出させている。小テスト，講義中の記述問題ともに，教科書やノートは持ち込み可としている。

　講義中の記述問題と各セクション終了時の小テストでは，問題の数には違いがあるが，問題内容，および一問あたりの解答時間，想定解答字数は同じである。以下に，実際の問題と解答の例を挙げる。

表1　講義スケジュール

第1回	講義形式，ライティング方法の説明
第2〜4回	細胞に関する講義
第5回	「細胞」のまとめと小テスト
第6〜9回	タンパク質に関する講義
第10回	「タンパク質」のまとめと小テスト
第11〜14回	遺伝子に関する講義
第15回	「遺伝子」のまとめと小テスト

表2　講義の時間配分

通常の講義
　導入（10分），本論（60分）
　記述問題（20分）
小テストの回
　それまでの講義内容の総括（40分）
　小テスト（40分）
　講義アンケート（10分）

> 問題「真核生物が核を持つことの利点を述べよ」
> 解答「原核生物と比較した場合の真核生物の最大の特徴は，核の存在であり，これは真核生物にさまざまな利点をもたらす。まず，原核生物には核が存在しないため，DNA は裸の状態で存在するが，真核生物の DNA は核膜に囲まれて存在する。核膜に囲まれることで物理的衝撃からの保護が強化され，その結果，真核細胞の DNA はより長くて複雑になることが可能になった。また，核を持たない原核生物では DNA を合成したり DNA の情報を読み取ったりするための分子は細胞質に存在するが，真核生物ではそれらの分子は核内に存在する。これにより，DNA との距離が縮まり，より効率よく DNA の機能制御が行われるようになった。」(288字)

（2） 評価の方法

　小テストに関しては，各問題のテーマを 3～5 個のサブテーマに分割し，採点時には各々に 1～3 個のキーワードを設定している。各サブテーマには点数が割り振られ，設定されたキーワードを用いて正確に説明できていれば点数を得られる。小テストのテーマおよびサブテーマを事前に与えておくと，ほとんどの学生はこちらが意図した論理展開で解答するので，採点がしやすくなる。また，与えられたサブテーマを無視した学生に低い点数をつけても，学生が不公平感をあまり持たない。本来ならサブテーマを自分で考えるのも学習の一部であるべきだが，それを要求するとあまりに多種多様なサブテーマが解答に出現し，採点に非常に時間がかかる。採点結果は，2～3 週間で公表している。

　上記の小テストに加え，毎週行う講義中の記述問題についても「合格」「不合格」の形で評価を行い，合格した答案の数に応じて最終成績に反映させている。こちらは翌週の講義で学生に合否を発表するので，採点には正確さより速さが要求される。そこで，与えられたテーマに沿ってある程度の量（3 分の 1 ページ程度）が書けていれば，細かい事実関係が間違っていても「合格」としている。量が少ない答案については内容を詳細に検討して合否をつけている。

（3） 学生の反応

　学生はライティングに対しておおむね肯定的である。講義アンケートでも，「論文形式は新鮮で楽しい」「毎回自分でまとめるのがあり，講義により集中できた」「その講義の内容を書くという作業から，すぐに内容が頭に入るのでよかったと思います」といった意見が寄せられた。その一方で，20分という時間で記述問題1問を終わらせるのは難しいという意見もいくつか見られた。また，採点基準が明確でない，あるいは厳しすぎるという意見もあった。

（4） 留意すべき点

　学生に気持ちよくライティングをしてもらうには，さまざまな準備や工夫が必要である。まず，最初の講義で「書く」ことの意義と具体的な方法について明確に説明する。とくに，中学・高校の受験生物に染まっている学生は「生物は暗記」という強い先入観を持っている。それを解消するために，「物理学を議論するためには数式が，化学を議論するには化学式が必要なように，生物学を議論するには文章が必要である」，という基本的な考えを何度も伝える。

　これに加え，2回目以降の講義でも，書かせることを意識した講義計画を立てるよう心掛けている。とくに，実質60分の講義内容について授業の最後にA4半ページを書かせるには，テーマを絞り，シンプルで具体的なストーリーを展開することに気を配る必要がある。また各セクションの最後の小テストで出題するテーマは，その前の講義中に記述問題として出題したテーマから選ぶようにしている。これは，講義で一度は書かせたテーマでないと小テストで十分な内容の解答が得られないことに加え，講義と小テストで2度書かせることで，学生が1回目と2回目の間での自分の理解度の向上を自覚し，ライティングの成功体験を積めるようにすることを意図している。それゆえ，学生が2回目のライティング（つまり小テスト）で満足のいく解答ができるように，小テストの直前には出題予定のテーマについて，解答のポイントや留意すべき点を再確認している。

3 書くことを通じて学生はどのように学んでいるか

(1) 過程の理解

この講義において,学生にとって書くこととは,第一に生物におけるさまざまなプロセスについて情報を整理し,プロセス全体としての流れを考えるということである。たとえば,「ペプチド結合について説明せよ」という問題においては,ペプチド結合の化学的構造,生成過程,たんぱく質の立体構造における役割,について順番に答える必要がある。しかし,これらのテーマについて限られた時間で詳細に記述することは不可能であり,学生は自ずと各テーマの内容とテーマ間の関連を説明するのに必要な,最小限の情報を絞りこむことを意識することになる。この絞り込みができるか否かはテーマの理解と直結しており,講義に出ていない学生が教科書を読んだだけで解答すると,3つのテーマのうち一つだけについて細かく説明したり,無関係な事実を詳述したりすることが多くなる。

(2) 過程の比較検討

生物学であるプロセスを説明する際には,関連するほかの過程との比較が重要になる。たとえば,「タンパク質とDNAの構造の特徴を比較せよ」という問いに答える場合,タンパク質に関する記述とDNAに関する記述を並べただけでは比較したことにならない。構成分子の化学的構造,結合の過程,相互作用などについて,タンパク質とDNAにはどういう共通点があるのか,どういう相違点があるのかということを整理できているかが重要になる。このような「比較」に関する記述を教科書から直接見つけることは難しいので,学生自ら各々の事項についての情報を整理し,対応する項目について比較検討する,という作業を行うことになる。これが不十分だと,ライティングとしてまとめるときに,比較検討する項目が少なすぎたり,対応しない項目を比較したりする,などの問題点が現れる。

Ⅵ　理系のライティング指導

（3）書くことに慣れる

　上で述べたライティングの中身うんぬん以前に，フォーマルな文章を書くことに慣れること自体も重要である。とくに最初の数回の提出物では「〜じゃないかと思う」「飛び散るけど」のような口語表現が多く出てくる。また，図にコメントを書くだけで説明している答案，箇条書きしかない答案も見受けられる。これらについては，講義中に繰り返し注意することで，ある程度改善することができる。

4　残された課題

　ライティング指導を継続的に行うには，採点作業の効率を向上させることが必要である。たとえば，筆者の勤務時間を週40時間とし，講義やゼミ指導に費やす時間を週10コマ＝15時間とすると，残る時間は25時間（1,500分）である。その4分の1（375分）を採点作業にあてるなら，400枚の答案にかけられる時間は1分が限度である。しかも採点作業では，答案を学生番号順に整理し，採点結果をエクセルに入力する時間も必要なので，実際に答案に目を通す時間はさらに短くなる。それゆえ，将来的にはエッセイ・ライティングのデジタル化が必要になるだろう。しかし，デジタル化はネットや他学生の答案からの安易な「コピペ」を招きやすいし，手で書かせることの教育的効果も無視できない。より望ましいのは，毎回の講義での提出物についてはデジタル化して速く効率よく採点する一方，5回に一度行う小テストについては手書きで提出させてじっくり採点する，といったデジタルとアナログを融合させた形の指導ではないかと考えている。

第10章　工学系のためのライティング指導
——導入教育から実験レポートまで

関西大学
池田　勝彦

1　はじめに

　「工学系のためのライティング指導」というような大上段に構えた表題としているが，多くの工学系学部のライティング指導を調査・解析し，それらを学術的にまとめあげたものではない。第一に，筆者がそのような能力を持ち合わせていない。ここでは，関西大学化学生命工学部化学・物質工学科で行われているローカルな「書くこと」に関する教育活動の報告を行う。指導集団はもちろん，理工系教員団で，教員養成の訓練を受けた者が多いわけでもなく，高等教育関連の学問を意識している者が多いわけでもない。理工系研究者・技術者という立場から，次の時代を担う技術者・研究者を育てるという視点で教育を行っているものがほとんどであると思う。以下に述べるのは，このような，いわば「素人」集団が学生との関わりの中から「会得」した経験則を持ち寄って作り上げた「理工系文書（報告書）をよりよく書く」ための指導方法である。理工系教員集団も一所懸命「教育」に取り組んでいることを知っていただければ幸いである。

　筆者は現在，関西大学化学生命工学部に所属している。化学生命工学部は2学科，5コースで構成され，学科としては化学・物質工学科と生命・生物工学科がある。化学・物質工学科には3コースが設定されており，マテリアル科学コース，応用化学コース，バイオ分子化学コースとなっている。筆者は主にマ

VI 理系のライティング指導

テリアル科学コースの教育プログラムを担う教員である。

関西大学には理工系学部として，システム理工学部，環境都市工学部，前述の化学生命工学部がある。この理工系3学部体制は2007年度の学部改組により工学部からこの体制となった。工学部時代は，マテリアル科学コースではなく，先端マテリアル工学科という学科として存在していた。この学科名は，三代目，初代は金属工学科，二代目は材料工学科，そして先端マテリアル工学科である。学科名称変更や学部改組は本章の内容と直接関係がないので，詳しい説明はしないが，鉄鋼・非鉄金属業界につけられた構造不況業種というレッテルと入学志願者の低迷が強く関わっている（最近，金属工学分野が「絶滅危惧分野」ともいわれたことがある）。

以上のような背景を持つ学科・コースでの「ライティング指導」について説明する。

2 フレッシュマン・ゼミナール（1年次生対象）

前述した2007年度の学部改組で，先端マテリアル工学科は，応用化学科，教養化学教室と合併統合し，「化学・物質工学科」の一学科となり，おのおのの学問分野は，マテリアル科学コース，応用化学コース，バイオ分子化学コースとして維持させることになった。学科教員は40名，各年次の学生数は250～260名とかなり規模の大きい学科である。コース配属は2年次から行うというシステムとしたので，教育プログラムは，1年次は学科で，2年次以降はコースで主に検討することとなっている（特別研究については，再び学科としての対応となるが，本内容と直接関係がないので説明は省略する）。

1年次生への教育プログラムで重要な点は，①高校での学習から大学での学習へのスムーズな移行，②学科として必要な理科系基礎科目の徹底教育，③化学・物質工学科の学生の専門となるコース（マテリアル科学，応用化学，バイオ分子化学）を選択する上で必要となる情報の充分な提供などである。これらの中で，①を担う科目として1年次春学期の「フレッシュマン・ゼミナール」

を設定した。この科目は，1年次生（250〜260名）を24クラス（1クラス10〜11名）に分け，30名の学科教員が担当する必修科目であり，「演習型講義」と「実験」で構成されている。

「演習型講義」は4つのテーマが設定されており，各々のテーマが2週で完結するようなプログラムとなっている。設定されているテーマは，①疑うことと発見すること，②「生活・地球・宇宙・未来」と「科学・技術」のかかわり，③読むことと書くこと，④プレゼンテーションの基本：資料作成と実施，である。また，「実験」は，「実験入門」というテーマ名で4週にわたって実施され，「実験器具の操作，基本的な実験知識の習得」をめざしている。初等・中等教育期間での実験体験の不足を補うことを目的としているともいえる。

ライティング指導を目的としているテーマは，③の「読むことと書くこと」である。6名の教員がこのテーマを担当しており，大学での「読み・書き」について，「大学の教科書を含む専門書を読解するために必要な基本的姿勢として，ゆっくりと読むこと・繰り返し読むこと」と「専門知識や専門的な能力を使って社会で活躍する者の基本的姿勢として，メモをとること・それを文章化すること」などの共通理解をもとに授業を進めている。この基本的な考え方に則した講義例を次に挙げることにする。

第1週「大学の教科書を含む専門書を読解するために必要な基本的姿勢として，ゆっくりと読むこと・繰り返し読むこと」

(1)専門知識を蓄積するためには，専門書を読むときに，「言葉の定義」を強く意識することが必要であることを理解させる。そのため，セラミックスに関する専門書を音読させ，次に，読んだ文章の中で「定義されていると思われる言葉」を丸で囲ませるとともに，「どのように定義されているか」を答えさせる。

専門書を読むときに，上記作業（定義されている言葉と，定義の内容に下線を引く）を行うだけでも，学習効果が格段に上がることを学生諸君は了解するはずである。

(2)専門書の読解のために，「問題を設定すること」が有効であることを理解

させる。セラミックスに関する専門書を音読させたうえで，たとえば，「人工歯根に求められることがらは何か」，「それらを実現するためにどのような技術的工夫がなされているか」など，書かれた内容に基づいて問題を設定し，その問題に対してどのような答えが書かれているかを考えさせる。

　作業としては，まず，問題設定の例を教員が与え，その問題に対してどのような答えが書かれているかを答えさせる。次に，学生自身に問題を設定させる。

　専門書を読む際に，設定した「問題」を欄外に書き，「答え」に相当する部分に下線を引くという作業を行うだけでも，読解の上で大いなる効果があることに学生諸君は気付くはずである。

第2週「専門知識や専門的な能力を使って社会で活躍する者の基本的姿勢として，メモをとること・それを文章化すること」

　教員が，できるかぎり黒板を使うことなく，40分間，セラミックスに関するやや専門的な話をする。この間，学生にメモをとらせる。その後，とったメモの内容を文章化させる。その際，「段落」を意識して文章化するよう勧める。この作業によって，一見理解が難しく思える専門的な内容の話であっても，一所懸命メモをとり，そのメモに基づいて，その内容を文章化することによって，かなり理解ができることを受講者は実感するはずである。

　以上が，セラミック材料を専門としている教員が実際に行っている授業内容である。もちろん，担当教員の専門によって取り上げる題材は変化するであろうが，前提を共有しているので，授業の方向性は一致しているといえる。

　「意識」して読むという作業は，今までに行ったことがない作業のようである。また，受講生にとって「意識」して「能動的」に「読む」という行為は，かなり刺激的であるように思える。とったメモを「文章化」するという行為も，メモをとることの意味からすれば当然であるが，彼らにとっては刺激的な行為であるようだ。だが，それを継続させようという意識までには至っていないのも事実である。

　能動的に読むことと能動的に書くこと（メモとその文書化）を継続させるための「何か」が必要である。さらに，能動的に「読み」＆「書く」という作業

を継続させながら，その内容の専門性を高めることも高度な技術者を育てる上で必要不可欠となる。そこで，マテリアル科学コースでは，2年次生に「マテリアル科学実験Ⅰ・Ⅱ」，および3年次生に「マテリアル工学実験Ⅰ・Ⅱ」を必修科目として設定している。実験科目であるので，専門の技術者として必要となる実験方法やその解析法について学ぶことはもちろんであるが，「日本技術者教育認定機構（JABEE）」の共通基準1「学習・教育到達目標の設定と公開」の(2)(e)で述べられている「種々の科学，技術及び情報を活用して社会の要求を解決するためのデザイン能力」や(2)(f)の「論理的な記述力，口頭発表力，討議等のコミュニケーション能力」を修得することも必要である。ここでいう「デザイン能力」には，「構想したものを図，文章，式，プログラム等で表現する能力」も必要とされている（日本技術者教育認定機構，2012）。

したがって，実験科目においては，専門分野の知識とともに，「構想したものを図，文章，式，プログラム等で表現する能力」や「論理的な記述力，口頭発表力，討議等のコミュニケーション能力」，つまり「読み」・「聞き（メモ）」・「書き」を学習させることが必要となる。

このような学習の必要性から，マテリアル科学コースの「マテリアル科学実験Ⅰ・Ⅱ」において，実験レポートの「書き方」についての指導プログラムを設計し，実施している。次にそのプログラムについて説明する。

3 「マテリアル科学実験Ⅰ・Ⅱ」のレポート指導（2年次生対象）

2年次生対象の「マテリアル科学実験」は春学期に「Ⅰ」，秋学期に「Ⅱ」を実施している。約80名の2年次生を4グループ（約20名）に分け，大テーマで4テーマ，その大テーマを2つの小テーマに分けることで，「Ⅰ」と「Ⅱ」の各々において8テーマの実験を行い，各々の小テーマについて実験レポート（実験報告書）を作成することを義務付けている。実験は毎週木曜日の3・4・5限（13時～17時50分）で実施し，レポート提出は翌週月曜日の12時までとしている。提出までの期間を短く感じる方がおられるかもしれないが，2年

VI 理系のライティング指導

次生のカリキュラム設計時に，金曜日，土曜日の専門必修科目を極力少なくし，レポート作成に充分な時間が取れるよう工夫している。

　レポート作成の方法については，表1に示すような詳細な「科学実験報告書の書き方」を，実験手引書のはじめのところに入れてある。内容は見ていただければほぼ理解していただけると思うが，理工系特有な点も少なからずあるので，簡単に説明しておく。

　報告書の構成は，卒業論文や実社会でも必要となる報告書を踏まえたものになっている。つまり，「目的」，「実験方法」，「結果」，「考察」，「総括」，「参考文献」で構成することを義務付けている。また，「この順に」という指示もしている。2年次生にとって，これらの構成要素を記述する確固とした順番があるという意識は希薄である。これも徹底する必要がある。論文であれば，「目的」の前に「研究の背景」を記述し，「緒言」ということになるが，2年次生でそれを意識させるのは難しいので，「目的」という直接的で把握しやすい項目としている。実験方法と結果では，「過去形」で書くこと，とくに実験方法についてはそれを強調している。文章の時制が，「現在形」か「過去形」でその内容が大きく異なることを，多くの学生はまったく理解していない。これを強く意識させることも重要である。実験データの取り扱いについては，「故意に生データを取捨選択してはならない。生データの取捨選択は，実験結果のねつ造，すなわち犯罪行為とみなされる。」と，強く注意喚起をしている。これは研究者・技術者として忘れてはならない「戒め」であるといえる。理工系のレポートでは重要であるグラフや表の作成方法，物理量や有効数字の扱いについても詳細な説明を行っている。

　レポート作成方法と注意点については，実験の第1回目に行うガイダンスで，表1の「科学実験報告書の書き方」に基づいて説明する。

　報告書表紙（表2）にはチェックリストがあり，履修生はレポートを提出する時に，「全体の構成について」6項目，「文章について」4項目，「図・表について」5項目，全15項目について，チェックすることが義務付けられている。

　このチェック項目は，「科学実験報告書の書き方」の内容に対応しており，

第 10 章 工学系のためのライティング指導

表 1　科学実験報告書の書き方*

◎報告書の作成にあたっての諸注意
①第三者が正確かつ容易に理解できるように書くこと。
②報告書は独立した 1 編の文書である。したがって，「……についてはテキストに書いてあるので省略する」などの記述は避けること。
③「ですます調」ではなく「である調」で書くこと。
　　例：（○）原料粉末を1273 Kで溶融した。
　　　　（×）原料粉末を1273 Kで溶融しました。
④専門用語の意味を十分に理解して正確に使うこと。
⑤配布する報告書用紙の他に添付するグラフ用紙などがある場合には，そのサイズを報告書用紙と同じものとし，左綴じとすること。
⑥期限内に書類を作成・提出する訓練は，重要である。報告書は指定された日時に提出すること。不備のある報告書については，再提出を要求することがある。

◎報告書の構成と内容
報告書の冒頭に，天候，温度，湿度，気圧，共同実験者を記述する。以下の（1）～（6）の項目をタイトルとして明記し，この順に報告書を書く。
（1）目的
　いかなる実験にもかならず明確な目的がある（何のためにその実験を行わねばならなかったか）。目的を簡潔に記述すること。
（2）実験方法
・自分が行った実験を他人が再現できるよう，実験の実施方法を正確かつ詳細に書くこと。
・実験方法を「試料」と「測定・観察方法」に分けて記すのが望ましい。
　試料：試料の材質，純度，大きさ，形状，作製方法や熱処理条件について記す。鉄鋼材料，銅合金と書くだけでなく，その組成まで詳しく書く。
　測定・観察方法：測定装置の概要と特徴（精度や感度を含む），測定条件，測定箇所，測定数などについて詳しく書く。
・実験方法は過去形で記すこと。（過去形で記すことによって，報告書作成者自身がその実験を行ったことが明確になる）
　　例：（○）次に，原料粉末を1273 Kで3600 s 溶融した。
　　　　（×）次に，原料粉末を1273 Kで3600 s 溶融する。
・記述を補助するための手段として，表，フローチャート，概念図を併用してもよい。
（3）結果
・実験データは，「表」，「グラフ」，「写真」，「観察スケッチ」のいずれかによって示す。
・さらに文章でも記述する。その際，まず①その図表が何の図表であるかを述べ，次に②その図表からどのような事実が読みとれるかを記述する。
　　例：図1に銅の含有量と合金の密度の関係を示す。図1から読みとれるように，銅の含有量の増加とともに合金の密度は増大した。
（4）考察
　「実験結果」をもとにして考察される事柄を文章で記す。推測や想像は「考察」で記述すべきであって，「実験結果」では述べるべきでない。
　　例：実験結果で述べたように，銅の含有量の増加とともに合金の密度は増大した（図1）。これは，母相元素と比べて銅の原子量が大きいためであると考えられる。
（5）総括

Ⅵ　理系のライティング指導

まず，どのような目的でどのような実験を行なったかを簡潔に記す。つぎに，その実験によって明らかにした事柄を具体的かつ簡潔に箇条書きにして記す。
（6）参考文献
　報告書を作成するにあたって参考にした文献を記す。
「著者，本の題名，出版社，出版年（西暦），ページ数または章」の順に記す。
（例）安藤常世，流体の力学，培風館，(1989)，第3章．

◎生データについて
（1）故意に生データを取捨選択してはならない。生データの取捨選択は，実験結果のねつ造，すなわち犯罪行為とみなされる。
（2）数値データの有効数字を強く意識すること。たとえば，重量$5.231\,\mathrm{g}$と体積$2.32\,\mathrm{cm}^3$というデータから密度を計算すると，$5.231\,\mathrm{g}/2.32\,\mathrm{cm}^3 = 2.2547413\cdots\,\mathrm{g\,cm}^{-3}$という値が得られる。しかしながら，体積の有効数字が3桁であるため，4桁目以降の数字には意味がない。4桁目を四捨五入し，$2.25\,\mathrm{g\,cm}^{-3}$と記述するのが正しい。

◎表の書き方について
（1）実験データを表にまとめることを習慣づけること。
　　例：試料を723 Kで600 s熱処理しても外観に変化はなく，表面，内部ともに褐色のままであった。しかしながら，熱処理時間を3600 sとすると試料の表面は黒色となった。ただし，内部は褐色のままであった。一方，試料を923 Kで600 s熱処理すると，表面，内部ともに黒色となった。さらに熱処理時間を3600 sまでのばすと，試料の表面に亀裂が生成した。
　これを表にまとめると次のようになる。表にまとめることによって，結果が理解しやすくなる。

表1　試料の熱処理条件と外観の関係

熱処理温度／K	熱処理時間／s	試料の外観	
		表面	内部
723	600	褐色	褐色
723	3600	黒色	褐色
923	600	黒色	黒色
923	3600	黒色，亀裂あり	黒色

（2）表のキャプション（説明）は，表の上に書くこと（表1～3参照）。
（3）表中に記される数字や記号が何であるかは，かならず最上段の行において定義すること（表2，3参照）。

表2　熱処理時間と電気抵抗の関係

熱処理時間／ks	電気抵抗／Ω
5.4	20.5
12.3	303.1
103.5	1056.6

表3　試料の組成

試料番号	元素含有比（mol %）		
	Al	Si	Mg
1	75.3	20.1	4.6
2	60.3	30.1	9.6
3	50.2	25.3	24.5

次のような表は好ましくない。(表中の数字が，最上段において定義されていない)

表4　熱処理時間と電気抵抗の関係
　　　(好ましくない例)

熱処理時間/ks	5.4	12.3	103.5
電気抵抗/Ω	20.5	303.1	1056.6

表5　試料の組成
　　　(好ましくない例)

	1	2	3
Al	75.3	60.3	50.2
Si	20.1	30.1	25.3
Mg	4.6	9.6	24.5

(4) 表中の数値データは小数点位置で揃えること (表2, 3参照)。(こうすることによって，数値データの大小関係が視覚的にとらえやすくなる)

◎グラフの書き方について
(1) データはできる限りグラフ化すること。(データをグラフ化することによって，実験事実が視覚的にとらえられるようになる)

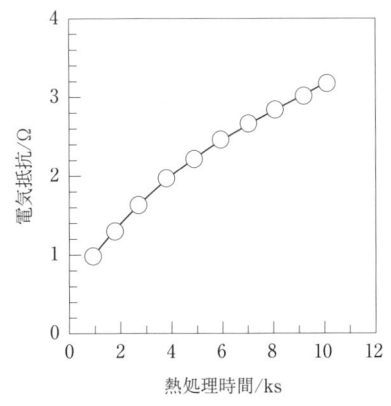

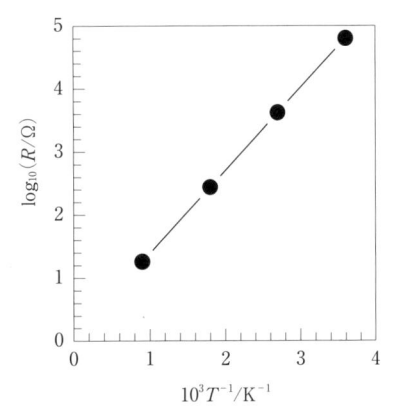

図1　熱処理時間と電気抵抗の関係　　図2　抵抗 R の常用対数と絶対温度 T の逆数の関係

(2) 図のキャプション (説明) は図の下に書くこと。
(3) データ点を単に線で結ぶだけでなく，必ず記号 (図1, 2中の○・●) で明記すること。
　　(データ点を明示することによって，どの点が測定点であるかが明確になる)

◎物理量の単位の表記について
(1) 「物理量」は，「数字」に「単位」を掛けたものである (物理量＝数字×単位)。
　　たとえば，「10 kg」という物理量は，「10」という数字に「kg」という単位を掛けたものである (10 kg＝10×kg。10 kg＝10×1 kg と理解してもよい)。
(2) 物理量を「10 (kg)」，「10 [kg]」などと表記するのは誤りである。「10 kg」と表記すること。
　　小学生のときに「長さ10 (cm) の棒」などと書いただろうか。思い出してほしい。「( )」や「[ ]」をつけると，「物理量は数字に単位を掛け合わせたものである」という原則が崩れてし

VI 理系のライティング指導

　「質量 m kg の物質」という表記は間違っている。m そのものが物理量であり，単位を含んでいるからである（例：$m=10$ kg）。一方，「質量 m（kg）の物質」という表記は正しい。「(kg)」はたんに「ここでは物理量 m の単位を kg にしておきますよ」と断るための説明にすぎない。
（3）物理量を単位で割ると，ただの数字になる
　たとえば，10 kg という物理量を kg という単位で割ると，10 という数字になる（10 kg／kg ＝ 10）。
（4）表やグラフにおいて，物理量の単位を表記する場合には，どちらかといえば「電気抵抗（Ω）」と表記するよりも「電気抵抗／Ω」と表記するのが望ましい
　「電気抵抗／Ω」と表記した場合，「／」は単なる記号ではなく「割り算」を意味することを理解してほしい。図1の縦軸を「電気抵抗／Ω」と表記することによって，「『電気抵抗』という物理量を『Ω』という単位で割って，ただの数字にしてしまったものが，縦軸に目盛られているのですよ」ということが表明される。また，表2では，「『電気抵抗』という物理量を『Ω』という単位で割って，ただの数字にしてしまったものが，表中に書かれているのですよ」ということが表明されている。
　この単位表記法は，以下のような場合にその威力を発揮する。
①電気抵抗 R の常用対数をグラフの縦軸にする場合，「$\log_{10} R$（Ω）」という表記がよく行われるが，R の常用対数が Ω という単位をもつわけではないことを考えるとあいまいさが残る。そこで，「$\log_{10}(R／Ω)$」と表記しておけば，これは「R という物理量を Ω という単位で割って得られる数字の常用対数を縦軸に目盛っているのですよ」という意味になり，意味のあいまいさが完全になくなる。（図2参照）
②また，絶対温度 T の逆数の例に見られるように，0.001 K^{-1}，0.002 K^{-1} という小さい物理量をグラフの横軸に目盛らねばならぬ場合，これらの物理量を1000倍し，1 K^{-1}，2 K^{-1} として目盛りたくなるであろう。この場合，「$10^3 T^{-1}／K^{-1}$」と表記することによって，「ここでは絶対温度の逆数を1000倍し，さらにこれを K^{-1} で割ることによって得られる数字を横軸に目盛っているのですよ」と宣言すればよい。（図2参照）

　自らチェックすることで，作成したレポートの「記述落ち・記述忘れ」，「記述内容の間違い」などを推敲できるようになっている。これを経験することで，作成した論文の推敲の重要性を肌で感じてもらうことをねらっている。提出時にチェックしていない論文をその場で返却することは行っていないが，後述する「レポート指導」のときに指摘される。

　レポート指導は，「マテリアル科学実験Ⅰ・Ⅱ」各々に4回設定されている。つまり，大テーマの実験の終了ごとに実施されることになる。レポート指導には，大テーマを担当した教員1名があたることになっている。担当教員は，レポート指導の実施直前に提出されたレポートをチェックリスト項目に基づいて吟味し，修正・追加記述が必要な箇所が学生にわかるよう，下線や印などを入れることとしている。

表2　マテリアル科学実験の実験報告書作成におけるチェックリスト*

	学生	教員
全体の構成について		
①共同実験者，天候，気圧，気温，湿度を最初に記入しているか？	□	□
②「目的」「実験方法」「結果」「考察」「総括」「参考文献」のセクションに区切られ，かつ，それぞれに適切な文章が記述されているか？	□	□
③図・表は，それぞれ図1，図2…，表1，表2…のように通し番号で順番がつけられているか？	□	□
④図・表は，文章で説明する順番どおりに配置されているか？	□	□
⑤「考察」で必要になる参考資料は準備できているか？　また，参考資料を「参考文献」にてリストアップするために必要な情報はメモしてあるか？	□	□
⑥「総括」で記述する内容は，「目的」で述べた内容と十分関連付けられているか？	□	□
文章について		
①可能な限り文章化しているか？　体言止めなどを多用していないか？	□	□
②「です，ます」調ではなく，「である」調になっているか？	□	□
③「実験方法」では，過去形で記述しているか？	□	□
④図・表について，「何を示す図・表であるか」「図・表から読み取れることは何か」「特に重要な情報は何か」等の情報を，文章で記述しているか？　上記のいずれかが抜けていないことを確認したか？	□	□
図・表について		
①図・表には，通し番号に続けてタイトルが記述されているか？	□	□
②図・表の通し番号とタイトルは，それぞれ，図の下，表の上に配置されているか？	□	□
③表の一番上の行には，各列で表示する情報を適切に表す見出しが付いているか？　また，単位の無次元化が表記上行われているか？（例：時間/ks）	□	□
④散布図・グラフの横軸，縦軸には適切な見出しが付いているか？　また，その見出しでは単位の無次元化が行われているか？	□	□
⑤図中に表示するデータ点や近似曲線などは，互いに区別が容易で，分かりやすくなるよう工夫されているか？	□	□

　レポート指導は，原則としてグループの全体指導と個別指導で構成されている。全体指導では，まず「科学実験報告書の書き方」に基づいた説明を再度行い，次にレポートの事前チェックの結果，共通性の高い問題点について説明をする。共通性の高い問題点としては，「過去形」と「現在形」の不適切な使用，感想文としか思えない「考察」（たとえば，「…の実験は成功してよかった」など），説明のまったくない図・表などである。これらは，学生が「手を抜いた」というのではなく，「わからない」ということに起因すると思われる。「測定する」と「測定した」の違い，「考察」とは何か，図・表を使用する意味・意図が何であるかがわかっていないのである。個別指導の方法は教員に委ねられており，いろいろな方法が試みられている。ある教員は，チェックリストに従っ

て学生同士でレポートに書き込みをさせ，その後にレポート提出者に修正させ，担当教員の最終チェックで，再提出かどうか判断するという方法をとっている。別の教員は，事前チェックしたレポートを作成者に返却して修正させ，修正されたレポートについて個人指導を行った上で再修正させ，さらに，そのレポートを最終チェックして受け取るという方法をとっている。どの方法も長所・短所を持っており，どれかの方法に統一することはきわめて困難である。したがって，現時点では，レポートの「科学実験報告書の書き方」に基づいた事前チェック・全体指導・個別指導という点のみを共通させており，具体的な指導方法は教員の経験に裏打ちされた方法に委ねている。このため，学生アンケートには「レポート指導に統一感がない」という批判が書かれることがある。しかし，教員の指導方法を吟味した結果，それらの内容が互いに補完する関係にあることがわかり，現行の方法を続けることにしている。

　このように，最初のレポート指導では，大多数の学生が，「測定する」と「測定した」の違い，「考察」とは何か，図・表を使用する意味・意図は何かをわかっていなかったが，レポート指導を2年次の春・秋学期に計8回受けることで，かなりの学生がこれらについて，ある程度理解していることがレポートに表れてくる。

　しかし，不思議に実験以外のレポートにはその兆候が見えてこないことが多い。実験レポートという「形式」には対応できるが，その「形式」を他の講義レポートに「応用する」ことは難しいようである。文章作成においても，学生の「応用力」をどのように引き出すかは，今後検討する必要がある。これを4年次生までにある程度修得させることができれば，卒業論文の指導内容が「文章作成指導」から「研究活動のための指導」へと大きく変わる可能性がある。

4　おわりに

　本学科・コースで行っている「書くこと」に関する指導について，フレッシュマン・ゼミナールと「マテリアル科学実験Ⅰ・Ⅱ」のレポート指導の全体的

な報告をした。高等教育に関する知識をほとんど持たない筆者が，学科・コースの先生方の経験と総意に基づく指導方法を説明しただけであるので，読者の方々のお役に立つかどうかについてはあまり自信がない。だが，「国語が不得意（嫌い）」などということで理工系を選択した者も少なくない教員たちが，日本語運用能力の重要性を「身にしみて感じながら」つくってきた教育実践である。本報告に掲載してある表1および表2の内容については，もちろん使用していただいて問題ない。さらには，内容についてご意見・ご批判も頂戴できればと思っている。

〈文　献〉

日本技術者教育認定機構（2012）．「認定基準」の解説　対応基準：日本技術者教育認定基準（エンジニアリング系学士課程 2012年度〜）　日本技術者教育認定機構ホームページ　URL：http://www.jabee.org/OpenHomePage/kijun/kaisetsu2012_Eng_110628.pdf

Ⅶ　コピペ問題とコピペ対策

第11章　コピペ問題の本質

金沢工業大学
杉光　一成

1　はじめに

　2008年5月25日，朝日新聞の朝刊に「コピペしたリポート，ばれちゃうぞ　検出ソフト開発」という記事が掲載された。
　この記事の中で，筆者はこの「検出ソフト」の開発者として紹介され，その後はさまざまな新聞，雑誌，テレビ，ラジオにおいて「コピペ検出ソフト」とは何か，そしてその背後にある「コピペ問題」について発言するようになった。
　朝日新聞の記事の反響は大きく，とくにインターネット上の掲示板には恐るべき勢いでこの記事に関する意見が書き込まれた。概観する限り9割5分程度は肯定的意見だったが，一部には非常に否定的な意見もあった。「全国の学生を敵に回した」とか，「余計なことをしやがって」等である。文面などから類推する限り，これらの大半はいわゆる現役学生と思われる人たちの書き込みであり，むしろこのコピペ問題が非常に蔓延していることの証左であった。
　しかしながら一方でそのようなさまざまな意見の中には，「コピペはコンピュータの便利な機能なのにそれを否定するのはおかしい。」，あるいは「自分の論文を先に発表していてそれによってコピペと判定されてしまうのはおかしい。」等々の明らかに的外れなものも多かった。
　このような咬み合わない反論が生じる原因は何かを検討してみたところ，それは「コピペ」についてきちんとした定義がない状態で議論していることにあると気がついた。じつは「コピペ」問題について論じる際にもっとも重要なこ

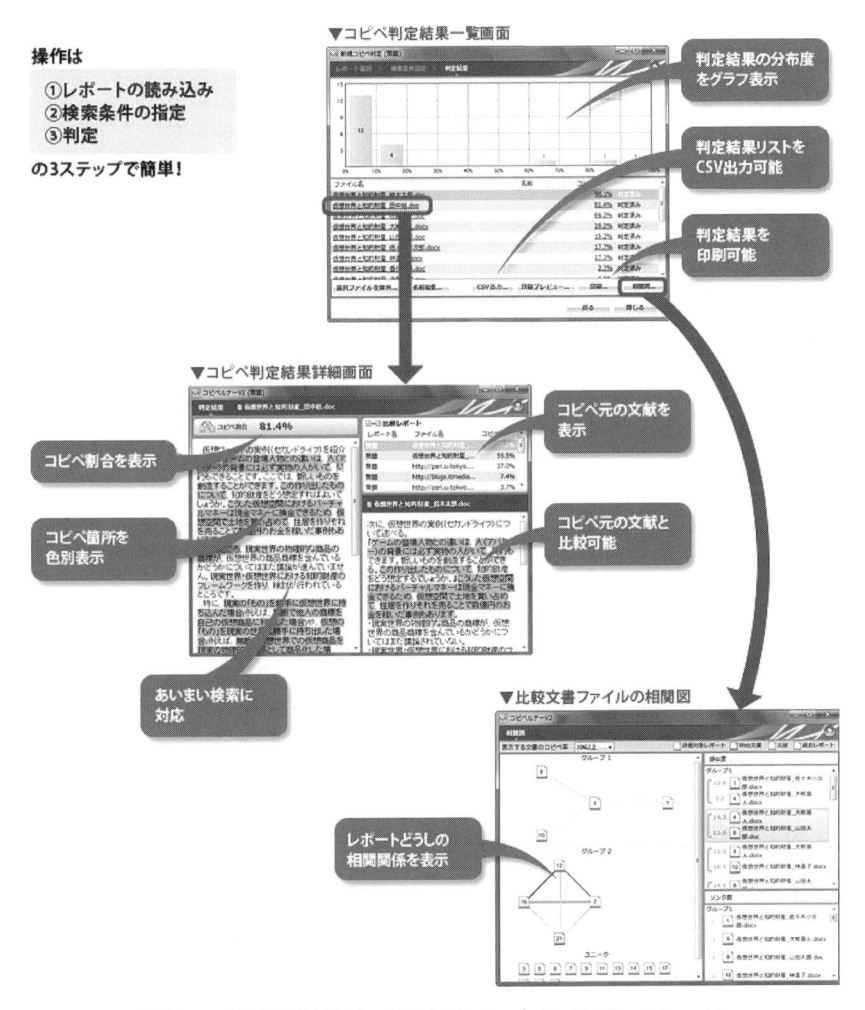

図1 コピペ検出ソフト「コピペルナー」のインターフェース

とは「コピペ」という言葉をきちんと定義した上で議論することである。

「コピペ」という言葉は，非常に多義的に使われている。たんなるコンピュータの機能としての「コピー&ペースト」の意味で使う場合もあれば，広義には「アイデアを盗用すること」を指す場合すらある。

従来，他人の文章等を盗んで自己の文章等に利用する行為は，「剽窃（ひょうせつ）」と言われてきた。これに相当する英語が，plagiarism である。

では，「剽窃」（または plagiarism）と「コピペ」の違いは何か。すなわち，あえて「コピペ」という多義的な言葉を使う必要性があるのだろうか。

そもそも「剽窃」自体は，昔からある古典的問題であるが，以前（たとえば 1990年以前）は，剽窃する対象となる文献を図書館等で探し，見つけた文献を読みながら写す，という最低限の「努力」が必要であった。

ところが，Hinchliffe（1998）が指摘するように，インターネット時代になって「剽窃」行為はきわめて容易になった（剽窃のソース（源）も著しく拡大した）。

実は，このような新しい「剽窃」行為を従来のそれと区別するために，英語の文献（新聞記事を含む）では，"Cut-and-Paste plagiarism"，"Cyber plagiarism" あるいは "Digital plagiarism" 等と呼んでいたのである。

そこで本章では，このような新しい剽窃行為を「コピペ」と呼ぶ。より正確には，「コピペ」とはコンピュータのコピー＆ペースト機能を用い，他人の文章等を写して自分の文章等と詐称する行為と定義する（杉光，2008）。この定義から明らかなように，「コピー＆ペースト機能」を用いて「文章等を写す」行為を対象とするので他人のアイデアを「言い換える」（paraphrase）行為は含まれず，また「詐称」することを前提とするので仮にコピー＆ペースト機能を用いる場合でも，他人の文章であることを明示した「引用」は含まない。

以上の定義を前提に，本章では，筆者がコピペ検出ソフトを開発するに至った経緯，大学等におけるコピペの現状について紹介し，コピペ検出ソフトに対する否定的な意見に対する反論およびコピペを放置する弊害について述べるとともに，コピペ問題の背景を論じることでコピペ問題の本質を明らかにしたい。

2　「コピペ検出ソフト」開発に至った経緯

コピペ検出ソフト開発のきっかけは，2007年に大学院でレポート課題を出し，

提出された院生のレポートを読んでいたときに遡る．

　ある学生のレポートを読んで，「これはなかなか興味深く，斬新な視点のアイデアが書いてあるな」という印象を持った．

　しかし，その次の次のレポートを読んでみると，大半が同じ内容であることに気がついた．そこで，インターネットで調べてみたところ，あるブログの内容がほとんどそのままコピペされていたことがわかった．

　その後は疑心暗鬼になり，その他の全員のレポートで少し特徴的な文章など，気になる文章を抜き出して逐一検索エンジンにかけるという「作業」をやらざるをえなくなった．これがコピペ問題の実際の体験であり，これが直接の「コピペ検出ソフト」開発を考えるに至った直接の出来事である．

　このような体験をした後，インターネット時代，これは一部に起きている現象ではなく，じつはもっと広く蔓延しておりかつ根深い問題ではないか，と考えるに至り，インターネット上を調べてみたところ，氏名自体は匿名のものが多かったが，いろいろな大学（あるいは高校）の教員が「じつはうちの学校でコピペがあって困っている」という趣旨のブログを発見した．

　しかし，それ以上に驚いたのは，小学生・中学生の感想文の宿題を支援するサイトの存在である(1)．たとえば，夏目漱石の「坊ちゃん」の「感想文」の例が掲載されており，さらには，中学校2年生向けとか，小学校6年生向けなどにも分類され，「自己責任で自由にお使いください．夏休みを有意義に過ごしましょう」といった注意書きが書かれていたのである．

　このとき，このようなコピペを繰り返して大人になり，大学のレポートもコピペで済まして社会に出て行くことになった人たちはその後本当に社会で役立つ人間になれるのだろうかという疑問と，それ以上にそういう人たちばかりが社会に出るようになったら日本はどうなってしまうのか，という空恐ろしさを感じた．

　このような経験から，そもそもレポートや感想文の文章を抜き出して検索エンジンにかけるという「作業」であれば，コンピュータで十分処理できる話ではないかと考え，すでにそういう商品（ソフトウェア）あるいはサービスが世

の中に存在するはずであるからそれを購入しようと探したところ，驚くべきことに存在していなかった。そこで，自分で開発してしようと考えたのが開発に向かった動機である。

3 「コピペ」に関する先行研究と大学等におけるコピペの現状

ではこのような「コピペ」についてどのような先行研究が存在し，また大学等において実態はどうなっているのだろうか。

まず，先行研究についてであるが，「剽窃」の新しい類型としての「コピペ」を対象とするため，直接的に関係する先行研究も当然のことながらインターネットが学生の間に普及し始めて以降のものがほとんどである。

インターネットが「コピペ」を容易にすること，さらにそのような行為を助長する "online paper mill"（論文作成援助サイト）の存在を早くから明確に指摘した文献（ワーキングペーパー）として，前掲の Hinchliffe（1998）がある。また，「コピペ」の傾向，原因，対策等について体系的に論じたものとして Lathrop & Foss（2000）の単行本がある。ただし，いずれも統計的調査を行ったものではない。

次に「コピペ」の実態に関する統計としてよく利用されているのが Plagiarism. org というサイトに掲載された "A national survey published in Education Week found that 54% of students admitted to plagiarizing from the internet" という記述である。これを「大学」における実態と間違って引用している文献も多いが，あくまでも「高校」での調査データという点に注意が必要である。

これに対し，大学における実態調査としては，クロアチアの医学部生を対象に行ったもので9％の学生以外（91％）は全て何らかの剽窃行為をしていたとする Bilic-Zulle et al.（2005）の報告がある。また，イギリスの John Moores University の工学と心理学の学生を対象に匿名アンケート調査をした結果，約2割の学生が「コピペ」をしていたとする Jones（2005）の報告等がある。

日本では，藤本他（2009）による大学生40人へのアンケートで「コピペ」について65％が「悪いと思わない」と回答したとする報告があるが，その他のほとんどが「コピペ」を検出する「技術」に関するものである（たとえば大西・杉光，2008）。

そのような中で日本の複数の大学の学生600名（回答数82名）を対象にしたものとして，杉光（2010）のコピペの実態調査アンケートでは，35％の学生がコピペをしたことがあり，その過半数が4回以上コピペをしながら，約4分の3のコピペが発覚されないままになっている等の「現状」が示されている。また，コピペをした学生のうち8割を超える者が「コピペは良くないこと」と認識しており，多くの学生が悪いことと認識しつつそれでもなお「コピペ」を行っていることが示されている。

35％という数字をどう評価するかであるが，この調査では上述した厳格かつ絞り込んだ定義を前提としており，この定義のコピペはどの大学でも禁じられている行為であるはずであるため，3分の1以上の学生がそのような禁止行為を行なっているというのは由々しき現状というべきであろう。

4　「コピペ検出ソフト」への主な反対意見とそれに対する反論

ここでは，以上のようなコピペ問題に対する学校側の対策ツールとしての「コピペ検出ソフト」への主な反対意見を紹介するとともにそれに対する反論を試みたい。

（1）**「コピペ問題を解決するのは，コピペをやってはいけないことであるとする教育であるから，コピペを検出するソフトは不要である。」**

おそらくこの反論が一番数的に多い反対意見であると思われる。

たしかに，教育の重要性を否定するつもりはない。コピペがなぜいけないのかを教育することでコピペ問題を解決するというのは正論ではある。もちろん，教育をすることで全員が本当にコピペをしないようになれば「コピペ検出ソフ

ト」は不要であろう。しかし，かならずしもそのように行くものではないというのが現実だと考える。

　まず，前述の藤本他（2009）および杉光（2010）の2つの調査結果からわかっているように，「コピペは良くないこと」という認識をむしろ持ちながら確信犯的にコピペを行なっている実態が明らかになっていることから考えれば，教育によって是正できる範囲は限定的と言わざるをえまい。実際，カンニングをしてはいけないことであると繰り返し教育していても，カンニングする学生が出ることから見てもそれは明らかである。本当に教育だけで学生がカンニングをしなくなるのであれば試験時間中に教員が試験を監督することなどそもそも不要のはずである。

　したがって，この反対意見は，「カンニング問題を解決するのは，カンニングをやってはいけないことであるとする教育であり，そのような教育をすれば試験を監督することは不要である。」という非現実的な意見と同じことを言っていることになるのではなかろうか。

　ここで「コピペ検出ソフト」のもたらす効用について述べたい。「コピペ検出ソフト」を教員側が持てば，学生が「コピペしたレポートを出しても検出されてしまって無駄だから，仕方がないが自分できちんと考えたところを書こう。」という行動に移ることが期待できる。すなわち，コピペレポート提出の抑止効果である。

　これはじつは自動車のスピード違反とそのスピード違反取締装置の関係に類似していると考える。すなわち，自動車の教習所では，スピード違反は交通法規に反することであり，スピード違反をすると重大な事故を招く可能性があるという教育をしているはずである。

　しかしながら，そのような教育さえしていれば，スピード違反が無くなるかといえば，おそらくそういう主張をする人はいないだろう。実際には，教育のみに留まらず，スピード違反の取締りも行われているのが実態である。

　スピード違反で捕まりたくないから制限速度内で走っている人も多いであろう。つまり，あるドライバーが，スピード違反の取締りがあることによって仕

方なくスピードを落としたというのが制限速度以内で走るきっかけであったとしても，そのおかげで結果的にスピード違反が招く事故を免れている可能性が十分にある。そしてその恩恵はまさにドライバー自身が享受していると考えられる。

そのような意味で，このコピペ検出ソフトもスピード違反取締りと同じ効果があるという仮説を持っている。すなわち，教育も重要だが，教育だけでは防ぎきれない部分があるので，この検出ソフトがあることによって，「コピペしてもばれてしまうから仕方がない」となり，自分で考えて書かざるをえなくなる。結果的にその人は，嫌々ながらかもしれないが，きちんと考えてきちんと調べてレポートを書いていることになる。結果，その学生のためになると考えている訳である。

以上が教育こそが問題を解決するというコピペ検出ソフトへの反対意見に対する反論である。

（2）「レポートを課題とするからコピペの問題が起きる。レポートではなく客観試験で学生を評価すればこのような問題は起きない。」

なるほど，たしかにレポートではなくマークシート方式などの客観試験にすればコピペはできないことになるので一見すると正論のように見える。

しかし，そもそもレポート課題というのは客観試験では測定できない能力を評価しようとしているものではないのだろうか。そもそも客観試験で学力の全てが測定できるのであれば，レポート課題自体が必要なくなるはずである。

客観試験というのは，既存の知識が身についているかどうかの確認という意味では，非常に優れた方法であろう。これに対しレポートでは，既存の知識を前提に，その人が過去に経験したこと，あるいは特定の事実（データ等）を踏まえて，その人自身がどのようにその事実（データ等）を解釈し，新しい知見を導き出すのか，あるいはそれを外部に表現するのか（表現力）という能力を測定するのに適した方法である。

したがって，もし，レポート課題ではコピペの問題が起きるからという理由

で学生の評価をすべて客観試験にしてしまうと，レポートならではの効用というもの自体が，損なわれてしまうと考えられる。したがって，この反対意見は，本末転倒ともいえる反対意見であると考えている。

5　コピペの生み出す弊害

　ここで，コピペの生み出す弊害は何かを整理しておきたい。じつはコピペをした学生，教員，そしてコピペをしなかった学生という学校関係者のほぼ全体にとって弊害があると考えている。つまり，コピペをしたレポート（学位論文も含む）を提出した学生からすると，レポート課題に対応して，自分で調べ，調べた事実やデータから自分で考え，その自分の考えを表現する，という既存の座学を通じてはなかなか得ることができない貴重な機会，考える機会を失うという意味での損失がある。

　また，コピペのレポートというのは，自分で考えていない部分について自分で考えたと称して提出するのであるから，教員を欺く行為に相当する点でも問題である。いわばカンニングに相当する行為であるからこれを見逃すのは試験でカンニングを見過ごすことと同様の問題となる。

　次に，そのようなレポートの提出を受ける教員からすれば，コピペが含まれているかどうかをチェックするという後ろ向きの作業をやらざるをえない，余計な時間がかかるという点がある。

　最後に，コピペのレポートが見過ごされて評価されてしまうと，真面目にレポートを作成して提出した学生にとっても非常に不公平なことになる。コピペ検出ソフトの報道に対するネット上の書き込みでも，「友だちはコピペして提出してAを取ったけれど，まじめに頑張った自分はBだった。不公正を感じる。だからコピペ検出ソフトに賛成する」という趣旨のものがあった。やはりコピペ問題を放置すると正直者ほど馬鹿を見るという結果を生じさせかねず，教員のみならず学校に対する信頼が低下するという弊害を生み出す可能性がある。

6 おわりに

最後に，コピペ問題の今後について触れたい。情報倫理，著作権教育といった教育の問題として取り組む必要があるのは当然であるが，すでに述べたようにそれだけでは解決できないのが現実であると考える。

前述したようにスピード違反については，スピード違反の危険性に関する教育とスピード違反の取締りがセットとなっている。

したがって，コピペ問題もこのようなコピペの問題点に関する教育とコピペを見過ごさないための教員側の監視（コピペ検出ソフトはその一つ）がセットで重要となると考える。

そしてスピード違反が罰金や運転免許停止のように厳しい処罰で望むことで抑止効果を上げているとすれば，コピペが発覚した際の明確な処分も検討すべきであろう。

筆者の知る限り，たとえば米国ではコピペのレポートが発覚した場合，非常に厳しい処分があり，通常は退学処分とのことである。その意味では，日本ではまだまだ処分が緩い印象がある。そろそろ本格的に日本でも厳しい対応をしていかなければならない時期に来ているかもしれない。

〈注〉
(1) 自由に使える読書感想文（http://www2k.biglobe.ne.jp/~onda/）等。

〈文 献〉

Bilic-Zulle, L. et al. (2005). Prevalence of plagiarism among medical students. *Croatian Medical Journal, 46* (1), 126-131.

藤本貴之・川井博之・志村敦史 (2009).「大学生のカンニング／不正行為の傾向分析とその抑止システムの提案」『情報処理学会研究報告』第32号, 17-22.

Hinchliffe, L. (1998). Cut-and-Paste Plagiarism: Preventing, Detecting and Tracking Online Plagiarism. http://www.uregina.ca/tdc/CutPastePlagiarism.

htm(現在は閲覧不可)
Jones, K. et al. (2005). Students plagiarism and cheating in an IT age, International Conference on Computer Systems and Technologies-CompSysTech.
Lathrop, A., & Foss, K. (2000). *Students Cheating and Plagiarism in the Internet Era : A Wake-up Call.* Libraries Unlimited.
大西景樹・杉光一成(2008).オリジナリティ評価の為の著作物引用判定支援システム 日本知財学会一般発表
杉光一成(2008).「コピペ問題を考える―大学などで今起こっているレポート作成の問題と対応策―」第10回図書館総合展フォーラム,2008年11月26日 http://www.japanknowledge.com/contents/jkvoice/seminar/seminar20090301.html
杉光一成(2010).「大学等における『コピペ』問題の現状と対策及びその課題」『2010 PC Conference 論文集』コンピュータ技術利用教育学会,243-246.

第12章　コピペ対策の実践
——コピペ検出システム

阪南大学

花川　典子

1　はじめに

　阪南大学では，2010年7月よりレポート試験に対してコピペ検出システムを全学的に導入した。本システムではWebページからの文のコピーや学生間のレポートのコピーを全自動で検出する。本システムの目的は，大学における教育の質の向上であり，その一部としてレポートの質の向上を目指す。本章では，システム開発の経緯と目的，システムの概要，レポート試験への導入，その教育効果について紹介する。

2　システムの開発の経緯と目的

　大学教育にてレポートを評価する際に，Webページからのコピーアンドペースト（以下，コピペとする）と思われる文章にたびたび遭遇する。そこで，学生のWebページからのコピペの実態を明らかにするために実験を実施した。2005年6月に，1年生（76名）を対象として，「新しい駐車違反規則」をテーマに授業中90分でレポートを作成させ，その時の学生の行動をWebTracer（Sakai et al., 2003）にて監視・記録した。その結果，76名のうち70名の学生においてWebページからのコピペ行動があり，総数で163文のコピペが見られた。学生は明らかに常習的にコピペ行動をすることが予測できた。

そこで，提出されたレポートから自動的にコピペ文を検出するシステムを開発した。開発は大学院生と教員で取り組み，2005年に開始され，途中中断を含め2010年に完成した。本システムの目的は，学生のコピペ行動を防止することによって，レポートの本来の役割である「調査する」「考える」「文章を組み立てる」能力を学生に培うことである。つまり，大学教育の質の向上が目的である。

3　システムの概要

本システムの入力は，PDFファイル，Wordファイル，テキストファイル形式の学生レポートファイルである。本システムの出力はXMLファイル（MS-Wordで参照）であり，図1に示すようにコピペ文は赤く反転表示され，コメント（右側の赤枠内）としてコピペ元のURL，文の類似度（パーセント）を示す。また，科目ごとの集計表のCSVファイルも出力する。

コピペ検出システムの概要を図2に示す（システムの詳細はHanakawa & Obana, 2012参照）。2つのパートに分かれており，Part 1は検出処理を行う計算パートで重要語抽出やWeb検索技術，類似度計算等自然言語処理技術を用いたソフトウェア部分である。Part 2は本システムを稼働させる環境である。大学の教室の560台のパソコンを使った分散環境を実現した。

本システムは阪南大学で実施されるレポート試験に適用することが前提であり，レポート試験では最大10,000件のレポートが提出される。成績締切日等を考慮すると，レポート提出後，24時間以内で全レポートのコピペ検出を終了す

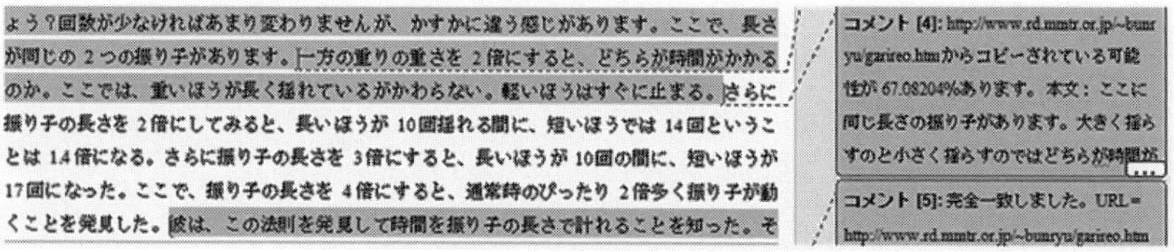

図1　コピペ検出結果のXMLファイル

第 12 章 コピペ対策の実践

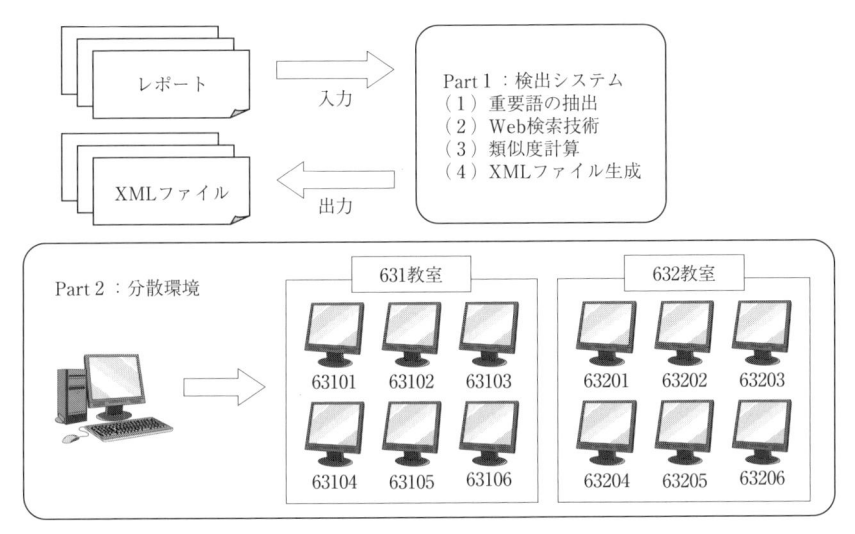

図2 コピペ検出システムの概要

る必要がある。そこで，夜間の教室パソコンを活用した上記の分散環境を構築し，一晩（12時間以内）での全レポートのコピペ検出を実現した。翌日，学生レポートとともにコピペ検出結果を教員へ手渡し，教員のレポート評価のための資料とする。コピペ検出結果の利用において，現在のところ，全学的な統一ルールはない。したがって，レポートとコピペ検出結果をもとに教員が各自で成績判定する運用である。

4　レポート試験での適用

2010年7月から2012年3月まで，4回のレポート試験で本システムを適用した。4回のレポート試験の詳細を表1に示す。1回のレポート試験で科目数が60前後，レポート数が約5,000件から6,500件であった。処理時間は，1回目が目標の12時間を超過したが，メモリの扱い方や処理の効率化等のプログラム改良によって4回目では5時間弱を達成できた。

コピペ検出結果では，コピペが検出されたレポート数は1回目が39％であっ

表1　4回のレポート試験の適用

日　付	科目数	レポート数	処理時間	コピペ検出レポート数（全体に対する割合）
2010年7月	58	5,324	14時間43分	39%
2011年1月	66	6,501	7時間25分	30%
2011年7月	65	6,032	5時間25分	29%
2012年1月	69	4,780	4時間55分	29%

たが，2回目以降は30％前後で推移した。「コピペ検出を行う」というアナウンスが，6,000人の学生のうち10％程度の600人の学生には有効となった。さらに分析すると，ほぼすべての文章がWebページからのコピーである悪質なレポートの件数は，1回目で43件，2回目で26件，3回目で25件と確実に減少した。とはいえ，当初はコピペ検出レポート数の激減を予測していたが，実際には30％前後で停滞している。この点に関しては次節にて考察する。

5　考察1：教育効果

本システムはコピペ検出が目的ではなく，教育の質の向上が目的である。本システムを導入することで，どのような教育上の効果があったかを検証する。まず，定量的に検証できない教育効果を教員へのアンケートで調査した結果を紹介し，今回のコピペ検出にて明らかになったレポート試験の問題文に関する知見を紹介する。

（1）　**教員へのアンケート**

2012年1月に実施したコピペ検出システムに対する教員アンケートの結果を図3に示す。アンケート対象教員は40名であり，うち20名より回答（複数回答可）を得た。コピペの検出結果を参照して成績を不可に変更した教員は7名，成績を下げた教員は13名，学生に注意を促した教員は8名，課題の内容を再検討した教員は2名であった。検出結果に対して何もしなかった教員は0名であ

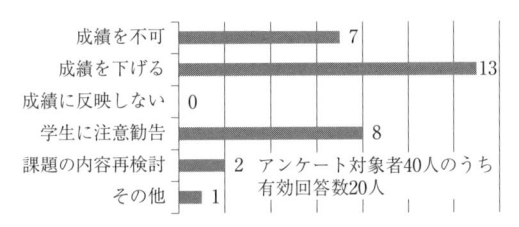

```
成績を不可       7
成績を下げる     13
成績に反映しない  0
学生に注意勧告   8
課題の内容再検討  2    アンケート対象者40人のうち
その他          1          有効回答数20人
```

図3　教員へのアンケートの結果

り，アンケートに回答した教員は全員，何らかの教育改善の対策をとったことがわかった。また，回答者のほぼすべての教員が今後もコピペチェックが必要であると考えていた。

また，自由記述の内容を以下に示す。

・学生がきちんとレポートに向き合う姿勢になってきた
・抑止効果は感じた
・自分で考えた答案が増え，読み応えがあった
・格段にコピペが減った
・書籍を参考にする学生が増え，その内容が良く反映された良いレポートになった
・客観的に評価を行う一つのデータとして有効だった
・成績評価に参考になった
・面白いシステムである

コピペ検出レポート件数では10％の減少しか確認できなかったが，アンケートでは教員が教育効果を実感していることがわかった。

（2）　レポート試験の問題文

コピペ検出レポートを分析した際，多くのレポートにコピペ文が含まれる科目と，コピペが少ない科目が存在した。両者を比較するとレポート試験の問題文に典型的な差異を確認した。典型的な例を図4に示す。

図4の上の68％の学生がコピペでレポートを作成した課題は，「XXXについて概略を述べよ」という問題文である。学生にインタビューすると「何につ

Ⅶ　コピペ問題とコピペ対策

2010年度（後期）　論文（レポート）試験
論題および提出様式

科目名(クラス)	
担当者	
枚数	（　　）枚以上（　　）枚以内 （ 2,000 ）字以上（ 3,000 ）字以内
その他	WEBサイトコピー＆ペースト検索結果は採点に反映される。
論題	

　　　　　　　　　　とは何か、その概略を述べよ。

さらに、その利点と問題点についてまとめ、意見を述べよ。

68％の学生がコピペでレポートを作成

2010年度（後期）　論文（レポート）試験
論題および提出様式

科目名(クラス)	
担当者	
枚数	（　2　）枚以上（　5　）枚以内 （　2400　）字以上（　6000　）字以内
その他	
論題	

以下、4つの設問について全て答えること。

1．観光集客事業の推進に当たって公的セクターである国、地方自治体の役割は重要であるといわれている。それでは、観光集客事業推進に対して、国の役割及び地方自治体の役割とはどのようなものであるのかについて答えなさい。また今後特に国に求められる有効と考えられる政策とはどのようなものが考えられるか、論じなさい。（日本人観光客の観光行動誘発に向けて、外国人観光客誘客に向けて）

2．これまで日本の旅行業が果たしてきた役割（機能）と今後求められる役割（機能）について、環境変化との関連の中で論じなさい。

3．外資系チェーンホテルの集客戦略の特徴について、説明しなさい。

4．ホテルビジネスにおける Revenue Management（レベニュー・マネジメント）及び航空ビジネスにおける Yield Management（イールド・マネジマント）について説明しなさい。

9％の学生がコピペでレポート作成

図4　レポート試験の問題文の例

いて問われているか，範囲が広すぎてわからず，とりあえず，Wikipediaを参照してコピペしてしまった」と回答した。一方，図4の下のレポート試験問題文では，問う内容が具体的で問題のオリジナル性が高く，簡単にWebページから回答を探すことができない。また，説明を求めるだけではなく「論じる」ことが要求されており，学生が独自で考えることを促す問題文である。

したがって，学生のレポートの質を向上するためには，学生のコピペを抑止するだけではなく，レポート課題の問題文の作成を工夫することも対策の一つと考えられる。なお，前述の「①教員へのアンケート」の結果において2名の教員が課題内容を再検討したとの回答を得た。このことからも，コピペ検出システムの適用は学生のコピペの抑止効果だけではなく，教員のレポート試験作成にも影響を及ぼしたと言える。

6　考察2：学生間でのレポートのコピペ

学生のレポートには，Webページからのコピペだけではなく，学生間でのレポートのコピペの問題がある。本システムは学生間でのコピペも同様に検出した。学生間マップを用いて検出結果を分析すると，その特徴が明らかになった。

（1）　学生間マップ

学生間レポートコピペを分析するために，学生間マップを作成した（図5参照）。本マップは簡易的に書かれたもので本来はシステムで自動的に生成される。図5の番号は学籍番号で，矢印はコピペ関係のあった学生を示す。ただし，どちらからどちらへコピーしたかは本システムでは検出できない。また，学生間コピペ検出の精度向上は文献（Sasaki, 2012）に示す。

（2）　コピーの連鎖

学生のコピペ関係は科目の範囲を超えて連鎖する。つまり，図5の経済学の

Ⅶ　コピペ問題とコピペ対策

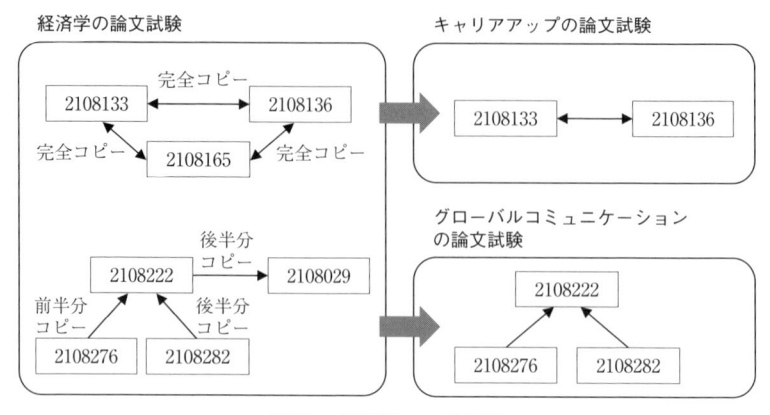

図5　学生間マップの例

学生コピペ関係と同様の関係が，キャリアップ科目とグローバルコミュニケーションでも存在する。つまり，科目を超えて学生間コピペ関係が成立する。複数科目でコピペ関係が確認できた学生たちには，次回のレポート試験時にあらかじめ警告することが有効な対策と考えられる。学生間コピペの連鎖が明確になったのは本システムで全学的にコピペを検出したためであり，大きな成果の一つと考えられる。

（3）　**教科書の丸写し**

　課題の内容によって，教科書や資料を丸写ししてレポートを作成する場合がある。学生マップ上では丸写しパターンを特定することができた。図6に定型的な丸写しパターンのイメージを示す。通常，学生間でレポートをコピーした場合，多くても3，4名間でのコピペ関係が確認できる。しかし，図6の場合は数十人単位で一部コピーなどの複雑なコピペ関係がある。レポート内容をチェックすると，教科書の一部をそれぞれ丸写ししていた。つまり，課題に対してその回答を自分の文章で作成するのではなく，教科書の一部をコピーしていた。本システムでは電子媒体でない教科書や紙配布資料のコピペチェックはできないが，学生間マップを利用すると教科書や資料の丸写しをある程度検出で

第 12 章　コピペ対策の実践

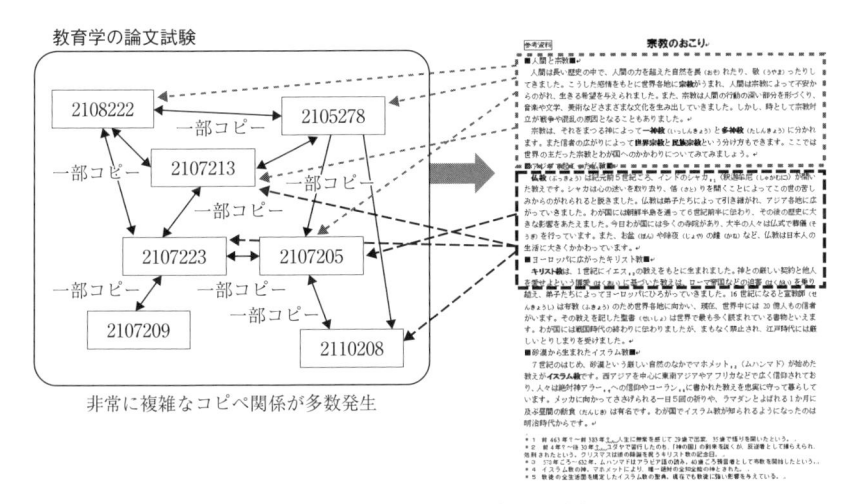

教育学の論文試験

図6　教科書丸写しのパターン例

非常に複雑なコピペ関係が多数発生

きる可能性があることがわかった。

7　おわりに

　教育の質の向上の一つの手段としてレポートの質の向上のためにコピペ検出システムを開発し，4回の全学的レポート試験に適用した。その結果，コピペレポートが10％減少し，教員のアンケートから教育効果があったことが確認できた。また，レポートの問題文が具体的でオリジナル性が高い場合，レポートのコピペ率が減少することがわかった。学生間のレポートコピペ関係を利用し学生間マップを作成すると，コピーの連鎖発見や教科書丸写しの特定の可能性があることを示した。

　今後は，レポート教育の質の向上の一環として，システムで自動チェックできる項目を増やし，教員がより一層専門的内容の評価に十分な時間を確保できる環境を整えることを目指す。

〈文　献〉

Hanakawa, N., & Obana, M. (2012). A plagiarism detection system for reports bases on a large-scale distribution environment using idle computers, *Proceeding of the 15th IASTED International Conference on Computers and Advanced Technology in Education CATE*, 12-19.

Sakai, M., Nakamichi, N., Hu, J., Shima, K., & Nakamura, M. (2003). WebTracer: A New Integrated Environment for Web Usability Testing, *Proceeding of the 10th International Conference on Human-Computer Interaction*, Crete, Greece, 289-290.

Sasaki, T. (2012). Improving incorrect recognition for copied reports among students using student relation maps. Hannan University master thesis.

おわりに

　関西地区FD連絡協議会が発足して4年，その間FD連携企画ワーキング・グループは「思考し表現する学生を育てる」を目標に4回のイベントを主催した。1〜3回目のサブテーマは「書くことをどう指導し，評価するか？」で，1回目は，会員校をはじめとする大学人の共通の課題や本ワーキング・グループの方向性を探る目的で，シンポジウム形式で開催された。2回目からはワークショップ形式になり，「what（何を書くか；内容）と how（どう書くか；形式）の関係」とそれをカリキュラム全体で担うのか，担当科目が担うかが主に議論された。4回目のサブタイトルは「ライティング指導の方法」であり，具体的な取り組みをもとに活用の可能性を視野に議論が行われた。

　この流れをみると，課題を抽出し，本質的な所を議論した後，具体的な解決法について検討するというじつに理想的な取り組み方である。なぜこのような流れが生じたかといえば，「思考し表現する学生を育てる」という具体的でぶれない適切な目標が設定されていたからである。この目標に照らして，カリキュラムも指導方法も評価方法も考えれば，各大学に適した方法の開発が可能であるはずである。適した目標の設定こそ，各大学の今後の発展を促進するものと思われる。

　第1章「思考し表現する力を育む学士課程カリキュラムの構築——Writing Across the Curriculum を目指して」において井下氏（桜美林大学）はライティングの理論的フレームワークを示しており，学生に文章の定型から思考までを獲得させるためにはカリキュラム設計が必要であると述べている。すなわち，知識叙述型ライティング方略によって基礎的・定型的訓練を行うことから，最終的には学んだ知識や自分で調べた知識を批判的に検討し，自分の主張を論証できるように知識を再構造化する思考力をつけることまでが必要であると述べている。

井下氏の理論的背景に加えて，各自の大学で，本書で紹介されているような取り組みの大部分が行われると想像すれば，大部分の学生が「思考し表現する能力」を獲得することができると期待が持てるように思われる。井下氏が指摘しているように，これを実現するためにはカリキュラム全体の設計が必要であり，さらにライティングセンターは全学のライティング教育をコーディネートするような発信型の機関でなくてはならない。すなわち，大学全体としてライティングに取り組む必要がある。

ライティングに取り組む姿勢として，B. G. Davis の *Tools for Teaching* を『授業の道具箱』として翻訳出版した際の記憶に残っている一文を次に示そう。

> 多くの教員達が，文章を教えることは文学部や作文プログラムだけの仕事であると誤って信じている。そんなことはなく，文章力は学問を修めるために不可欠なことで，学生の文章力の向上を援助することは，すべての教員達の責任である。
> （Davis, 1993, 邦訳 p. 247, 敬体を常体に変換）

話は多少横道にそれるが，このような姿勢を大学全体に周知徹底し，できることから実施することが今後の FD 活動の一つである。たとえば，全ての授業で，優れた文章を書くことがいかに大切であるかを一回話すことを合意し，実行すれば，学生の文章に対する認識は大きく変わるものと期待できる。この優れた文章を書くことが必要であるという認識の変化がなければ，思考し表現する学生を世に送り出すことは困難である。

もう一ついつも気になっていることを付け加えておく。カリキュラムや科目内容を論ずる場合，重複しないということが論点になる場合がよくあるが，理解するだけではなく身につけるためには本書でも何人かが指摘しているように重複して何回も何回も同じことを繰り返すことが必要である。

以下では，各章を読んで頭に浮かんだり，過ぎったことを紹介しておわりにとする。

第 2 章「『十字モデル』で協同的に論文を組み立てる」において牧野氏（関西大学）は思考のマッピングを十字モデルにより行い，思考すべきことの欠落

おわりに

をなくす集団的方法を提案している。さらに，十字モデルで徹底的に思考の訓練を行えば，添削は一回で十分であるとしている。見方を変えれば，十字モデルで，十分な議論を行っておけば，その成果物はそのまま論文記述の型に落とし込むことができるということである。牧野氏の十字モデルの特徴はグループワークを取り入れたことにより，教員対学生ではなしえないことを成し遂げられることと協調性・コミュニケーション力が養われることであろう。

なお，コラム 1「『十字モデル』を使った試み——卒業研究の『プレゼミ』として」の齊尾氏・橋寺氏（関西大学）の取り組みは牧野氏の取り組みの実践例である。

第 3 章「モジュールに基づいた小論文作成技法」で小田中氏（大阪市立大学）は「読ませる文章とは読み手に書き手の思考の流れを追体験させることができる文章である」とし，そのための技法を理路整然と紹介している。この方法にしたがうと，何か魅力的な文章が今にも書けそうな気持ちになってしまいそうなほどである。

このとき頭を過ぎったのは速記者の K さんのことである。私ごとで恐縮であるが，私立大学連盟の『大学時報』に二度ばかり，対談を載せていただいたことがある。あるテーマにそって言いたい放題のことを言った後，数日するとK さんのまとめた対談形式の内容が届けられた。K さんの原稿は，じつにすばらしく，「私が言いたかったのはこれなのよ」と惚れ惚れしながら読んだものである。自分の主張でなくても魅力的な文章を書くことができる技法を身につけていれば，社会に出ても有用だろう。

第 4 章「初年次アカデミック・リテラシー科目『日本語の技法』」における薄井氏（立命館大学）の取り組みは「論文が書ける」を具体的な達成目標として非常に入念な計画が立てられたもので，これからの質保証という意味で一つのモデルになるものと思われる。とくに TA 研修やルーブリックは絶対的に今後必要なものである。

日本でルーブリックがまだあまり話題にならないころに論文のルーブリックの例を読み，なるほどと感心した米国の例をまた『授業の道具箱』から示そう

(米国では5段階評価の4段階D評価までが合格である)。

　　成績A：すべて，あるいは，ほとんどすべての面において優れている。読み手の興味がその考え方と表現に引きつけられる。文体と構成が自然で読みやすい。独創性のある考え方が顕著な論文である。
　　成績B：所々に隙はあるが，技術面は優れている。主題が明確であり，適切に制限されており，筋が通っていて，文章は取り立てて優れているわけではないが，全体的に整っている。
　　成績C：論文として成り立っているが，優れているとは言えない。成績Cの論文は，明確な筋道に沿って適切に構成されており，主題が単純すぎるか，的外れなものになりがちであるが，ひどく信頼性を欠くというところまでは至っていない。文の構造の単調さは明らかで，全体に数多く誤りがある。一部の成績Cの論文では，優れた考え方が，議論の展開，構成，技術的な誤りといった表現の稚拙さによって妨げられている。また，全体の構成，文の構造，文法には欠点はないが，考え方とその展開の仕方に努力が必要な成績Cの論文もある。さらに，技術的な誤りはわずかにあるだけで，構成および展開も適切ではあるが，取り立てて言うべきところのない成績Cの論文もある。
　　※成績D，成績Fについては省略（Davis, 1993, 邦訳 p. 272）

　第5章「自己省察としての文章表現——『日本語リテラシー』の教育実践を事例として」における谷氏（京都精華大学）の取り組みは内発的な学びの姿勢を学生から引き出し，育むことを主眼とし，それを「書く＝考える」プロセスの反復のうちに漸次的に実現してゆこうとする教育実践である。第3章の小田中氏が型から入る取り組みであるのに対して，内発的学びの姿勢を引き出す対極的な取り組みであるが，内容的に共通する部分の多さに驚かされる。両者に共通するところは，谷氏が作品に「[書き手の]体験や記憶を読み手が追体験」できることを期待しており，小田中氏は「読み手に書き手の思考の流れを追体験」できることを期待している点である。また，谷氏は「大きな推敲」は作品全体を俯瞰する「鳥の目」で，小田中氏はモジュールの組み替えでといっており，結局のところ内容の掘り下げから入っても型から入っても同じことであるように思われる。すなわち，型にはめることなく鳥の目で座りのよい構成を考

おわりに

えても，型にうまくはまるように考えてもほぼ同じものができるということである。

昔，表千家流茶道の師匠を自宅でしていたことがある。私の理解では茶道の目的はおもてなしの心を会得して自己実現をすることである。このための修行として，茶道は一般的に型から入るのである。日本の「道」のついている取り組みは大方この型から入ることから，文化的に型から入るのが馴染みやすいように思われる。

第6章「専門教育・卒業論文につなげる初年次教育——ピア・サポートの取り組み」における土井氏・小田氏（関西学院大学）の主張は，科目の繋がりがいかに大切であるかということと，ラーニング・アシスタントの活用が今後の大学教育の一つの課題であるということである。

第7章「読書感想文から臨床実習報告書までのライティング指導」における髙橋氏（大阪河﨑リハビリテーション大学）の取り組みは，文章力を含めたコミュニケーション能力の育成であり，職業上必要なことを機会ある毎に身につけさせようというもので，先輩からの後輩への思いが各所ににじみ出ている。

第8章「自分のテーマを2年間かけて卒論に仕上げる——学びのコミュニティづくりとグループ学習の技法」における北野氏（獨協大学）の主張は，卒論を書くことの最大の便益は，学生本人も気づいていない自身の「潜在能力」に気づき，「自分にもこれだけのことができた」という自信を得て社会に出ていくことにあるということである。さらに，本当の問いは本やネットの中にあるのではなく，自分の中にある漠然とした違和感や問題意識にあることが多く，学生はそのことに気づいていないだけなので，それを引き出す手伝いをするのが教員の役目ということである。

この主張を読むと，谷氏の「頭の中や胸の内にわだかまる未定形であいまいな思いに言葉を与える。それにより，書き手は自分がどのような感受性や価値観をもつ人間であるかを確かめる」を思い出す。

初年次教育における日本語リテラシーと卒業研究は学年において対極にあり，さらに，入門と専門ということでも対極にあるが，方法やねらいが非常に似通

っており，求めるものが同じであれば，題材はなんでもよく，いつでもよいことがわかる。

　第9章「論文作成のための科学的和文作文法指導」における倉茂氏（滋賀県立大学）の取り組みは集団添削であり，作文指導のタイミングは，学生が卒業論文や修士論文を書き始めるころがベストで，その直後に自らのこととして「書ける」ようになるためには，指導教員による徹底した赤ペン添削が必要であるという。じつに的を射た主張である。

　コラム2「大講義で書くことを通じて学ばせる」における矢野氏（大阪工業大学）の取り組みはケンブリッジ大学で成果を上げていたエッセイ・ライティングによる生物学教育を，日本式に改善し，実行したものである。ケンブリッジに比べて学生数が100倍であるから，同じことはできなくてもやむを得ないができることを実行するということが大切である。これを読んで，『授業の道具箱』で思い出したのが次の文である。

　　　学生の作文をすべて読み，成績を付けなければならないと感じる必要はない。［中略］さもなければ，フィードバックを行わずに，単に書くことだけを目的として学生に作文をさせても結構である。文章を書くのは，より明確に考えるためであって，成績を取るためではないことを学生は学ぶはずである（Davis, 1993，邦訳 p. 248，敬体を常体に変換）

　これを受けて，私は文章表現や内容についてフィードバックをしないレポート提出を数年続けている。たとえば，2012年度では，1クラス500名以上の化学のクラスで毎回レポートを2種類提出させることを実行している。一つは授業に関係する課題であり，もう一つは自分で課題を見つけて自分で解答する自主レポートで何れも自筆である。感想文などを読むと，レポートを書くことで頭が整理されたとか，形式にしたがう大切さを学んだとか，肯定的な意見が多く，書かせる効果はあるように思われる。

　第10章「工学系のためのライティング指導——導入教育から実験レポートまで」における池田氏（関西大学）の取り組みは，JABEE認定の条件に基づい

た取り組みであり、その精神が随所に現れている。JABEEはもともと先輩技術者がボランティア精神に基づいて後輩技術者を育成するというものであり、専門書の読み方やメモの取り方などその精神の表れであると思われる。

　以上で10章までの内容について触れてきたが、これまであまり論じてこなかったことで重要なことがもう一つある。それはライティングにおける思考の延長上に課題設定能力があるかということである。この"何故"が重要であることは井下氏をはじめ、本書でも多くの方が指摘をしている。薄井氏は「新しい『答え』（世界の見方や捉え方）を発見していくためには、新しい『問い』が必要である。そして、『問題提起』を含む序論が論文全体の価値や方向性を決定する」と述べている。また、本書以外でも濱田（2007）は、学問の本当の面白さあるいは重要なことは、「問題の解決」ではなく、「問題の創造」であると述べている。

　ここで課題設定の始まりである"何故"を発する訓練の成果を紹介する。私は全ての授業で疑問を持つことを奨励しており、授業の終わりに疑問を書かせ（対象は何でも可）、次の授業の最初に少しの時間回答するようにしている。また、各授業に整備されているWebコースツールにも疑問を投稿させ、学生同士で回答しあうようにしている。そして最終試験にサービス問題として、「この15回の授業を通して学んだことや身についたことがあれば書いてください（10点）」を設け、その成果を測定するようにしている。その結果、Webコースツールのディスカッションを導入する以前は5点以上が58％であったのに対し、導入後は78％であり、それなりの効果があると思われる（安岡、2010; Yasuoka & Sekine, 2012）。すなわち、一定の訓練を行えば、"何故"を発する癖を身につけることができるのである。蛇足であるが、もっともがっかりする0点の回答は「質問コーナーで雑学が学べた」である。

　第11章「コピペ問題の本質」における杉光氏（金沢工業大学）の取り組みは必要なものがなければ、自分でつくるという姿勢に感動を覚える。反論に対する論駁もその通りであると思う。

　第12章「コピペ対策の実践——コピペ検出システム」における花川氏（阪南

大学)の取り組みはすでにある物と人を活用するという姿勢がすばらしい。何故なら，現代人にもっとも欠けている態度であるからである。たとえば，コンピュータがないから，ソフトウェアが買えないからという理由で工夫すればできる仕事を先送りして，一休みしている大学や，購入した物が使いにくいという理由で教育改革や仕事を休む大学が多いからである。

*

以上思いつくままにコメントを書かせていただき，ここまで来て自分に与えられた課題をもう一度振り返って，安心した次第である。何故なら，「まとめ」でなく，「おわりに」だったからである。各章の筆者の意図するところと読みが異なるところが多々あるかと思われるが，ライティングに関しては素人である化学屋に免じてお許しいただきたい。

本書にはいろいろの取り組みやアイデアが紹介されている。読者が個人的であれ，組織的であれ一つでも実行してみようと思うことがあれば，本書が世に出る価値があったことを意味するものである。

2013年1月

立命館大学
安岡　高志

〈文　献〉

Davis, B. G. (1993). *Tools for teaching.* Jossey-Bass. ディビス，B. G. (2002).『授業の道具箱』(香取草之助・光澤舜明・安岡高志・吉川政夫訳) 東海大学出版会.

濱田嘉昭 (2007).『科学的な見方・考え方』放送大学教育振興会.

安岡高志 (2010).「問題発見・解決能力を養う授業の試み」『立命館大学高等教育研究』第10号，203-216.

Yasuoka, T., & Sekine, Y. (2012). Case study on the introduction of ICT into a problem-finding and problem-solving oriented chemistry class, *CnS — La Chimica nella Scuola, 34* (3), 418-424.

巻末資料1 「論文の書き方」本から見るライティング指導の位置

京都大学
坂本　尚志

1　ライティング指導の文脈

　大学におけるライティング指導に関する著作は，2つの基準によって区分可能であるように思われる。第一に，対象が教員向けであるか，学生向けであるか，そして第二に，目的が研究であるか，実践であるか，である。この2つの基準によって既存のライティング指導に関する著作を概観すると，まず，大学での授業実践に対して省察を加えた研究群が存在する（たとえば，鈴木編著, 2009；大島, 2010）。しかし，このような研究は過去の教育実践の振り返りとして有益であるものの，これから行われるライティング指導に直接的に役立てられるようなノウハウの蓄積を目的とはしていない。他方，学生向けに論文指導をするという実践的著作には，現在数多く出版されている「論文の書き方」本がある。しかし，こうした書籍は，主に「書く側」，つまり学生に向けて書かれたものである。学生の論文執筆の際の手引きとして参照されることが，これらの書籍が想定する利用法であり，「教える側」のニーズを反映したものではない。

　これに対して，教員向けでかつ実践目的の書籍は，大学教育に関してはほぼ皆無である。そのような状況では，学生向けに書かれているとはいえ，「論文の書き方」に類する本を指導の参考とすることは，合理的な選択である[1]。とはいえ，こうした「書き方」本にもさまざまなタイプがあり，ライティング指導の参考には向かないものもある。また，ライティング指導の実践においては，それらの書籍によってはカバーできない領域が存在することも事実である。

　以下では，まず現在入手可能な本のうち，大学生・大学院生向けの「論文の

書き方」本に見られるいくつかの類型を検討する。その後，これらの著作をライティング指導にいかに役立てることができるかを考えてみたい。

2　「論文の書き方」本の諸類型

（1）　対象学年と分野

　「論文の書き方」本のロングセラー（木下，1981；澤田，1977；斉藤・西岡，1977など）が卒業論文あるいは学術論文一般の書き方に焦点を当てているのに対して，近年出版されたこの種の著作は，初年次教育から若手研究者，あるいは社会人を対象にするものまで多岐にわたる。このような多様性は，大学院重点化等による修士号，博士号取得者の増加，そして初年次教育が一般化したことなどが理由として挙げられるであろう。2000年以降の出版状況を概観すると，「論文の書き方」本は，大学生を主な想定読者層としているものだけでも毎年3，4冊が刊行されており，このジャンルに対するニーズの高さをうかがわせる。

　また，近年の特徴として，特定の学問分野にターゲットを絞った著作が出版されていることも挙げられる。従来型の理科系のための論文作法（杉原，2001；見延，2008；中田，2010など）だけでなく，社会科学（川崎，2010），福祉（川村・川村，2005），建築（山口他，2008）など，個々の学問分野に固有の研究法，論文執筆法をテーマとするものがあり，ニーズの多様化，細分化が明確に表れている。

　「論文の書き方」本は，そのほぼすべてが大学教員によって執筆されている。しかし，著者の専門分野は多様である。理科系，あるいは個別分野に関する著作は，その分野の専門家が執筆している。それに対して，より一般的な論文作法に関する著作は，人文科学から自然科学に至るまでのさまざまな専門家によるものがある。その中でも，哲学（山内，2001；河野，2002；戸田山，2012），文学（鹿島，2003；石黒，2012），言語学（飯間，2008；石井，2011），教育学（小笠原，2007，2009）などの，人文科学の専門家の割合が高い。また，初年

次を対象とした著作については，異なる専門分野の著者が複数で執筆していることが多い。これは初年次教育が教員個人ではなく，大学としての組織的な取り組みであることと関係しているといえよう。

（2） 指南書か，エッセイか

　これらの「論文の書き方」本には，大きく分けて2つの形式が存在する。まず執筆計画の立案，資料の探索，議論の進め方，引用の方法など，論文作成の技術について解説する指南書型，そして，問題発見の方法や思考のヒントなどを，主に著者の経験から考察するエッセイ型である。もちろん，この2つの型は明確に分かたれるものではなく，一冊の本に両方が含まれている場合もある。とはいえ，アカデミックな手続き，学術論文としての形式に焦点を当てた前者と，論文の内容の独創性や面白さを引き出そうとする後者では，論文というものの理解に関して差異が存在する。指南書型にはロングセラーならびに近年出版された多くの「論文の書き方」本が含まれる。その内容には多くの類似点が見られるものの，近年の著作はインターネット，オンラインカタログなどでの情報収集法の解説に力を入れている。また，上記の個別分野向け著作は，各分野の特徴，約束事を詳述した，形式と内容の両方に目配りをした指南書であるといえる。エッセイ型としては，出版社員への講演をまとめた鹿島（2003），対談形式の伊丹（2001），「線を引く」という思考法を伝授する石原（2006），大学生活全般に関する櫻田（2008）などがある。こうしたエッセイ型著作は，発想法の事例，あるいは読み物としては興味深いものの，具体的な論文執筆法を教えるものではない。また，著者のパーソナリティに負う部分が大きく，直接ライティング指導の参考にすることは難しい。

（3） 独習書型か，教科書型か

　「論文の書き方」本の使用法としては，2つのタイプがある。学生が論文執筆の際に参照するものを独習書型，教員が指定し，授業などで用いられるものを教科書型と名付ける。多くの著作が前者に含まれる。後者については，初年

次教育に用いられるスタディ・スキルに関する著作の大部分があてはまる。こうした教科書型の著作には，大学での学習のための基本的なスキルをまとめたもの（天野他編，2008；吉原他，2011），教室での使用を想定し，ワークシートや練習問題を添付したもの（大島他，2005；吉原他，2011）などがある。どの著作においてもライティング・スキルは重要な位置を占めている。しかし，教科書として使用される著作は，その性質上，指導の場においてそれがいかに使用されうるかについては多くの示唆を与えてくれない。ライティング指導の実践において，教科書は材料の一つにすぎず，それにのみ依拠して指導を行うことは，学生の多様性を考慮するならば，困難である。

3　ライティング指導の課題

では，「論文の書き方」本を，ライティング指導にどのように役立てられるだろうか。2002年の刊行以来10年間で約12万部が売れ，新版も出版された戸田山（2012）は，これらの著作の活用を考える手がかりになると考えられる。[2]

戸田山の著作の特徴は，論文の書き方をまったく知らない主人公「ヘタ夫くん」に，教師が論文の定義，構想，執筆という段階を踏まえて論文の作成法を教えていくという，「ビルドゥングス・ロマン」の形式にある。[3]著者の目的は，主人公の間違い，勘違い，思い込みを読者が追体験しつつ，それが論文の作法に照らして何がいけないのか，そしてどのようにそれが改善可能であるかを理解できるようにすることにある。多くの部分が対話形式で書かれており，非常に読みやすい。またその一方で，著者の専門分野である哲学，論理学の知見が，オーソドックスな論文の書き方と緻密に接合されて提示されており，論文の書き方としても的確で，実用的なものとなっている。

このような「ビルドゥングス・ロマン」モデルは，教師と学生という関係を疑似的に体験しつつ，読者が論文の書き方について学べるという点で，効果的なモデルであるといえる。もちろん，論文作法としての内容が伴っていなければ，こうしたモデルは無意味であるが，戸田山（2012）に関してはその試みが

成功したといえるだろう。戸田山（2012）が，近年刊行された「論文の書き方」本としては異例の売り上げを誇っているのには，このモデルのわかりやすさが一因として挙げられるだろう。また，このモデルを使用した類書がその後出版されていないことも，「論文の書き方」本における戸田山（2012）の優位を確立した要因であろう。

　ライティング指導においても，この「ビルドゥングス・ロマン」モデルはある程度の有効性を持っている。なぜなら，戸田山（2012）は，模範的論文が持つ特徴の単なる提示にとどまらず，豊富な間違いの事例を提供してくれているからである。論文指導の過程で教師が出会う，学生が陥りがちな罠を戸田山は明確に描き出している。とはいえ，ライティング指導の実際においては，このように典型的な間違いを犯し，なおかつ急速に進歩する「理想的な」学習者に出会うことはほとんどない。学生がアカデミック・ライティングにおいて持つ問題は多様である。たとえ同学年であろうと，書くことが比較的得意な学生と，そうでない学生に対して同じ指導が効果を持つとは考えられない。それに加えて，先に述べたように，専門分野が違えば指導の内容も大きく異なる。その意味で，ライティング指導は学生の個別性を絶えず考慮に入れ続けなければならない。

　また，教える側の多様性についても注意する必要がある。全学的・組織的な取り組みである初年次教育の場合，さまざまな専門分野を持った教員が携わることになる。そうした教員の背景を無視して教育実践を行ったとしても，それが有益なものであるかは疑問が残る。戸田山（2012）で主人公に付き添う教師にしても，それが著者の分身である以上，著者の専門分野である哲学を基盤に論文指導を行っているのである。ゆえに，「ビルドゥングス・ロマン」モデルは，学ぶ側，教える側の多様性について考えるための出発点ではあるが，ライティング指導においてはそこにとどまることはできない。ライティング指導の実践について考察を行うためには，このような多様な文脈において，何が行われているかを視野に入れることが，何よりも重要なことであろう。

〈注〉
(1) 斉藤・西岡（1977）のように，教師が学生指導に用いることを想定したものもある。
(2) 新版初版（2012年8月発行）帯による。
(3) 戸田山（2012），p. 14参照。
(4) 木下（2000）も類似の試みを行っているが，エッセイ風の文体で書かれ，対象となる学生の例が複数であり，論述に一貫性，構造を欠いているため，成功しているとはいいがたい。

〈文　献〉（「論文の書き方」本については表1を参照のこと）
大島弥生（2010）．「大学生の文章に見る問題点の分類と文章表現能力育成の指標づくりの試み―ライティングのプロセスにおける協働学習の活用へ向けて―」『京都大学高等教育研究』第16号，25-36．
鈴木宏昭（編著）（2009）．『学びあいが生みだす書く力―大学におけるレポートライティング教育の試み―』丸善プラネット．

巻末資料1　「論文の書き方」本から見るライティング指導の位置

表1　「論文の書き方」本リスト*

　「文章読本」というカテゴリーも含めるなら，論文の書き方に関する著作は膨大な数にのぼる。それらすべてを精査することは不可能であろうし，本書の趣旨を大きくはずれてしまうことになる。そこで，二つの基準によって，本書が参照すべき著作群を抽出した。まず，1）学術論文，レポートなど，大学でのライティングに関係を持つものであること，そして2）2000年代以降に出版されたものであること，の2点である。（それに加えて，出版年代は古いものの，現在もなおモデルとして言及されるいくつかの著作も「ロングセラー」として表に掲載した。）この基準に沿った著作はおよそ40冊であった。これらの著作はさらに，ライティング指導に特化したものと，スタディスキル一般を取り扱ったものに分けられる。前者がいわゆる「論文の書き方」本であり，後者は初年次教育での教科書として用いられることの多い著作である。参考情報として，基本的書誌データのほかに，著者の専門分野，対象とする読者のレベル，指南書型とエッセイ型の区別を記した。

● ロングセラー

	著者	書名	出版社	出版年	著者の専門分野	対象学年等	ライティング特化／スタディ・スキルズ	指南書／エッセイ	メモ
1	澤田昭夫	論文の書き方	講談社	1977	歴史学	修士・博士まで	ライティング特化	指南書	
2	木下是雄	理科系の作文技術	中公新書	1981	物理学	社会人まで	ライティング特化	指南書	
3	澤田昭夫	論文のレトリック	講談社	1983	歴史学	社会人まで	ライティング特化	指南書	
4	木下是雄	レポートの組み立て方	筑摩書房	1990	物理学	社会人まで	ライティング特化	指南書	
5	斉藤孝・西岡達裕	学術論文の技法【新訂版】	日本エディタースクール出版部	2005	社会学・政治学	修士・博士まで	ライティング特化	指南書	初版1977。帯に「教師の学生指導の伴侶に」との記述あり

● 「論文の書き方」本

	著者	書名	出版社	出版年	著者の専門分野	対象学年等	ライティング特化／スタディ・スキルズ	指南書／エッセイ	メモ
1	花井等・若松篤	論文の書き方マニュアル―ステップ式リサーチ戦略のすすめ―	有斐閣アルマ	1997	国際関係論	学士（卒論）まで	ライティング特化	指南書	
2	安藤喜久雄（編）	わかりやすい論文・レポートの書き方	実業之日本社	1999	社会学	学士（卒論）まで	ライティング特化	指南書	
3	杉原厚吉	どう書くか―理科系のための論文作法―	共立出版	2001	情報工学	研究者	ライティング特化	指南書	
4	山内志朗	ぎりぎり合格への論文マニュアル	平凡社新書	2001	中世哲学	学士（卒論）まで	ライティング特化	指南書	エッセイ的要素もあり
5	伊丹敬之	創造的論文の書き方	有斐閣	2001	経営学	修士・博士まで	ライティング特化	エッセイ	対談

245

	著者	書名	出版社	出版年	著者の専門分野	対象学年等	ライティング特化／スタディ・スキルズ	指南書／エッセイ	メモ
6	レメニイ,D. 他（著）小樽商科大学ビジネス創造センター（訳）	社会科学系大学院生のための研究の進め方	同文舘出版	2002	経営学	修士・博士まで	ライティング特化	指南書	原書の抄訳に加え，訳者が加筆・修正
7	新堀聰	評価される博士・修士・卒業論文の書き方・考え方	同文舘出版	2002	商学	修士・博士まで	ライティング特化	指南書	
8	石坂春秋	レポート・論文・プレゼンスキルズ―レポート・論文執筆の基礎とプレゼンテーション―	くろしお出版	2003	教育工学	修士・博士まで	スタディ・スキルズ	指南書	
9	鹿島茂	勝つための論文の書き方	文春新書	2003	フランス文学	社会人まで	ライティング特化	エッセイ	
10	櫻井雅夫	レポート・論文の書き方上級【改訂版】	慶應義塾大学出版会	2003	法学	修士・博士まで	ライティング特化	指南書	
11	吉田健正	大学生と大学院生のためのレポート・論文の書き方【第2版】	ナカニシヤ出版	2004	北米地域研究	修士・博士まで	ライティング特化	指南書	
12	石原千秋	大学生の論文執筆法	ちくま新書	2006	日本近代文学	学士（卒論）まで	ライティング特化	エッセイ	
13	酒井聡樹	これから論文を書く若者のために【大改訂増補版】	共立出版	2006	進化生態学	研究者	ライティング特化	指南書	
14	小笠原喜康	論文の書き方―わかりやすい文章のために―	ダイヤモンド社	2007	教育学	学士（卒論）まで	ライティング特化	指南書	
15	酒井聡樹	これからレポート・卒論を書く若者のために	共立出版	2007	進化生態学	学士（卒論）まで	ライティング特化	指南書	
16	山口廣・笠井芳夫・浅野平八	建築系学生のための卒業論文の書き方	井上書院	2008	建築学・建築史	学士（卒論）まで	ライティング特化	指南書	
17	見延庄士郎	理系のためのレポート・論文完全ナビ	講談社	2008	地球物理学	学士（卒論）まで	ライティング特化	指南書	
18	白井利明・高橋一郎	よくわかる卒論の書き方	ミネルヴァ書房	2008	心理学・社会学	学士（卒論）まで	ライティング特化	指南書	
19	櫻田大造	「優」をあげたくなる答案・レポートの作成術	講談社文庫	2008	政治学	学士（卒論）まで	スタディ・スキルズ	エッセイ	
20	小笠原喜康	【新版】大学生のためのレポート・論文術	講談社現代新書	2009	教育学	学士（卒論）まで	ライティング特化	指南書	
21	中田亨	理系のための「即効！」卒業論文術	講談社	2010	情報工学	学士（卒論）まで	ライティング特化	指南書	
22	川崎剛	社会科学系のための「優秀論文」作成術	勁草書房	2010	政治学	修士・博士まで	ライティング特化	指南書	エッセイ的要素もあり
23	高崎みどり（編著）	大学生のための論文執筆の手引き	秀和システム	2010	日本語学	学士（卒論）まで	ライティング特化	指南書	初年次から卒論まで
24	近江幸治	学術論文の作法	成文堂	2011	法学	修士・博士まで	ライティング特化	指南書	

巻末資料1　「論文の書き方」本から見るライティング指導の位置

	著者	書名	出版社	出版年	著者の専門分野	対象学年等	ライティング特化／スタディ・スキルズ	指南書／エッセイ	メモ
25	石井一成	ゼロからわかる大学生のためのレポート・論文の書き方	ナツメ社	2011	応用言語学	学士（卒論）まで	ライティング特化	指南書	
26	石黒圭	この一冊できちんと書ける！論文・レポートの基本	日本実業出版社	2012	文学	学士（卒論）まで	ライティング特化	指南書	
27	戸田山和久	【新版】論文の教室―レポートから卒論まで―	NHK出版	2012	科学哲学	学士（卒論）まで	ライティング特化	指南書	初版2002

● 初年次教育用教科書

	著者	書名	出版社	出版年	著者の専門分野	対象学年等	ライティング特化／スタディ・スキルズ	指南書／エッセイ	メモ
1	荒木晶子・向後千春・筒井洋一	自己表現力の教室	情報センター出版局	2000	コミュニケーション論・教育心理学・国際関係論	初年次	スタディ・スキルズ	エッセイ	
2	木下長宏	大学生のためのレポート・小論文の書きかた	明石書店	2000	芸術思想史	初年次	ライティング特化	エッセイ	京都造形芸術大学通信教育部教科書
3	学習技術研究会	知へのステップ	くろしお出版	2002	言語学・心理学・統計学	初年次	スタディ・スキルズ	指南書	関西国際大学初年次教育用テキスト
4	河野哲也	レポート・論文の書き方入門【第3版】	慶應義塾大学出版会	2002	哲学	初年次	ライティング特化	指南書	初年次から卒論まで
5	川村匡由・川村岳人	【改訂】福祉系学生のためのレポート＆論文の書き方	中央法規	2005	人間科学・福祉学	初年次	ライティング特化	指南書	初年次から卒論まで。教科書としての使用
6	大島弥生他	ピアで学ぶ大学生日本語表現	ひつじ書房	2005	日本語教育	初年次	ライティング特化	指南書	
7	佐藤望（編著）湯川武・横山千晶・近藤明彦（著）	アカデミック・スキルズ―大学生のための知的技法入門―	慶應義塾大学出版会	2006	音楽学・中東イスラーム史・イギリス文学・スポーツ心理学	初年次	スタディ・スキルズ	指南書	
8	松本茂・河野哲也	大学生のための「読む・書く・プレゼン・ディベート」の方法	玉川大学出版部	2007	コミュニケーション教育学・哲学	初年次	スタディ・スキルズ	指南書	

	著者	書名	出版社	出版年	著者の専門分野	対象学年等	ライティング特化／スタディ・スキルズ	指南書／エッセイ	メモ
9	天野明弘・太田勲・野津隆志(編)	スタディ・スキル入門―大学でしっかりと学ぶために―	有斐閣ブックス	2008	経済学・電子工学・教育学	初年次	スタディ・スキルズ	指南書	
10	飯間浩明	非論理的な人のための論理的な文章の書き方	ディスカヴァー・トゥエンティワン	2008	日本語学	初年次	ライティング特化	指南書	エッセイ的要素もあり
11	専修大学出版企画委員会	【改訂版】知のツールボックス	専修大学出版局	2009		初年次	スタディ・スキルズ	指南書	
12	吉原恵子・間渕泰尚・冨江英俊・小針誠	スタディスキルズ・トレーニング―大学で学ぶための25のスキル―	実教出版	2011	教育社会学・教育	初年次	スタディ・スキルズ	指南書	
13	世界思想社編集部(編)	大学生学びのハンドブック【改訂版】	世界思想社	2011		初年次	スタディ・スキルズ	指南書	

巻末資料2　関西地区FD連絡協議会・FD連携企画WGシンポジウム・ワークショップ（2008年度～2011年度）の概要

京都大学

田川　千尋

［第1回］

第1回関西地区FD連絡協議会主催シンポジウム「思考し表現する学生を育てる―書くことをどう指導し，評価するか―」

2008年11月29日（土）　於．立命館大学衣笠キャンパス（参加者157名）

〈プログラム〉

14：00～　挨拶と趣旨説明
　柳澤伸司（立命館大学産業社会学部教授，教学部副部長）
　田中毎実（京都大学高等教育研究開発推進センター教授，関西地区FD連絡協議会代表幹事校代表）
　安岡高志（立命館大学教育開発推進機構教授，関西地区FD連絡協議会FD連携企画部責任校代表）

14：15～　シンポジウムⅠ
　　　　―関西地区FD連絡協議会会員校による事例報告―
　司会：安岡高志
　「神戸常盤大学における初年次教育の課題」
　大野仁（神戸常盤大学保健科学部教授）
　「立命館大学文学部における初年次教育としての『リテラシー入門』とFD」
　米山裕（立命館大学文学部教授，副学部長）
　「フレッシュマン・ゼミナール～工学を学ぶための導入教育～」
　池田勝彦（関西大学化学生命工学部教授）

15：40～　シンポジウムⅡ

―関連研究に学ぶ―
　司会：松下佳代（京都大学高等教育研究開発推進センター教授）
　「『コピペ』問題の本質」
　　杉光一成（金沢工業大学大学院工学研究科教授）
　「『書くこと』で学生はどう育つのか？」
　　西垣順子（大阪市立大学大学教育研究センター准教授）
　〔指定討論〕
　「Writing Across the Curriculum と FD：書く力考える力を育む学士課程カ
　　リキュラムを目指して」
　　井下千以子（桜美林大学心理・教育学系教授）

概　要

　第1回目の2008年は，シンポジウム形式で行われた。シンポジウムⅠは会員校による事例報告，Ⅱは関連研究の報告という2部構成で行われた。事例報告では会員校3校における初年次教育としてのライティング指導が紹介され，関連研究としてコピペ問題，発達的観点から書くことでどう学生が育つのか，について発表があった。これをふまえ全体討論では，初年次教育と専門教育の関連性，誰がライティングを指導するのか，担当する教員の指導力，大人数授業でどのように指導・添削を行うか，FDとこれらをどうつなげていくのか，といった点が話題になった。

［第2回］
第3回関西地区FD連絡協議会主催イベント「ワークショップ：思考し表現する学生を育てる―書くことをどう指導し，評価するか？Ⅱ―」
2009年12月12日（土）　於．関西大学千里山キャンパス（参加者51名）

　　　　　　　　　　　〈プログラム〉
13：30～　開会挨拶
　市原靖久（関西大学副学長）
　田中毎実（京都大学高等教育研究開発推進センター教授，関西地区FD連絡
　　協議会代表幹事校代表）

13:40〜　小講演
「書くための問いを生み出すことを支援する」
鈴木宏昭（青山学院大学教育人間科学部教授）
14:30〜　事例紹介
「添削から創作へ―関西大学全学共通科目「文章力をみがく」―」
三浦真琴（関西大学教育推進部教授）
15:15〜　グループワーク
16:45〜　全体討論
17:30〜　総括コメント
井下千以子（桜美林大学心理・教育学系教授）

概　要

　第2回目では，前年度参加者の「もう少し議論を深めたい」「時間をもっとゆったりとってほしい」という要望に応えるためにワークショップをもつことにした。小講演では，鈴木宏昭氏（青山学院大学）より協調学習の実践が報告され，問題設定およびそのプロセスを認知的・感情的に支援することの重要性と，協調学習がそれらを促進する可能性について示唆された。続く三浦真琴氏（関西大学）の事例紹介より "What to write", "For whom to write", "Why to write", の重要性と，学生による「創作活動」を通じたライティング教育の可能性が提示された。これに続き参加者はグループに分かれ各自の実践を紹介し，議論を行い，ここで出された論点を全体討論で報告し議論を行う，という形で行われた。全体討論では，「What（何を書くか；内容）と，How（どう書くか；形式）の関係」，「書くことと考えること，読むことの関係」に議論が集中した。全体を通し，今，どんなことが問題となっており，どんな授業が展開されているのか，学生の反応，各大学の現状が明らかにされた。また，初年次教育としてあるいは学習技術としてだけではなく，専門教育とつなげ，総合的な学士課程カリキュラムとしてライティングを考えていく必要性が提議された。

[第3回]
第6回関西地区FD連絡協議会主催イベント「ワークショップ：思考し表現する学生を育てる―書くことをどう指導し，評価するか？Ⅲ―」

2011月1月8日（土）於．京都大学吉田キャンパス（参加者51名）

〈プログラム〉

13：00～　開会挨拶
　田中毎実（京都大学高等教育研究開発推進センター教授，関西地区FD連絡協議会代表幹事校代表）

13：10～　講演
　「学生の潜在能力と対話型教育―卒論・ゼミ指導の9年間の実践から―」
　北野収（獨協大学外国語学部教授）

14：10～　事例紹介
　「"十字モデル"を使った試み」
　須長一幸（関西大学教育推進部助教）
　齊尾恭子（関西大学教育推進部教育開発支援センター研究員）

15：00～　グループワーク

16：40～　全体討論

概　要

　第3回目は，前年度好評を博した形式―講演とワークショップ―で開催された。第Ⅰ部では，講演と事例紹介が行われた。北野収氏（獨協大学）より，時間をかけた丁寧な面接を行い，学生間の関係性を築くこともサポートすることで，学生自身の問題意識に基づくテーマを選ぶことができ，学生のモチベーションを上げていくことができるという実践が紹介された。これは前年度の実践報告からも示唆されたことであるが，認知的・感情的に支援することの重要性と，協調学習がそれらを促進する可能性を示したと言える。続いて，須長一幸氏，齊尾恭子氏（関西大学）による事例紹介「"十字モデル"を使った試み」が行われ，同大学のアカデミック・ライティングの授業で使われている，社会情報学部牧野由香里氏の開発した"十字モデル"を使った指導法が紹介された。この実践は，多くの学生がつまずく文章を

書く前の作業(問題設定,論理構成など)に時間をかけた指導法であり,図を用いた具体的な指導法が参加者に紹介された。グループワークでは,「書くことの指導と評価」という今回のテーマに対し,具体的な問題に対する形で多様な論点が提示された。主なものとして,初年次学生への指導方法,論理的思考とどうつなげて指導するか,テーマ設定をできない学生にどう指導するか,大人数授業でどう指導するのか,などである。これらの論点から総合討論の焦点となったのは,前年度同様,WhatとHowの関係,すなわち,テーマ設定と書き方の枠組みについて,であった。このように繰り返し話題になることから,これは多くの教員が抱える問題であると言える。また,指導する側をどう組織していくのか,とりわけ専門科目の中で教員が指導する必要性に言及があったことから,FDをどう組織していくかという点にも議論が及んだ。

[第4回]

第8回関西地区FD連絡協議会主催イベント「ワークショップ　思考し表現する学生を育てる　Ⅳ―ライティング指導の方法―」

2011年12月17日(土)　於.立命館大学衣笠キャンパス（参加者49名）

〈プログラム〉

13：00〜　開会挨拶
　　田中毎実（京都大学高等教育研究開発推進センター教授,関西地区FD連絡協議会代表幹事校代表）
13：10〜　講演
　　「『モジュール』に基づいたレポート,小論文の作成技法について」
　　小田中章浩（大阪市立大学文学研究科教授）
14：10〜　事例紹介
　　「立命館大学における初年次日本語リテラシー科目の取組」
　　薄井道正（立命館守山中学校・高等学校教諭,立命館大学非常勤講師）
15：00〜　テーマ別グループワーク
16：40〜　全体討論

概 要

 「ライティング指導の方法」がテーマとされた第4回目は，具体的な指導方法に焦点をあてて検討が行われた。

 講演では小田中章浩氏（大阪市立大学）による「モジュール」を使った論理的文章を作成するための指導法が紹介された。氏は，論理的であることとそれを文章化することの間にある問題を思考パターンの問題であるととらえ，文章の設計図を考えてそれを文章化するプロセスを教えているが，このように文章構造を学ぶことで学生が学術的なアプローチを持った小論文を書くことができるようになるというものであった。

 事例紹介では，立命館大学の初年次日本語リテラシー科目を担当する薄井道正氏により，学生が読むこと・書くこと・考えることについて理解し，トータルとしての学ぶための技法を学ぶ講義が紹介された。ここでは，文章がどのような要素・表現を持てば相手に伝わりやすいものになるのかがわかりやすく報告された。

 続くグループワークは，初の試みとしてテーマ別で行われた。テーマは，①論文指導，②作文法，③コピペ対策，の3つが設けられ，グループワークに先立ちそれぞれのテーマについて講師よりミニレクチャーが行われるという形式を取った。いかに論理的思考と書くことをつなげて指導するか，何を教えるべきか，専門が多岐にわたる学生にどのように指導をするのか，初年次教育における日本語科目と専門科目をどうつなげていくのか，評価をどう行うのか，コピペ問題を根本的に解決するにはどうしたよいのか，などであった。

 全体討論でとりわけ焦点となった点は，初年次教育で行う場合に，専門が異なる学部学科が共通で授業を行うことができるのか，という点であった。今後に向けた課題としては，①どんなトピックを，誰にむけて書くのかが重要であること，②指導方法がどうあるべきかについては，採点・添削を通した教員同士のコミュニケーションが必要であること，③採点・ルーブリックはどのように作成するべきなのかという課題があること，である。

 ＊文中の所属・肩書きは実施当時のもの。

索　引

あ 行

アウトライン　55, 56, 65, 66, 71, 75, 80
アカデミック・ライティング　3, 5, 6, 54, 55, 57, 60, 64, 66, 73, 127, 133, 159, 243, 252
アリストテレス（Aristotle）　32, 35, 36
アルバータ大学（University of Alberta）　25, 26
エッセー（エッセイ）　96, 100, 105, 111, 189, 236
　──・ライティング　7, 189, 194

か 行

学士課程　19, 25, 128
　──カリキュラム　4, 17, 27, 251
　──カリキュラム・マップ　13, 17, 18, 20
　──教育　14, 17, 126, 127, 132, 135
学士力　126, 128
カリキュラム・ポリシー（CP）　126, 130
関西地区FD連絡協議会　1, 2, 13, 231, 249, 250, 252, 253
キャリア教育　17
京都大学高等教育研究開発推進センター　1
教養教育　18, 20
グループ学習　189, 235
グループディスカッション　23
グループワーク　3, 55, 96, 112, 253, 254
コピペ（コピー&ペースト）　3, 7, 8, 12, 15, 16, 70, 140, 158, 194, 210-219, 221-225, 227-229, 237, 250, 254
コミュニケーション能力（コミュニケーション力）　199, 233, 235
コンセプトマップ　155, 164

さ 行

実験レポート（実験報告書）　195, 199-201, 205, 206, 236
十字モデル　4, 5, 24, 32-34, 36-45, 48, 49, 54-57, 231, 232, 252
就職活動（就活）　151, 156, 160, 168
修士論文　149, 187, 236
初年次教育　4, 5, 13-15, 18, 19, 59, 95, 126-128, 132, 136, 235, 240, 241, 243, 249-251, 254
スキル
　アカデミック・──　126, 129, 130, 132
　一般的──　10
　企業特殊的──　10
　ジェネリック・──　126
　身体的──　10
　スタディ・──　14, 242
　認知的──　10
専門教育　3, 4, 6, 18, 126, 235, 250, 251
早期臨床体験学習（アーリーエクスポージャー）　144
ソーシャルキャピタル　150, 157
卒業論文（卒論）　5, 6, 20, 57, 126, 128, 129, 131, 132, 135, 148-151, 153, 156, 157, 159, 160, 163, 165, 167, 168, 175, 180, 187, 189, 200, 206, 235, 236, 240

た 行

中央教育審議会　126, 136
鶴見俊輔　21, 22
ティーチング・アシスタント（TA）　85, 233
ディセルタシォン　58, 59, 74
ディプロマ・ポリシー（DP）　126, 130
デザイン
　カリキュラム──　13, 15-17
　コース──　15, 17
　授業──　23
添削　85, 98, 104, 135, 138, 141, 156, 165, 233, 236, 250, 254
トゥールミン（Toulmin, S. E.）　32, 35, 36, 85
導入教育　195, 236
読書感想文　6, 137, 138, 219, 235
戸田山和久　56, 80, 242

255

な行

ニスベット（Nisbett, R. E.） 36
日本技術者教育認定機構（JABEE） 199, 236

は行

博士論文 148
バカロレア 58
パラグラフ・ライティング 5, 55, 80, 83, 85, 88
ピア・サポート 126, 129, 132, 134, 136, 235
ブレインストーミング 55
フレッシュマン・ゼミナール 7, 196, 249
ポートフォリオ 140
ホール（Hall, E. T.） 61

ま行

学びのコミュニティ 7, 150, 157, 159, 235
メタ認知 23, 24, 138
モジュール 5, 58, 64, 66-68, 75, 80, 233, 234, 254

や行

ユニバーサル化（ユニバーサル段階） 14, 126, 132

ら行

ラーニング・アシスタント（L. A.） 6, 127, 129, 132-136, 235
ラーニング・コモンズ 26
ライティング 13
――教育 13, 14, 16, 24-27, 232, 251
――指導 4, 6-8, 13, 14, 17, 19, 20, 21-23, 25, 26, 137, 139, 142-144, 190, 194-197, 231, 235, 236, 239, 240, 242, 243, 250, 253, 254
――・スキル 242
――センター 13, 25, 27, 232
――方略 18-20, 22, 231
アカデミック・―― 3, 5, 6, 54, 55, 57, 60, 64, 66, 73, 127, 133, 159, 243, 252
エッセイ・―― 7, 189, 194
パラグラフ・―― 5, 55, 80, 83, 85, 88

リテラシー

アカデミック・―― 5, 78, 233
日本語―― 95, 97, 98, 101, 103-105, 107, 108, 110, 113, 114, 234, 235
リベラル・アーツ・カレッジ 18
臨床実習 6, 137
――報告書 6, 137, 235
ルーブリック 23, 26, 82, 83, 233, 254
レポート指導 199, 204, 206
論文指導 38, 49, 148, 172

わ行

ワークシート 98, 99, 100, 101, 107, 242
ワークショップ 2, 3, 4, 7, 26, 40, 160, 162-165, 231, 250-253

欧文

AO（Admissions Office） 137
――入学試験 138
CP →カリキュラム・ポリシー
DP →ディプロマ・ポリシー
FD（ファカルティ・ディベロップメント） 2, 3, 4, 13, 26, 27, 253
――連携企画ワーキング・グループ 1, 2, 3, 13, 231, 249
JABEE →日本技術者教育認定機構
KJ法 55
L. A. →ラーニング・アシスタント
OECD（経済協力開発機構） 11
PDCA（plan-do-check-act）サイクル 143
PISA（国際学習到達度調査） 11, 12
SD 13, 26, 27
SOAP（subjective/objective/assessment/plan） 142, 143
TA →ティーチング・アシスタント
unlearn 13, 21, 22
Wikipedia 69
Writing Across the Curriculum（WAC） 4, 5, 6, 10, 13, 25-27

執筆者紹介(執筆順)

松下佳代(まつした かよ)[イントロダクション]

京都大学高等教育研究開発推進センター教授。京都大学博士(教育学)。
専門は,教育方法学,大学教育学。主な著作に,『〈新しい能力〉は教育を変えるか——学力・リテラシー・コンピテンシー——』(ミネルヴァ書房,2010)[編著]など。

田川千尋(たがわ ちひろ)[イントロダクション,巻末資料2]

大阪大学未来戦略機構第五部門特任助教。パリ第8大学DEA(教育学)。
専門は,学生の社会学,フランス高等教育。主な著作に,『生成する大学教育学』(ナカニシヤ出版,2012)[分担執筆]など。

坂本尚志(さかもと たかし)[イントロダクション,巻末資料1]

京都薬科大学基礎科学系一般教育分野専任講師。ボルドー第三大学博士(哲学)。
専門は,二十世紀フランス思想史。主な論文に,「哲学の外へ——パレーシアの歴史を書くフーコー」(『フランス語フランス文学研究』第104号,2014)[単著]など。

井下千以子(いのした ちいこ)[第1章]

桜美林大学心理・教育学系教授。博士(学術)。
専門は,教育心理学,生涯発達心理学,大学教育研究。主な著作に,『思考を鍛えるレポート・論文作成法【第2版】』(慶應義塾大学出版会,2014)[単著]など。

牧野由香里(まきの ゆかり)[第2章]

関西大学総合情報学部教授。博士(文学)。
専門は,議論学,修辞学,教育工学。主な著作に,『「議論」のデザイン——メッセージとメディアをつなぐカリキュラム——』(ひつじ書房,2008年)[単著]など。

齊尾恭子(さいお きょうこ)[コラム1]

関西大学教育開発支援センター研究員。関西大学非常勤講師。
専門は教育心理学,初年次教育。主な著作に,「スタディスキルゼミ(ノートテイキング)モジュール」(『初年次教育におけるアクティブ・ラーニング型授業デザインブック』関西大学教育推進部教育開発支援センター,2012)[単著]など。

橋寺知子(はしてら ともこ)[コラム1]

関西大学環境都市工学部准教授。博士(工学)。

専門は建築意匠，近代建築史．主な著作に，「モダン都市大阪への変貌—大正末から昭和初期の大阪—」(『大阪都市遺産研究叢書１　大阪時事新報記事目録　建築と社会編　昭和Ⅰ』関西大学出版部，2011）［単著］など．

小田中章浩（おだなか　あきひろ）［第３章］

大阪市立大学大学院文学研究科教授．博士（文学）．
専門は現代フランス演劇，西洋演劇史．主な著作に，『現代演劇の地層—フランス不条理劇生成の基盤を探る—』（ぺりかん社，2010：2011年度日本演劇学会河竹賞受賞）［単著］など．

薄井道正（うすい　みちまさ）［第４章］

立命館大学教育開発推進機構教授．
専門は，国語教育学．主な著作に，『謎とき国語への挑戦』（学文社，2003）［単著］など．

谷　美奈（たに　みな）［第５章］

帝塚山大学全学教育開発センター准教授．京都大学修士（人間・環境学）．
専門は，高等教育開発論（初年次教育，文章表現教育，キャリアデザイン，芸術表現ワークショップなど）．

土井健司（どい　けんじ）［第６章］

関西学院大学神学部教授．京都大学博士（文学）．博士（神学）．
専門は，歴史神学，生命倫理学，宗教学．主な著作に，『神認識とエペクタシス』（創文社，1998：第七回中村元賞）［単著］など．2007年４月〜2010年３月まで神学部教務主任を務める．

小田秀邦（おだ　ひでくに）［第６章］

関西学院専任事務職員．関西学院大学商学部卒業．
情報システム室（情報メディア教育センター），大学図書館図書情報課などを経て，
2002年４月より神学部事務室，2006年４月より吉岡記念館事務室（神学部担当）に勤務．

髙橋泰子（たかはし　やすこ）［第７章］

大阪河﨑リハビリテーション大学准教授．言語聴覚士．兵庫教育大学修士（教育学）．
専門は，言語発達障害学．主な著作に，『障害援助の臨床心理』（建帛社，2007）［共著］など．

北野　収（きたの　しゅう）［第８章］

獨協大学外国語学部交流文化学科教授．コーネル大学 Ph. D.（都市・地域計画学）．
専門は，開発社会学，地域開発論，NGO 研究．主な著作に，『南部メキシコの内発的発展と NGO』（勁草書房，2008：日本 NPO 学会賞優秀賞，日本協同組合学会賞学術賞受賞）［単著］など．

倉茂好匡（くらしげ　よしまさ）[第9章]
　滋賀県立大学環境科学部教授，滋賀県立大学教育実践支援室長。北海道大学博士（理学）。
　専門は，水文地形学。主な著作に，『環境科学を学ぶ学生のための科学的和文作文法入門』（サンライズ出版，2011）[単著]など。

矢野浩二朗（やの　こうじろう）[コラム2]
　大阪工業大学情報科学部准教授。University of Liverpool Ph. D.（生理学）。
　専門は，情報生命科学。主な著作に，『Proteomics of the Nervous System』（Wiley, 2008）[共著]など。

池田勝彦（いけだ　まさひこ）[第10章]
　関西大学化学生命工学部化学・物質工学科教授。関西大学博士（工学）。
　専門は，環境材料学，非鉄金属材料学。主な論文に，「The Effect of Al Content on Tensile and Fatigue Properties of Solution-Treated and Quenched Ti-13Cr-1Fe Alloys」（『Materials Transactions』, 4 (3), 2007）[共著]など。

杉光一成（すぎみつ　かずなり）[第11章]
　金沢工業大学大学院工学研究科教授。東北大学博士（工学）。
　専門は，知的財産，知財教育（コピペ判定支援ソフト「コピペルナー」の考案を含む）。主な著作に，『理系のための法学入門』（改訂7版）（法学書院，2011）[単著]など。

花川典子（はなかわ　のりこ）[第12章]
　阪南大学経営情報学部教授。奈良先端科学技術大学院大学博士（工学）。
　専門は，ソフトウェア工学。主な論文に，「携帯情報端末を用いた大人数授業改善のためのp-HInTシステムの構築」（『コンピュータソフトウェア論文誌』第27巻第4号，2010）[共著]など。

安岡高志（やすおか　たかし）[おわりに]
　立命館大学教育開発推進機構教授。理学博士。
　専門は，化学。主な著作に，『授業を変えれば大学は変わる』（プレジデント社，1999）[共著]など。

《編者紹介》

関西地区FD連絡協議会
　関西地区の大学・短期大学がFDに関する協力・情報交換等の地域連携を行うための互助組織として2008年に発足。2013年1月現在，146大学（122法人）が加盟。詳細については本書の「イントロダクション」を参照。

京都大学高等教育研究開発推進センター
　高等教育における教授システムの実践的研究をおこなう組織として1994年に設立。2003年に現センターに改組。2010年に文部科学省の「教育関係共同利用拠点」に認定され，FDの地域連携，全国連携の拠点として活動している。

思考し表現する学生を育てるライティング指導のヒント

| 2013年3月30日 | 初版第1刷発行 |
| 2014年4月15日 | 初版第2刷発行 |

〈検印省略〉

定価はカバーに表示しています

編　者	関西地区FD連絡協議会 京都大学高等教育研究開発推進センター
発行者	杉田啓三
印刷者	江戸宏介
発行所	株式会社　ミネルヴァ書房 607-8494　京都市山科区日ノ岡堤谷町1 電話代表（075）581-5191 振替口座　01020-0-8076

© 関西地区FD連絡協議会ほか，2013　　共同印刷工業・藤沢製本

ISBN978-4-623-06634-6

Printed in Japan

やわらかアカデミズム・〈わかる〉シリーズ
よくわかる学びの技法［第2版］
――――――田中共子 編　Ｂ５判　180頁　本体2200円

新入生向けに「読む・聞く・書く・レポートする」の学ぶ技法を，パソコンを使った実践をふくめてわかりやすく解説する。

やわらかアカデミズム・〈わかる〉シリーズ
よくわかる卒論の書き方［第2版］
――――――白井利明・高橋一郎 著　Ｂ５判　224頁　本体2500円

卒論を書き進めていくうえで必要な研究・執筆に関する知識や方法を，体系的かつ具体的に解説する。巻末には文例も収録。

社会科学系のための英語研究論文の書き方
――執筆から発表・投稿までの基礎知識
――――――石井クンツ昌子 著　Ａ５判　356頁　本体3200円

英語で論文を書きたい人，研究発表をしたい人，英語研究の学術誌に投稿したい人，必携の書。例題を多く提示し，ノウハウをわかりやすく解説。

メディアの卒論
――テーマ・方法・実際
――――――藤田真文 編著　Ａ５判　288頁　本体3000円

メディアの卒論を執筆段階，テーマごとに徹底解説。メディアをテーマに卒論を書く場合，メディアを資料として卒論を書く場合のいずれにも対応。

大学生のためのリサーチリテラシー入門
――研究のための8つの力
――――――山田剛史・林 創 著　四六判　272頁　本体2400円

これから本格的に研究を意識し始める学生のための，リサーチリテラシー（研究を遂行するために必要な基礎的能力）についての入門書。

――――――ミネルヴァ書房――――――
http://www.minervashobo.co.jp/